中华人民共和国
新法规汇编

2019
第 1 辑

司 法 部 编

中国法制出版社

编辑说明

一、《中华人民共和国新法规汇编》是国家出版的法律、行政法规汇编正式版本，是刊登报国务院备案并予以登记的部门规章的指定出版物。

二、本汇编收集的内容包括：上一个月内由全国人民代表大会及其常务委员会通过的法律和有关法律问题的决定，国务院公布的行政法规和国务院文件，报国务院备案并予以登记的部门规章，最高人民法院和最高人民检察院公布的司法解释。另外，还收入了上一个月内报国务院备案并予以登记的地方性法规和地方政府规章目录。

三、本汇编所收的内容，按下列分类顺序编排：法律，行政法规，国务院文件，国务院部门规章，司法解释。每类中按公布的时间顺序排列。报国务院备案并予以登记的地方性法规和地方政府规章目录按 1987 年国务院批准的行政区划顺序排列；同一行政区域报备两件以上者，按公布时间顺序排列。

四、本汇编每年出版 12 辑，每月出版 1 辑。本辑为 2019 年度第 1 辑，收入 2018 年 12 月份内公布的法律 9 件、有关法律问题的决定 1 件、行政法规 1 件、国务院文件 11 件、报国务院备案并经审查予以登记编号的部门规章 3 件、司法解释 3 件，补收 2018 年 11 月份内公布的国务院文件 1 件、报国务院备案并经审查予以登记编号的部门规章 20 件、司法解释 1 件，补收 2018 年 9 月、10 月份内公布的报国务院备案并经审查予以登记编号的部门规章各 1 件，共计 52 件。

五、本汇编在编辑出版过程中，得到了国务院有关部门和有关方面以及广大读者的大力支持和协助，在此谨致谢意。

司法部

2018 年 12 月

目　录

法　律

有关法律问题的决定

行政法规

国务院文件

国务院部门规章

司法解释

附：

法　律

全国人民代表大会常务委员会关于修改《中华人民共和国农村土地承包法》的决定

（2018年12月29日第十三届全国人民代表大会常务委员会第七次会议通过　2018年12月29日中华人民共和国主席令第17号公布　自2019年1月1日起施行）

第十三届全国人民代表大会常务委员会第七次会议决定对《中华人民共和国农村土地承包法》作如下修改：

一、将第一条修改为："为了巩固和完善以家庭承包经营为基础、统分结合的双层经营体制，保持农村土地承包关系稳定并长久不变，维护农村土地承包经营当事人的合法权益，促进农业、农村经济发展和农村社会和谐稳定，根据宪法，制定本法。"

二、增加一条，作为第九条："承包方承包土地后，享有土地承包经营权，可以自己经营，也可以保留土地承包权，流转其承包地的土地经营权，由他人经营。"

三、将第十条修改为："国家保护承包方依法、自愿、有偿流转土地经营权，保护土地经营权人的合法权益，任何组织和个人不得侵犯。"

四、将第八条改为第十一条，修改为："农村土地承包经营应当遵守法律、法规，保护土地资源的合理开发和可持续利用。未经依法批准不得将承包地用于非农建设。

"国家鼓励增加对土地的投入，培肥地力，提高农业生产能力。"

五、将第十一条改为第十二条，修改为："国务院农业农村、林业和草原主管部门分别依照国务院规定的职责负责全国农村土地承包经营及承包经营合同管理的指导。

"县级以上地方人民政府农业农村、林业和草原等主管部门分别依照各自职责,负责本行政区域内农村土地承包经营及承包经营合同管理。

"乡(镇)人民政府负责本行政区域内农村土地承包经营及承包经营合同管理。"

六、将第十五条改为第十六条,增加一款,作为第二款:"农户内家庭成员依法平等享有承包土地的各项权益。"

七、将第十六条改为第十七条,修改为:"承包方享有下列权利:

"(一)依法享有承包地使用、收益的权利,有权自主组织生产经营和处置产品;

"(二)依法互换、转让土地承包经营权;

"(三)依法流转土地经营权;

"(四)承包地被依法征收、征用、占用的,有权依法获得相应的补偿;

"(五)法律、行政法规规定的其他权利。"

八、将第十七条改为第十八条,第一项修改为:"维持土地的农业用途,未经依法批准不得用于非农建设;"

九、将第二十条改为第二十一条,修改为:"耕地的承包期为三十年。草地的承包期为三十年至五十年。林地的承包期为三十年至七十年。

"前款规定的耕地承包期届满后再延长三十年,草地、林地承包期届满后依照前款规定相应延长。"

十、将第二十三条改为第二十四条,修改为:"国家对耕地、林地和草地等实行统一登记,登记机构应当向承包方颁发土地承包经营权证或者林权证等证书,并登记造册,确认土地承包经营权。

"土地承包经营权证或者林权证等证书应当将具有土地承包经营权的全部家庭成员列入。

"登记机构除按规定收取证书工本费外,不得收取其他费用。"

十一、将第二章第四节的标题修改为:"土地承包经营权的保护和互换、转让"。

十二、将第二十六条改为第二十七条,第二款、第三款修改为:"国家保护进城农户的土地承包经营权。不得以退出土地承包经营权作为农户进城落户的条件。

"承包期内,承包农户进城落户的,引导支持其按照自愿有偿原则依法在本集体经济组织内转让土地承包经营权或者将承包地交回发包方,也可以鼓励其流转土地经营权。"

十三、将第二十七条改为第二十八条,第二款中的"农业等行政主管部门"修改为"农业农村、林业和草原等主管部门"。

十四、将第二十八条改为第二十九条，第三项修改为："发包方依法收回和承包方依法、自愿交回的。"

十五、将第二十九条改为第三十条，修改为："承包期内，承包方可以自愿将承包地交回发包方。承包方自愿交回承包地的，可以获得合理补偿，但是应当提前半年以书面形式通知发包方。承包方在承包期内交回承包地的，在承包期内不得再要求承包土地。"

十六、将第四十条改为第三十三条，修改为："承包方之间为方便耕种或者各自需要，可以对属于同一集体经济组织的土地的土地承包经营权进行互换，并向发包方备案。"

十七、将第四十一条改为第三十四条，修改为："经发包方同意，承包方可以将全部或者部分的土地承包经营权转让给本集体经济组织的其他农户，由该农户同发包方确立新的承包关系，原承包方与发包方在该土地上的承包关系即行终止。"

十八、将第三十八条改为第三十五条，修改为："土地承包经营权互换、转让的，当事人可以向登记机构申请登记。未经登记，不得对抗善意第三人。"

十九、将第二章第五节的标题修改为："土地经营权"。

二十、将第三十二条和第三十四条合并为第三十六条，修改为："承包方可以自主决定依法采取出租(转包)、入股或者其他方式向他人流转土地经营权，并向发包方备案。"

二十一、增加一条，作为第三十七条："土地经营权人有权在合同约定的期限内占有农村土地，自主开展农业生产经营并取得收益。"

二十二、将第三十三条改为第三十八条，修改为："土地经营权流转应当遵循以下原则：

"(一)依法、自愿、有偿，任何组织和个人不得强迫或者阻碍土地经营权流转；

"(二)不得改变土地所有权的性质和土地的农业用途，不得破坏农业综合生产能力和农业生态环境；

"(三)流转期限不得超过承包期的剩余期限；

"(四)受让方须有农业经营能力或者资质；

"(五)在同等条件下，本集体经济组织成员享有优先权。"

二十三、将第三十六条改为第三十九条，修改为："土地经营权流转的价款，应当由当事人双方协商确定。流转的收益归承包方所有，任何组织和个人不得擅自截留、扣缴。"

二十四、将第三十七条和第三十九条第二款合并为第四十条，修改为："土地经营权流转,当事人双方应当签订书面流转合同。

“土地经营权流转合同一般包括以下条款:

“(一)双方当事人的姓名、住所;

“(二)流转土地的名称、坐落、面积、质量等级;

“(三)流转期限和起止日期;

“(四)流转土地的用途;

“(五)双方当事人的权利和义务;

“(六)流转价款及支付方式;

“(七)土地被依法征收、征用、占用时有关补偿费的归属;

“(八)违约责任。

“承包方将土地交由他人代耕不超过一年的,可以不签订书面合同。”

二十五、增加一条,作为第四十一条:“土地经营权流转期限为五年以上的,当事人可以向登记机构申请土地经营权登记。未经登记,不得对抗善意第三人。”

二十六、增加一条,作为第四十二条:“承包方不得单方解除土地经营权流转合同,但受让方有下列情形之一的除外:

“(一)擅自改变土地的农业用途;

“(二)弃耕抛荒连续两年以上;

“(三)给土地造成严重损害或者严重破坏土地生态环境;

“(四)其他严重违约行为。”

二十七、增加一条,作为第四十三条:“经承包方同意,受让方可以依法投资改良土壤,建设农业生产附属、配套设施,并按照合同约定对其投资部分获得合理补偿。”

二十八、将第三十九条第一款改为第四十四条,修改为:“承包方流转土地经营权的,其与发包方的承包关系不变。”

二十九、增加一条,作为第四十五条:“县级以上地方人民政府应当建立工商企业等社会资本通过流转取得土地经营权的资格审查、项目审核和风险防范制度。

“工商企业等社会资本通过流转取得土地经营权的,本集体经济组织可以收取适量管理费用。

“具体办法由国务院农业农村、林业和草原主管部门规定。”

三十、增加一条,作为第四十六条:“经承包方书面同意,并向本集体经济组织备案,受让方可以再流转土地经营权。”

三十一、增加一条,作为第四十七条:“承包方可以用承包地的土地经营权向金融机构融资担保，并向发包方备案。受让方通过流转取得的土地经营权，经承包方书面同意并向发包方备案，可以向金融机构融资担保。

“担保物权自融资担保合同生效时设立。当事人可以向登记机构申请登记；未经登记，不得对抗善意第三人。

“实现担保物权时，担保物权人有权就土地经营权优先受偿。

“土地经营权融资担保办法由国务院有关部门规定。”

三十二、将第四十五条改为第四十九条，修改为：“以其他方式承包农村土地的，应当签订承包合同，承包方取得土地经营权。当事人的权利和义务、承包期限等，由双方协商确定。以招标、拍卖方式承包的，承包费通过公开竞标、竞价确定；以公开协商等方式承包的，承包费由双方议定。”

三十三、将第四十六条改为第五十条，第一款修改为：“荒山、荒沟、荒丘、荒滩等可以直接通过招标、拍卖、公开协商等方式实行承包经营，也可以将土地经营权折股分给本集体经济组织成员后，再实行承包经营或者股份合作经营。”

三十四、将第四十七条改为第五十一条，修改为：“以其他方式承包农村土地，在同等条件下，本集体经济组织成员有权优先承包。”

三十五、将第四十九条改为第五十三条，修改为：“通过招标、拍卖、公开协商等方式承包农村土地，经依法登记取得权属证书的，可以依法采取出租、入股、抵押或者其他方式流转土地经营权。”

三十六、将第五十条改为第五十四条，修改为：“依照本章规定通过招标、拍卖、公开协商等方式取得土地经营权的，该承包人死亡，其应得的承包收益，依照继承法的规定继承；在承包期内，其继承人可以继续承包。”

三十七、将第五十三条改为第五十六条，修改为：“任何组织和个人侵害土地承包经营权、土地经营权的，应当承担民事责任。”

三十八、将第五十四条改为第五十七条，修改为：“发包方有下列行为之一的，应当承担停止侵害、排除妨碍、消除危险、返还财产、恢复原状、赔偿损失等民事责任：

“（一）干涉承包方依法享有的生产经营自主权；

“（二）违反本法规定收回、调整承包地；

“（三）强迫或者阻碍承包方进行土地承包经营权的互换、转让或者土地经营权流转；

“（四）假借少数服从多数强迫承包方放弃或者变更土地承包经营权；

“（五）以划分‘口粮田’和‘责任田’等为由收回承包地搞招标承包；

“（六）将承包地收回抵顶欠款；

“（七）剥夺、侵害妇女依法享有的土地承包经营权；

“（八）其他侵害土地承包经营权的行为。”

三十九、将第五十六条改为第五十九条，修改为：“当事人一方不履行合同义务或者履行义务不符合约定的，应当依法承担违约责任。”

四十、将第五十七条改为第六十条，修改为：“任何组织和个人强迫进行土地承包经营权互换、转让或者土地经营权流转的，该互换、转让或者流转无效。”

四十一、将第五十八条改为第六十一条，修改为：“任何组织和个人擅自截留、扣缴土地承包经营权互换、转让或者土地经营权流转收益的，应当退还。”

四十二、将第六十条改为第六十三条，修改为：“承包方、土地经营权人违法将承包地用于非农建设的，由县级以上地方人民政府有关主管部门依法予以处罚。

“承包方给承包地造成永久性损害的，发包方有权制止，并有权要求赔偿由此造成的损失。”

四十三、增加一条，作为第六十四条：“土地经营权人擅自改变土地的农业用途、弃耕抛荒连续两年以上、给土地造成严重损害或者严重破坏土地生态环境，承包方在合理期限内不解除土地经营权流转合同的，发包方有权要求终止土地经营权流转合同。土地经营权人对土地和土地生态环境造成的损害应当予以赔偿。”

四十四、将第六十一条改为第六十五条，修改为：“国家机关及其工作人员有利用职权干涉农村土地承包经营，变更、解除承包经营合同，干涉承包经营当事人依法享有的生产经营自主权，强迫、阻碍承包经营当事人进行土地承包经营权互换、转让或者土地经营权流转等侵害土地承包经营权、土地经营权的行为，给承包经营当事人造成损失的，应当承担损害赔偿等责任；情节严重的，由上级机关或者所在单位给予直接责任人员处分；构成犯罪的，依法追究刑事责任。”

四十五、增加一条，作为第六十九条：“确认农村集体经济组织成员身份的原则、程序等，由法律、法规规定。”

四十六、删去第四条第一款、第三十五条、第四十二条、第四十三条、第五十二条。

本决定自2019年1月1日起施行。

《中华人民共和国农村土地承包法》根据本决定作相应修改并对条款顺序作相应调整，重新公布。

中华人民共和国耕地占用税法

（2018年12月29日第十三届全国人民代表大会常务委员会第七次会议通过　2018年12月29日中华人民共和国主席令第18号公布　自2019年9月1日起施行）

第一条　为了合理利用土地资源，加强土地管理，保护耕地，制定本法。

第二条　在中华人民共和国境内占用耕地建设建筑物、构筑物或者从事非农业建设的单位和个人，为耕地占用税的纳税人，应当依照本法规定缴纳耕地占用税。

占用耕地建设农田水利设施的，不缴纳耕地占用税。

本法所称耕地，是指用于种植农作物的土地。

第三条　耕地占用税以纳税人实际占用的耕地面积为计税依据，按照规定的适用税额一次性征收，应纳税额为纳税人实际占用的耕地面积（平方米）乘以适用税额。

第四条　耕地占用税的税额如下：

（一）人均耕地不超过一亩的地区（以县、自治县、不设区的市、市辖区为单位，下同），每平方米为十元至五十元；

（二）人均耕地超过一亩但不超过二亩的地区，每平方米为八元至四十元；

（三）人均耕地超过二亩但不超过三亩的地区，每平方米为六元至三十元；

（四）人均耕地超过三亩的地区，每平方米为五元至二十五元。

各地区耕地占用税的适用税额，由省、自治区、直辖市人民政府根据人均耕地面积和经济发展等情况，在前款规定的税额幅度内提出，报同级人民代表大会常务委员会决定，并报全国人民代表大会常务委员会和国务院备案。各省、自治区、直辖市耕地占用税适用税额的平均水平，不得低于本法所附《各省、自治区、直辖市耕地占用税平均税额表》规定的平均税额。

第五条　在人均耕地低于零点五亩的地区，省、自治区、直辖市可以根据当地经济发展情况，适当提高耕地占用税的适用税额，但提高的部分不得超过本法第四条第二款确定的适用税额的百分之五十。具体适用税额按照本法第四条第二款规定的程序确定。

第六条　占用基本农田的，应当按照本法第四条第二款或者第五条确定的当地适用税额，加按百分之一百五十征收。

第七条　军事设施、学校、幼儿园、社会福利机构、医疗机构占用耕地，免征耕地占用税。

铁路线路、公路线路、飞机场跑道、停机坪、港口、航道、水利工程占用耕地,减按每平方米二元的税额征收耕地占用税。

农村居民在规定用地标准以内占用耕地新建自用住宅,按照当地适用税额减半征收耕地占用税;其中农村居民经批准搬迁,新建自用住宅占用耕地不超过原宅基地面积的部分,免征耕地占用税。

农村烈士遗属、因公牺牲军人遗属、残疾军人以及符合农村最低生活保障条件的农村居民,在规定用地标准以内新建自用住宅,免征耕地占用税。

根据国民经济和社会发展的需要,国务院可以规定免征或者减征耕地占用税的其他情形,报全国人民代表大会常务委员会备案。

第八条 依照本法第七条第一款、第二款规定免征或者减征耕地占用税后,纳税人改变原占地用途,不再属于免征或者减征耕地占用税情形的,应当按照当地适用税额补缴耕地占用税。

第九条 耕地占用税由税务机关负责征收。

第十条 耕地占用税的纳税义务发生时间为纳税人收到自然资源主管部门办理占用耕地手续的书面通知的当日。纳税人应当自纳税义务发生之日起三十日内申报缴纳耕地占用税。

自然资源主管部门凭耕地占用税完税凭证或者免税凭证和其他有关文件发放建设用地批准书。

第十一条 纳税人因建设项目施工或者地质勘查临时占用耕地,应当依照本法的规定缴纳耕地占用税。纳税人在批准临时占用耕地期满之日起一年内依法复垦,恢复种植条件的,全额退还已经缴纳的耕地占用税。

第十二条 占用园地、林地、草地、农田水利用地、养殖水面、渔业水域滩涂以及其他农用地建设建筑物、构筑物或者从事非农业建设的,依照本法的规定缴纳耕地占用税。

占用前款规定的农用地的,适用税额可以适当低于本地区按照本法第四条第二款确定的适用税额,但降低的部分不得超过百分之五十。具体适用税额由省、自治区、直辖市人民政府提出,报同级人民代表大会常务委员会决定,并报全国人民代表大会常务委员会和国务院备案。

占用本条第一款规定的农用地建设直接为农业生产服务的生产设施的,不缴纳耕地占用税。

第十三条 税务机关应当与相关部门建立耕地占用税涉税信息共享机制和工作配合机制。县级以上地方人民政府自然资源、农业农村、水利等相关部门应当定期向税务机关提供农用地转用、临时占地等信息,协助税务机关加强耕地占用税征收管理。

税务机关发现纳税人的纳税申报数据资料异常或者纳税人未按照规定期限申报纳税的，可以提请相关部门进行复核，相关部门应当自收到税务机关复核申请之日起三十日内向税务机关出具复核意见。

第十四条 耕地占用税的征收管理，依照本法和《中华人民共和国税收征收管理法》的规定执行。

第十五条 纳税人、税务机关及其工作人员违反本法规定的，依照《中华人民共和国税收征收管理法》和有关法律法规的规定追究法律责任。

第十六条 本法自 2019 年 9 月 1 日起施行。2007 年 12 月 1 日国务院公布的《中华人民共和国耕地占用税暂行条例》同时废止。

附：

各省、自治区、直辖市耕地占用税平均税额表

省、自治区、直辖市	平均税额（元/平方米）
上海	45
北京	40
天津	35
江苏、浙江、福建、广东	30
辽宁、湖北、湖南	25
河北、安徽、江西、山东、河南、重庆、四川	22.5
广西、海南、贵州、云南、陕西	20
山西、吉林、黑龙江	17.5
内蒙古、西藏、甘肃、青海、宁夏、新疆	12.5

中华人民共和国车辆购置税法

（2018年12月29日第十三届全国人民代表大会常务委员会第七次会议通过　2018年12月29日中华人民共和国主席令第19号公布　自2019年7月1日起施行）

第一条　在中华人民共和国境内购置汽车、有轨电车、汽车挂车、排气量超过一百五十毫升的摩托车（以下统称应税车辆）的单位和个人，为车辆购置税的纳税人，应当依照本法规定缴纳车辆购置税。

第二条　本法所称购置，是指以购买、进口、自产、受赠、获奖或者其他方式取得并自用应税车辆的行为。

第三条　车辆购置税实行一次性征收。购置已征车辆购置税的车辆，不再征收车辆购置税。

第四条　车辆购置税的税率为百分之十。

第五条　车辆购置税的应纳税额按照应税车辆的计税价格乘以税率计算。

第六条　应税车辆的计税价格，按照下列规定确定：

（一）纳税人购买自用应税车辆的计税价格，为纳税人实际支付给销售者的全部价款，不包括增值税税款；

（二）纳税人进口自用应税车辆的计税价格，为关税完税价格加上关税和消费税；

（三）纳税人自产自用应税车辆的计税价格，按照纳税人生产的同类应税车辆的销售价格确定，不包括增值税税款；

（四）纳税人以受赠、获奖或者其他方式取得自用应税车辆的计税价格，按照购置应税车辆时相关凭证载明的价格确定，不包括增值税税款。

第七条　纳税人申报的应税车辆计税价格明显偏低，又无正当理由的，由税务机关依照《中华人民共和国税收征收管理法》的规定核定其应纳税额。

第八条　纳税人以外汇结算应税车辆价款的，按照申报纳税之日的人民币汇率中间价折合成人民币计算缴纳税款。

第九条　下列车辆免征车辆购置税：

（一）依照法律规定应当予以免税的外国驻华使馆、领事馆和国际组织驻华机构及其有关人员自用的车辆；

（二）中国人民解放军和中国人民武装警察部队列入装备订货计划的

车辆；

（三）悬挂应急救援专用号牌的国家综合性消防救援车辆；

（四）设有固定装置的非运输专用作业车辆；

（五）城市公交企业购置的公共汽电车辆。

根据国民经济和社会发展的需要，国务院可以规定减征或者其他免征车辆购置税的情形，报全国人民代表大会常务委员会备案。

第十条 车辆购置税由税务机关负责征收。

第十一条 纳税人购置应税车辆，应当向车辆登记地的主管税务机关申报缴纳车辆购置税；购置不需要办理车辆登记的应税车辆的，应当向纳税人所在地的主管税务机关申报缴纳车辆购置税。

第十二条 车辆购置税的纳税义务发生时间为纳税人购置应税车辆的当日。纳税人应当自纳税义务发生之日起六十日内申报缴纳车辆购置税。

第十三条 纳税人应当在向公安机关交通管理部门办理车辆注册登记前，缴纳车辆购置税。

公安机关交通管理部门办理车辆注册登记，应当根据税务机关提供的应税车辆完税或者免税电子信息对纳税人申请登记的车辆信息进行核对，核对无误后依法办理车辆注册登记。

第十四条 免税、减税车辆因转让、改变用途等原因不再属于免税、减税范围的，纳税人应当在办理车辆转移登记或者变更登记前缴纳车辆购置税。计税价格以免税、减税车辆初次办理纳税申报时确定的计税价格为基准，每满一年扣减百分之十。

第十五条 纳税人将已征车辆购置税的车辆退回车辆生产企业或者销售企业的，可以向主管税务机关申请退还车辆购置税。退税额以已缴税款为基准，自缴纳税款之日至申请退税之日，每满一年扣减百分之十。

第十六条 税务机关和公安、商务、海关、工业和信息化等部门应当建立应税车辆信息共享和工作配合机制，及时交换应税车辆和纳税信息资料。

第十七条 车辆购置税的征收管理，依照本法和《中华人民共和国税收征收管理法》的规定执行。

第十八条 纳税人、税务机关及其工作人员违反本法规定的，依照《中华人民共和国税收征收管理法》和有关法律法规的规定追究法律责任。

第十九条 本法自2019年7月1日起施行。2000年10月22日国务院公布的《中华人民共和国车辆购置税暂行条例》同时废止。

中华人民共和国公务员法

（2005年4月27日第十届全国人民代表大会常务委员会第十五次会议通过　根据2017年9月1日第十二届全国人民代表大会常务委员会第二十九次会议《关于修改〈中华人民共和国法官法〉等八部法律的决定》修正　2018年12月29日第十三届全国人民代表大会常务委员会第七次会议修订　2018年12月29日中华人民共和国主席令第20号公布　自2019年6月1日起施行）

目　录

第一章　总　　则

第一条　为了规范公务员的管理，保障公务员的合法权益，加强对公务员的监督，促进公务员正确履职尽责，建设信念坚定、为民服务、勤政务实、敢于担当、清正廉洁的高素质专业化公务员队伍，根据宪法，制定本法。

第二条 本法所称公务员，是指依法履行公职、纳入国家行政编制、由国家财政负担工资福利的工作人员。

公务员是干部队伍的重要组成部分，是社会主义事业的中坚力量，是人民的公仆。

第三条 公务员的义务、权利和管理，适用本法。

法律对公务员中领导成员的产生、任免、监督以及监察官、法官、检察官等的义务、权利和管理另有规定的，从其规定。

第四条 公务员制度坚持中国共产党领导，坚持以马克思列宁主义、毛泽东思想、邓小平理论、“三个代表”重要思想、科学发展观、习近平新时代中国特色社会主义思想为指导，贯彻社会主义初级阶段的基本路线，贯彻新时代中国共产党的组织路线，坚持党管干部原则。

第五条 公务员的管理，坚持公开、平等、竞争、择优的原则，依照法定的权限、条件、标准和程序进行。

第六条 公务员的管理，坚持监督约束与激励保障并重的原则。

第七条 公务员的任用，坚持德才兼备、以德为先，坚持五湖四海、任人唯贤，坚持事业为上、公道正派，突出政治标准，注重工作实绩。

第八条 国家对公务员实行分类管理，提高管理效能和科学化水平。

第九条 公务员就职时应当依照法律规定公开进行宪法宣誓。

第十条 公务员依法履行职责的行为，受法律保护。

第十一条 公务员工资、福利、保险以及录用、奖励、培训、辞退等所需经费，列入财政预算，予以保障。

第十二条 中央公务员主管部门负责全国公务员的综合管理工作。县级以上地方各级公务员主管部门负责本辖区内公务员的综合管理工作。上级公务员主管部门指导下级公务员主管部门的公务员管理工作。各级公务员主管部门指导同级各机关的公务员管理工作。

第二章 公务员的条件、义务与权利

第十三条 公务员应当具备下列条件：

（一）具有中华人民共和国国籍；

（二）年满十八周岁；

（三）拥护中华人民共和国宪法，拥护中国共产党领导和社会主义制度；

（四）具有良好的政治素质和道德品行；

（五）具有正常履行职责的身体条件和心理素质；

（六）具有符合职位要求的文化程度和工作能力；

（七）法律规定的其他条件。

第十四条 公务员应当履行下列义务：

（一）忠于宪法，模范遵守、自觉维护宪法和法律，自觉接受中国共产党领导；

（二）忠于国家，维护国家的安全、荣誉和利益；

（三）忠于人民，全心全意为人民服务，接受人民监督；

（四）忠于职守，勤勉尽责，服从和执行上级依法作出的决定和命令，按照规定的权限和程序履行职责，努力提高工作质量和效率；

（五）保守国家秘密和工作秘密；

（六）带头践行社会主义核心价值观，坚守法治，遵守纪律，恪守职业道德，模范遵守社会公德、家庭美德；

（七）清正廉洁，公道正派；

（八）法律规定的其他义务。

第十五条 公务员享有下列权利：

（一）获得履行职责应当具有的工作条件；

（二）非因法定事由、非经法定程序，不被免职、降职、辞退或者处分；

（三）获得工资报酬，享受福利、保险待遇；

（四）参加培训；

（五）对机关工作和领导人员提出批评和建议；

（六）提出申诉和控告；

（七）申请辞职；

（八）法律规定的其他权利。

第三章 职务、职级与级别

第十六条 国家实行公务员职位分类制度。

公务员职位类别按照公务员职位的性质、特点和管理需要，划分为综合管理类、专业技术类和行政执法类等类别。根据本法，对于具有职位特殊性，需要单独管理的，可以增设其他职位类别。各职位类别的适用范围由国家另行规定。

第十七条 国家实行公务员职务与职级并行制度，根据公务员职位类别和职责设置公务员领导职务、职级序列。

第十八条 公务员领导职务根据宪法、有关法律和机构规格设置。

领导职务层次分为:国家级正职、国家级副职、省部级正职、省部级副职、厅局级正职、厅局级副职、县处级正职、县处级副职、乡科级正职、乡科级副职。

第十九条 公务员职级在厅局级以下设置。

综合管理类公务员职级序列分为:一级巡视员、二级巡视员、一级调研员、二级调研员、三级调研员、四级调研员、一级主任科员、二级主任科员、三级主任科员、四级主任科员、一级科员、二级科员。

综合管理类以外其他职位类别公务员的职级序列,根据本法由国家另行规定。

第二十条 各机关依照确定的职能、规格、编制限额、职数以及结构比例,设置本机关公务员的具体职位,并确定各职位的工作职责和任职资格条件。

第二十一条 公务员的领导职务、职级应当对应相应的级别。公务员领导职务、职级与级别的对应关系,由国家规定。

根据工作需要和领导职务与职级的对应关系,公务员担任的领导职务和职级可以互相转任、兼任;符合规定资格条件的,可以晋升领导职务或者职级。

公务员的级别根据所任领导职务、职级及其德才表现、工作实绩和资历确定。公务员在同一领导职务、职级上,可以按照国家规定晋升级别。

公务员的领导职务、职级与级别是确定公务员工资以及其他待遇的依据。

第二十二条 国家根据人民警察、消防救援人员以及海关、驻外外交机构等公务员的工作特点,设置与其领导职务、职级相对应的衔级。

第四章　录　用

第二十三条 录用担任一级主任科员以下及其他相当职级层次的公务员,采取公开考试、严格考察、平等竞争、择优录取的办法。

民族自治地方依照前款规定录用公务员时,依照法律和有关规定对少数民族报考者予以适当照顾。

第二十四条 中央机关及其直属机构公务员的录用,由中央公务员主管部门负责组织。地方各级机关公务员的录用,由省级公务员主管部门负责组织,必要时省级公务员主管部门可以授权设区的市级公务员主管部门组织。

第二十五条 报考公务员,除应当具备本法第十三条规定的条件以外,还应当具备省级以上公务员主管部门规定的拟任职位所要求的资格条件。

国家对行政机关中初次从事行政处罚决定审核、行政复议、行政裁决、法律顾问的公务员实行统一法律职业资格考试制度，由国务院司法行政部门商有关部门组织实施。

第二十六条 下列人员不得录用为公务员：

（一）因犯罪受过刑事处罚的；

（二）被开除中国共产党党籍的；

（三）被开除公职的；

（四）被依法列为失信联合惩戒对象的；

（五）有法律规定不得录用为公务员的其他情形的。

第二十七条 录用公务员，应当在规定的编制限额内，并有相应的职位空缺。

第二十八条 录用公务员，应当发布招考公告。招考公告应当载明招考的职位、名额、报考资格条件、报考需要提交的申请材料以及其他报考须知事项。

招录机关应当采取措施，便利公民报考。

第二十九条 招录机关根据报考资格条件对报考申请进行审查。报考者提交的申请材料应当真实、准确。

第三十条 公务员录用考试采取笔试和面试等方式进行，考试内容根据公务员应当具备的基本能力和不同职位类别、不同层级机关分别设置。

第三十一条 招录机关根据考试成绩确定考察人选，并进行报考资格复审、考察和体检。

体检的项目和标准根据职位要求确定。具体办法由中央公务员主管部门会同国务院卫生健康行政部门规定。

第三十二条 招录机关根据考试成绩、考察情况和体检结果，提出拟录用人员名单，并予以公示。公示期不少于五个工作日。

公示期满，中央一级招录机关应当将拟录用人员名单报中央公务员主管部门备案；地方各级招录机关应当将拟录用人员名单报省级或者设区的市级公务员主管部门审批。

第三十三条 录用特殊职位的公务员，经省级以上公务员主管部门批准，可以简化程序或者采用其他测评办法。

第三十四条 新录用的公务员试用期为一年。试用期满合格的，予以任职；不合格的，取消录用。

第五章 考 核

第三十五条 公务员的考核应当按照管理权限，全面考核公务员的德、能、勤、绩、廉，重点考核政治素质和工作实绩。考核指标根据不同职位类别、不同层级机关分别设置。

第三十六条 公务员的考核分为平时考核、专项考核和定期考核等方式。定期考核以平时考核、专项考核为基础。

第三十七条 非领导成员公务员的定期考核采取年度考核的方式。先由个人按照职位职责和有关要求进行总结，主管领导在听取群众意见后，提出考核等次建议，由本机关负责人或者授权的考核委员会确定考核等次。

领导成员的考核由主管机关按照有关规定办理。

第三十八条 定期考核的结果分为优秀、称职、基本称职和不称职四个等次。

定期考核的结果应当以书面形式通知公务员本人。

第三十九条 定期考核的结果作为调整公务员职位、职务、职级、级别、工资以及公务员奖励、培训、辞退的依据。

第六章 职务、职级任免

第四十条 公务员领导职务实行选任制、委任制和聘任制。公务员职级实行委任制和聘任制。

领导成员职务按照国家规定实行任期制。

第四十一条 选任制公务员在选举结果生效时即任当选职务；任期届满不再连任或者任期内辞职、被罢免、被撤职的，其所任职务即终止。

第四十二条 委任制公务员试用期满考核合格，职务、职级发生变化，以及其他情形需要任免职务、职级的，应当按照管理权限和规定的程序任免。

第四十三条 公务员任职应当在规定的编制限额和职数内进行，并有相应的职位空缺。

第四十四条 公务员因工作需要在机关外兼职，应当经有关机关批准，并不得领取兼职报酬。

第七章 职务、职级升降

第四十五条 公务员晋升领导职务，应当具备拟任职务所要求的政治素质、工作能力、文化程度和任职经历等方面的条件和资格。

公务员领导职务应当逐级晋升。特别优秀的或者工作特殊需要的，可以按照规定破格或者越级晋升。

第四十六条 公务员晋升领导职务,按照下列程序办理:

(一)动议;

(二)民主推荐;

(三)确定考察对象,组织考察;

(四)按照管理权限讨论决定;

(五)履行任职手续。

第四十七条 厅局级正职以下领导职务出现空缺且本机关没有合适人选的,可以通过适当方式面向社会选拔任职人选。

第四十八条 公务员晋升领导职务的,应当按照有关规定实行任职前公示制度和任职试用期制度。

第四十九条 公务员职级应当逐级晋升,根据个人德才表现、工作实绩和任职资历,参考民主推荐或者民主测评结果确定人选,经公示后,按照管理权限审批。

第五十条 公务员的职务、职级实行能上能下。对不适宜或者不胜任现任职务、职级的,应当进行调整。

公务员在年度考核中被确定为不称职的,按照规定程序降低一个职务或者职级层次任职。

第八章 奖　励

第五十一条 对工作表现突出,有显著成绩和贡献,或者有其他突出事迹的公务员或者公务员集体,给予奖励。奖励坚持定期奖励与及时奖励相结合,精神奖励与物质奖励相结合、以精神奖励为主的原则。

公务员集体的奖励适用于按照编制序列设置的机构或者为完成专项任务组成的工作集体。

第五十二条 公务员或者公务员集体有下列情形之一的,给予奖励:

(一)忠于职守,积极工作,勇于担当,工作实绩显著的;

(二)遵纪守法,廉洁奉公,作风正派,办事公道,模范作用突出的;

(三)在工作中有发明创造或者提出合理化建议,取得显著经济效益或者社会效益的;

(四)为增进民族团结,维护社会稳定做出突出贡献的;

(五)爱护公共财产,节约国家资财有突出成绩的;

(六)防止或者消除事故有功,使国家和人民群众利益免受或者减少损失的;

（七）在抢险、救灾等特定环境中做出突出贡献的；

（八）同违纪违法行为作斗争有功绩的；

（九）在对外交往中为国家争得荣誉和利益的；

（十）有其他突出功绩的。

第五十三条 奖励分为：嘉奖、记三等功、记二等功、记一等功、授予称号。

对受奖励的公务员或者公务员集体予以表彰，并对受奖励的个人给予一次性奖金或者其他待遇。

第五十四条 给予公务员或者公务员集体奖励，按照规定的权限和程序决定或者审批。

第五十五条 按照国家规定，可以向参与特定时期、特定领域重大工作的公务员颁发纪念证书或者纪念章。

第五十六条 公务员或者公务员集体有下列情形之一的，撤销奖励：

（一）弄虚作假，骗取奖励的；

（二）申报奖励时隐瞒严重错误或者严重违反规定程序的；

（三）有严重违纪违法等行为，影响称号声誉的；

（四）有法律、法规规定应当撤销奖励的其他情形的。

第九章 监督与惩戒

第五十七条 机关应当对公务员的思想政治、履行职责、作风表现、遵纪守法等情况进行监督，开展勤政廉政教育，建立日常管理监督制度。

对公务员监督发现问题的，应当区分不同情况，予以谈话提醒、批评教育、责令检查、诫勉、组织调整、处分。

对公务员涉嫌职务违法和职务犯罪的，应当依法移送监察机关处理。

第五十八条 公务员应当自觉接受监督，按照规定请示报告工作、报告个人有关事项。

第五十九条 公务员应当遵纪守法，不得有下列行为：

（一）散布有损宪法权威、中国共产党和国家声誉的言论，组织或者参加旨在反对宪法、中国共产党领导和国家的集会、游行、示威等活动；

（二）组织或者参加非法组织，组织或者参加罢工；

（三）挑拨、破坏民族关系，参加民族分裂活动或者组织、利用宗教活动破坏民族团结和社会稳定；

（四）不担当，不作为，玩忽职守，贻误工作；

（五）拒绝执行上级依法作出的决定和命令；

（六）对批评、申诉、控告、检举进行压制或者打击报复；

（七）弄虚作假，误导、欺骗领导和公众；

（八）贪污贿赂，利用职务之便为自己或者他人谋取私利；

（九）违反财经纪律，浪费国家资财；

（十）滥用职权，侵害公民、法人或者其他组织的合法权益；

（十一）泄露国家秘密或者工作秘密；

（十二）在对外交往中损害国家荣誉和利益；

（十三）参与或者支持色情、吸毒、赌博、迷信等活动；

（十四）违反职业道德、社会公德和家庭美德；

（十五）违反有关规定参与禁止的网络传播行为或者网络活动；

（十六）违反有关规定从事或者参与营利性活动，在企业或者其他营利性组织中兼任职务；

（十七）旷工或者因公外出、请假期满无正当理由逾期不归；

（十八）违纪违法的其他行为。

第六十条 公务员执行公务时，认为上级的决定或者命令有错误的，可以向上级提出改正或者撤销该决定或者命令的意见；上级不改变该决定或者命令，或者要求立即执行的，公务员应当执行该决定或者命令，执行的后果由上级负责，公务员不承担责任；但是，公务员执行明显违法的决定或者命令的，应当依法承担相应的责任。

第六十一条 公务员因违纪违法应当承担纪律责任的，依照本法给予处分或者由监察机关依法给予政务处分；违纪违法行为情节轻微，经批评教育后改正的，可以免予处分。

对同一违纪违法行为，监察机关已经作出政务处分决定的，公务员所在机关不再给予处分。

第六十二条 处分分为：警告、记过、记大过、降级、撤职、开除。

第六十三条 对公务员的处分，应当事实清楚、证据确凿、定性准确、处理恰当、程序合法、手续完备。

公务员违纪违法的，应当由处分决定机关决定对公务员违纪违法的情况进行调查，并将调查认定的事实以及拟给予处分的依据告知公务员本人。公务员有权进行陈述和申辩；处分决定机关不得因公务员申辩而加重处分。

处分决定机关认为对公务员应当给予处分的，应当在规定的期限内，按照管理权限和规定的程序作出处分决定。处分决定应当以书面形式通知公务员本人。

第六十四条 公务员在受处分期间不得晋升职务、职级和级别，其中受记过、记大过、降级、撤职处分的，不得晋升工资档次。

受处分的期间为：警告，六个月；记过，十二个月；记大过，十八个月；降级、撤职，二十四个月。

受撤职处分的，按照规定降低级别。

第六十五条 公务员受开除以外的处分，在受处分期间有悔改表现，并且没有再发生违纪违法行为的，处分期满后自动解除。

解除处分后，晋升工资档次、级别和职务、职级不再受原处分的影响。但是，解除降级、撤职处分的，不视为恢复原级别、原职务、原职级。

第十章 培 训

第六十六条 机关根据公务员工作职责的要求和提高公务员素质的需要，对公务员进行分类分级培训。

国家建立专门的公务员培训机构。机关根据需要也可以委托其他培训机构承担公务员培训任务。

第六十七条 机关对新录用人员应当在试用期内进行初任培训；对晋升领导职务的公务员应当在任职前或者任职后一年内进行任职培训；对从事专项工作的公务员应当进行专门业务培训；对全体公务员应当进行提高政治素质和工作能力、更新知识的在职培训，其中对专业技术类公务员应当进行专业技术培训。

国家有计划地加强对优秀年轻公务员的培训。

第六十八条 公务员的培训实行登记管理。

公务员参加培训的时间由公务员主管部门按照本法第六十七条规定的培训要求予以确定。

公务员培训情况、学习成绩作为公务员考核的内容和任职、晋升的依据之一。

第十一章 交流与回避

第六十九条 国家实行公务员交流制度。

公务员可以在公务员和参照本法管理的工作人员队伍内部交流，也可以与国有企业和不参照本法管理的事业单位中从事公务的人员交流。

交流的方式包括调任、转任。

第七十条 国有企业、高等院校和科研院所以及其他不参照本法管理的事业单位中从事公务的人员，可以调入机关担任领导职务或者四级调研员以上及其他相当层次的职级。

调任人选应当具备本法第十三条规定的条件和拟任职位所要求的资格条件，并不得有本法第二十六条规定的情形。调任机关应当根据上述规定，对调任人选进行严格考察，并按照管理权限审批，必要时可以对调任人选进行考试。

第七十一条 公务员在不同职位之间转任应当具备拟任职位所要求的资格条件，在规定的编制限额和职数内进行。

对省部级正职以下的领导成员应当有计划、有重点地实行跨地区、跨部门转任。

对担任机关内设机构领导职务和其他工作性质特殊的公务员，应当有计划地在本机关内转任。

上级机关应当注重从基层机关公开遴选公务员。

第七十二条 根据工作需要，机关可以采取挂职方式选派公务员承担重大工程、重大项目、重点任务或者其他专项工作。

公务员在挂职期间，不改变与原机关的人事关系。

第七十三条 公务员应当服从机关的交流决定。

公务员本人申请交流的，按照管理权限审批。

第七十四条 公务员之间有夫妻关系、直系血亲关系、三代以内旁系血亲关系以及近姻亲关系的，不得在同一机关双方直接隶属于同一领导人员的职位或者有直接上下级领导关系的职位工作，也不得在其中一方担任领导职务的机关从事组织、人事、纪检、监察、审计和财务工作。

公务员不得在其配偶、子女及其配偶经营的企业、营利性组织的行业监管或者主管部门担任领导成员。

因地域或者工作性质特殊，需要变通执行任职回避的，由省级以上公务员主管部门规定。

第七十五条 公务员担任乡级机关、县级机关、设区的市级机关及其有关部门主要领导职务的，应当按照有关规定实行地域回避。

第七十六条 公务员执行公务时，有下列情形之一的，应当回避：

（一）涉及本人利害关系的；

（二）涉及与本人有本法第七十四条第一款所列亲属关系人员的利害关系的；

（三）其他可能影响公正执行公务的。

第七十七条 公务员有应当回避情形的，本人应当申请回避；利害关系人有权申请公务员回避。其他人员可以向机关提供公务员需要回避的情况。

机关根据公务员本人或者利害关系人的申请,经审查后作出是否回避的决定,也可以不经申请直接作出回避决定。

第七十八条 法律对公务员回避另有规定的,从其规定。

第十二章 工资、福利与保险

第七十九条 公务员实行国家统一规定的工资制度。

公务员工资制度贯彻按劳分配的原则,体现工作职责、工作能力、工作实绩、资历等因素,保持不同领导职务、职级、级别之间的合理工资差距。

国家建立公务员工资的正常增长机制。

第八十条 公务员工资包括基本工资、津贴、补贴和奖金。

公务员按照国家规定享受地区附加津贴、艰苦边远地区津贴、岗位津贴等津贴。

公务员按照国家规定享受住房、医疗等补贴、补助。

公务员在定期考核中被确定为优秀、称职的,按照国家规定享受年终奖金。

公务员工资应当按时足额发放。

第八十一条 公务员的工资水平应当与国民经济发展相协调、与社会进步相适应。

国家实行工资调查制度,定期进行公务员和企业相当人员工资水平的调查比较,并将工资调查比较结果作为调整公务员工资水平的依据。

第八十二条 公务员按照国家规定享受福利待遇。国家根据经济社会发展水平提高公务员的福利待遇。

公务员执行国家规定的工时制度,按照国家规定享受休假。公务员在法定工作日之外加班的,应当给予相应的补休,不能补休的按照国家规定给予补助。

第八十三条 公务员依法参加社会保险,按照国家规定享受保险待遇。

公务员因公牺牲或者病故的,其亲属享受国家规定的抚恤和优待。

第八十四条 任何机关不得违反国家规定自行更改公务员工资、福利、保险政策,擅自提高或者降低公务员的工资、福利、保险待遇。任何机关不得扣减或者拖欠公务员的工资。

第十三章　辞职与辞退

第八十五条　公务员辞去公职,应当向任免机关提出书面申请。任免机关应当自接到申请之日起三十日内予以审批,其中对领导成员辞去公职的申请,应当自接到申请之日起九十日内予以审批。

第八十六条　公务员有下列情形之一的,不得辞去公职:

(一)未满国家规定的最低服务年限的;

(二)在涉及国家秘密等特殊职位任职或者离开上述职位不满国家规定的脱密期限的;

(三)重要公务尚未处理完毕,且须由本人继续处理的;

(四)正在接受审计、纪律审查、监察调查,或者涉嫌犯罪,司法程序尚未终结的;

(五)法律、行政法规规定的其他不得辞去公职的情形。

第八十七条　担任领导职务的公务员,因工作变动依照法律规定需要辞去现任职务的,应当履行辞职手续。

担任领导职务的公务员,因个人或者其他原因,可以自愿提出辞去领导职务。

领导成员因工作严重失误、失职造成重大损失或者恶劣社会影响的,或者对重大事故负有领导责任的,应当引咎辞去领导职务。

领导成员因其他原因不再适合担任现任领导职务的,或者应当引咎辞职本人不提出辞职的,应当责令其辞去领导职务。

第八十八条　公务员有下列情形之一的,予以辞退:

(一)在年度考核中,连续两年被确定为不称职的;

(二)不胜任现职工作,又不接受其他安排的;

(三)因所在机关调整、撤销、合并或者缩减编制员额需要调整工作,本人拒绝合理安排的;

(四)不履行公务员义务,不遵守法律和公务员纪律,经教育仍无转变,不适合继续在机关工作,又不宜给予开除处分的;

(五)旷工或者因公外出、请假期满无正当理由逾期不归连续超过十五天,或者一年内累计超过三十天的。

第八十九条　对有下列情形之一的公务员,不得辞退:

(一)因公致残,被确认丧失或者部分丧失工作能力的;

(二)患病或者负伤,在规定的医疗期内的;

（三）女性公务员在孕期、产假、哺乳期内的；

（四）法律、行政法规规定的其他不得辞退的情形。

第九十条　辞退公务员，按照管理权限决定。辞退决定应当以书面形式通知被辞退的公务员，并应当告知辞退依据和理由。

被辞退的公务员，可以领取辞退费或者根据国家有关规定享受失业保险。

第九十一条　公务员辞职或者被辞退，离职前应当办理公务交接手续，必要时按照规定接受审计。

第十四章　退　休

第九十二条　公务员达到国家规定的退休年龄或者完全丧失工作能力的，应当退休。

第九十三条　公务员符合下列条件之一的，本人自愿提出申请，经任免机关批准，可以提前退休：

（一）工作年限满三十年的；

（二）距国家规定的退休年龄不足五年，且工作年限满二十年的；

（三）符合国家规定的可以提前退休的其他情形的。

第九十四条　公务员退休后，享受国家规定的养老金和其他待遇，国家为其生活和健康提供必要的服务和帮助，鼓励发挥个人专长，参与社会发展。

第十五章　申诉与控告

第九十五条　公务员对涉及本人的下列人事处理不服的，可以自知道该人事处理之日起三十日内向原处理机关申请复核；对复核结果不服的，可以自接到复核决定之日起十五日内，按照规定向同级公务员主管部门或者作出该人事处理的机关的上一级机关提出申诉；也可以不经复核，自知道该人事处理之日起三十日内直接提出申诉：

（一）处分；

（二）辞退或者取消录用；

（三）降职；

（四）定期考核定为不称职；

（五）免职；

（六）申请辞职、提前退休未予批准；

（七）不按照规定确定或者扣减工资、福利、保险待遇；

（八）法律、法规规定可以申诉的其他情形。

对省级以下机关作出的申诉处理决定不服的，可以向作出处理决定的上一级机关提出再申诉。

受理公务员申诉的机关应当组成公务员申诉公正委员会，负责受理和审理公务员的申诉案件。

公务员对监察机关作出的涉及本人的处理决定不服向监察机关申请复审、复核的，按照有关规定办理。

第九十六条 原处理机关应当自接到复核申请书后的三十日内作出复核决定，并以书面形式告知申请人。受理公务员申诉的机关应当自受理之日起六十日内作出处理决定；案情复杂的，可以适当延长，但是延长时间不得超过三十日。

复核、申诉期间不停止人事处理的执行。

公务员不因申请复核、提出申诉而被加重处理。

第九十七条 公务员申诉的受理机关审查认定人事处理有错误的，原处理机关应当及时予以纠正。

第九十八条 公务员认为机关及其领导人员侵犯其合法权益的，可以依法向上级机关或者监察机关提出控告。受理控告的机关应当按照规定及时处理。

第九十九条 公务员提出申诉、控告，应当尊重事实，不得捏造事实，诬告、陷害他人。对捏造事实，诬告、陷害他人的，依法追究法律责任。

第十六章 职位聘任

第一百条 机关根据工作需要，经省级以上公务员主管部门批准，可以对专业性较强的职位和辅助性职位实行聘任制。

前款所列职位涉及国家秘密的，不实行聘任制。

第一百零一条 机关聘任公务员可以参照公务员考试录用的程序进行公开招聘，也可以从符合条件的人员中直接选聘。

机关聘任公务员应当在规定的编制限额和工资经费限额内进行。

第一百零二条 机关聘任公务员，应当按照平等自愿、协商一致的原则，签订书面的聘任合同，确定机关与所聘公务员双方的权利、义务。聘任合同经双方协商一致可以变更或者解除。

聘任合同的签订、变更或者解除，应当报同级公务员主管部门备案。

第一百零三条 聘任合同应当具备合同期限，职位及其职责要求，工资、福利、保险待遇，违约责任等条款。

聘任合同期限为一年至五年。聘任合同可以约定试用期，试用期为一个月至十二个月。

聘任制公务员实行协议工资制，具体办法由中央公务员主管部门规定。

第一百零四条 机关依据本法和聘任合同对所聘公务员进行管理。

第一百零五条 聘任制公务员与所在机关之间因履行聘任合同发生争议的，可以自争议发生之日起六十日内申请仲裁。

省级以上公务员主管部门根据需要设立人事争议仲裁委员会，受理仲裁申请。人事争议仲裁委员会由公务员主管部门的代表、聘用机关的代表、聘任制公务员的代表以及法律专家组成。

当事人对仲裁裁决不服的，可以自接到仲裁裁决书之日起十五日内向人民法院提起诉讼。仲裁裁决生效后，一方当事人不履行的，另一方当事人可以申请人民法院执行。

第十七章　法律责任

第一百零六条 对有下列违反本法规定情形的，由县级以上领导机关或者公务员主管部门按照管理权限，区别不同情况，分别予以责令纠正或者宣布无效；对负有责任的领导人员和直接责任人员，根据情节轻重，给予批评教育、责令检查、诫勉、组织调整、处分；构成犯罪的，依法追究刑事责任：

（一）不按照编制限额、职数或者任职资格条件进行公务员录用、调任、转任、聘任和晋升的；

（二）不按照规定条件进行公务员奖惩、回避和办理退休的；

（三）不按照规定程序进行公务员录用、调任、转任、聘任、晋升以及考核、奖惩的；

（四）违反国家规定，更改公务员工资、福利、保险待遇标准的；

（五）在录用、公开遴选等工作中发生泄露试题、违反考场纪律以及其他严重影响公开、公正行为的；

（六）不按照规定受理和处理公务员申诉、控告的；

（七）违反本法规定的其他情形的。

第一百零七条 公务员辞去公职或者退休的，原系领导成员、县处级以上领导职务的公务员在离职三年内，其他公务员在离职两年内，不得到与原工作业务直接相关的企业或者其他营利性组织任职，不得从事与原工作业务直接相关的营利性活动。

公务员辞去公职或者退休后有违反前款规定行为的，由其原所在机关的同级公务员主管部门责令限期改正；逾期不改正的，由县级以上市场监管部门没收该人员从业期间的违法所得，责令接收单位将该人员予以清退，并根据情节轻重，对接收单位处以被处罚人员违法所得一倍以上五倍以下的罚款。

第一百零八条 公务员主管部门的工作人员，违反本法规定，滥用职权、玩忽职守、徇私舞弊，构成犯罪的，依法追究刑事责任；尚不构成犯罪的，给予处分或者由监察机关依法给予政务处分。

第一百零九条 在公务员录用、聘任等工作中，有隐瞒真实信息、弄虚作假、考试作弊、扰乱考试秩序等行为的，由公务员主管部门根据情节作出考试成绩无效、取消资格、限制报考等处理；情节严重的，依法追究法律责任。

第一百一十条 机关因错误的人事处理对公务员造成名誉损害的，应当赔礼道歉、恢复名誉、消除影响；造成经济损失的，应当依法给予赔偿。

第十八章 附 则

第一百一十一条 本法所称领导成员，是指机关的领导人员，不包括机关内设机构担任领导职务的人员。

第一百一十二条 法律、法规授权的具有公共事务管理职能的事业单位中除工勤人员以外的工作人员，经批准参照本法进行管理。

第一百一十三条 本法自2019年6月1日起施行。

全国人民代表大会常务委员会关于修改《中华人民共和国村民委员会组织法》《中华人民共和国城市居民委员会组织法》的决定

（2018年12月29日第十三届全国人民代表大会常务委员会第七次会议通过 2018年12月29日中华人民共和国主席令第21号公布 自公布之日起施行）

第十三届全国人民代表大会常务委员会第七次会议决定：

一、对《中华人民共和国村民委员会组织法》作出修改

将第十一条第二款修改为：“村民委员会每届任期五年，届满应当及时举行换届选举。村民委员会成员可以连选连任。”

二、对《中华人民共和国城市居民委员会组织法》作出修改

将第八条第一款修改为：“居民委员会主任、副主任和委员，由本居住地区全体有选举权的居民或者由每户派代表选举产生；根据居民意见，也可以由每个居民小组选举代表二至三人选举产生。居民委员会每届任期五年，其成员可以连选连任。”

本决定自公布之日起施行。

《中华人民共和国村民委员会组织法》《中华人民共和国城市居民委员会组织法》根据本决定作相应修改，重新公布。

全国人民代表大会常务委员会关于修改《中华人民共和国产品质量法》等五部法律的决定

（2018年12月29日第十三届全国人民代表大会常务委员会第七次会议通过　2018年12月29日中华人民共和国主席令第22号公布　自公布之日起施行）

第十三届全国人民代表大会常务委员会第七次会议决定：

一、对《中华人民共和国产品质量法》作出修改

（一）将第八条、第十条、第十四条、第十五条、第十七条、第十八条、第十九条、第二十四条、第二十五条、第六十六条、第六十七条中的“产品质量监督部门”修改为“市场监督管理部门”。

（二）删去第十八条第二款。

（三）将第二十二条中的“产品质量监督部门、工商行政管理部门”修改为“市场监督管理部门”。

（四）将第四十条第三款、第六十三条、第六十五条、第六十八条、第六十九条中的“产品质量监督部门或者工商行政管理部门”修改为“市场监督管理部门”。

（五）删去第七十条中的“本法规定的吊销营业执照的行政处罚由工商行政管理部门决定”，将“由产品质量监督部门或者工商行政管理部门按照国务院规定的职权范围决定”修改为“由市场监督管理部门决定”。

二、对《中华人民共和国义务教育法》作出修改

将第四十条中的“出版行政部门”修改为“出版主管部门”。

三、对《中华人民共和国进出口商品检验法》作出修改

（一）将第二十四条中的“国家商检部门”修改为“国务院认证认可监督管理部门”。

（二）将第二十五条中的“商检机构”修改为“认证机构”，“国家商检部门”修改为“国务院认证认可监督管理部门”。

（三）将第三十六条中的“由商检机构责令改正”修改为“由商检机构、认证认可监督管理部门依据各自职责责令改正”。

四、对《中华人民共和国预算法》作出修改

将第八十八条中的“监督检查本级各部门及其所属各单位预算的编制、执行”修改为“监督本级各部门及其所属各单位预算管理有关工作”。

五、对《中华人民共和国食品安全法》作出修改

（一）将第五条、第六条、第七条、第八条第二款、第十四条、第十六条、第十九条、第二十一条第二款、第二十二条、第二十三条、第二十七条、第三十二条、第三十五条第二款、第三十六条第一款、第三十八条、第四十二条第三款、第四十四条第三款、第四十七条、第四十八条第二款、第六十一条、第六十二条第二款、第六十三条、第六十四条、第七十三条第二款、第七十五条第二款、第七十六条第一款、第七十七条第一款、第七十九条、第八十条第一款、第八十一条、第八十二条第二款、第八十三条、第八十四条第二款、第八十七条、第八十八条第一款、第九十五条、第一百零三条、第一百零四条、第一百零五条、第一百零六条、第一百零九条、第一百一十二条第一款、第一百一十三条、第一百一十四条、第一百一十五条第一款、第一百一十六条、第一百一十七条、第一百一十八条、第一百一十九条、第一百二十条第二款、第一百二十一条、第一百二十二条、第一百二十三条、第一百二十四条第一款、第一百二十五条、第一百二十六条、第一百三十条第一款、第一百三十一条第一款、第一百三十二条、第一百三十四条、第一百三十五条第三款、第一百四十条、第一百四十四条、第一百四十五条、第一百四十六条、第一百五十二条中的“食品药品监督管理”修改为“食品安全监督管理”。

（二）删去第十四条、第十九条、第二十一条第二款、第三十二条、第一百零三条第二款、第一百零五条第一款、第一百零九条、第一百一十五条第一款、第一百一十六条、第一百一十八条第二款、第一百一十九条、第一百二十一条、第一百四十四条、第一百四十五条、第一百四十六条中的“质量监督”。

（三）将第四十一条、第一百二十四条第三款、第一百二十六条第三款、第一百五十二条第三款中的“质量监督”修改为“食品安全监督管理”。

（四）将第一百一十条中的“食品药品监督管理、质量监督部门履行各自食品安全监督管理职责”修改为“食品安全监督管理部门履行食品安全监督管理职责”。

（五）将第一百二十一条第三款中的“环境保护”修改为“生态环境”。

本决定自公布之日起施行。

《中华人民共和国产品质量法》《中华人民共和国义务教育法》《中华人民共和国进出口商品检验法》《中华人民共和国预算法》《中华人民共和国食品安全法》根据本决定作相应修改，重新公布。

全国人民代表大会常务委员会关于修改《中华人民共和国电力法》等四部法律的决定

（2018 年 12 月 29 日第十三届全国人民代表大会常务委员会第七次会议通过　2018 年 12 月 29 日中华人民共和国主席令第 23 号公布　自公布之日起施行）

第十三届全国人民代表大会常务委员会第七次会议决定：

一、对《中华人民共和国电力法》作出修改

将第二十五条第三款修改为：“供电营业区的设立、变更，由供电企业提出申请，电力管理部门依据职责和管理权限，会同同级有关部门审查批准后，发给《电力业务许可证》。供电营业区设立、变更的具体办法，由国务院电力管理部门制定。”

二、对《中华人民共和国高等教育法》作出修改

将第十七条中的“高等学校根据实际需要，报主管的教育行政部门批准，可以对本学校的修业年限作出调整”修改为“高等学校根据实际需要，可以对本学校的修业年限作出调整”。

三、对《中华人民共和国港口法》作出修改

（一）将第二十五条修改为：“国务院交通主管部门应当制定港口理货服务标准和规范。

“经营港口理货业务，应当按照规定报港口行政管理部门备案。

“港口理货业务经营人应当公正、准确地办理理货业务；不得兼营本法第二十二条第三款规定的货物装卸经营业务和仓储经营业务。”

（二）增加一条，作为第四十五条：“港口经营人、港口理货业务经营人有本法规定的违法行为的，依照有关法律、行政法规的规定纳入信用记录，并予以公示。”

（三）将第四十八条改为第四十九条，修改为：“未依法取得港口经营许可证从事港口经营，或者港口理货业务经营人兼营货物装卸经营业务、仓储经营业务的，由港口行政管理部门责令停止违法经营，没收违法所得；违法所得十万元以上的，并处违法所得二倍以上五倍以下罚款；违法所得不足十万元的，处五万元以上二十万元以下罚款。”

（四）将第五十六条改为第五十七条，删去该条第二项中的“或者港口理货业务经营许可”、第三项中的“港口理货业务经营人”、第四项中的“港口理货”。

四、对《中华人民共和国企业所得税法》作出修改

将第五十一条第一款中的“非居民企业在中国境内设立两个或者两个以上机构、场所的，经税务机关审核批准”修改为“非居民企业在中国境内设立两个或者两个以上机构、场所，符合国务院税务主管部门规定条件的”。

本决定自公布之日起施行。

《中华人民共和国电力法》《中华人民共和国高等教育法》《中华人民共和国港口法》《中华人民共和国企业所得税法》根据本决定作相应修改，重新公布。

全国人民代表大会常务委员会关于修改《中华人民共和国劳动法》等七部法律的决定

（2018年12月29日第十三届全国人民代表大会常务委员会第七次会议通过　2018年12月29日中华人民共和国主席令第24号公布　自公布之日起施行）

第十三届全国人民代表大会常务委员会第七次会议决定：

一、对《中华人民共和国劳动法》作出修改

（一）将第十五条第二款中的“必须依照国家有关规定，履行审批手续”修改为"必须遵守国家有关规定"。

（二）将第六十九条中的"由经过政府批准的考核鉴定机构"修改为"由经备案的考核鉴定机构"。

（三）将第九十四条中的"工商行政管理部门"修改为"市场监督管理部门"。

二、对《中华人民共和国老年人权益保障法》作出修改

（一）删去第四十三条。

（二）将第四十四条改为第四十三条，修改为："设立公益性养老机构，应当依法办理相应的登记。

"设立经营性养老机构，应当在市场监督管理部门办理登记。

"养老机构登记后即可开展服务活动，并向县级以上人民政府民政部门备案。"

（三）增加一条，作为第四十四条："地方各级人民政府加强对本行政区域养老机构管理工作的领导，建立养老机构综合监管制度。

"县级以上人民政府民政部门负责养老机构的指导、监督和管理，其他有关部门依照职责分工对养老机构实施监督。"

（四）增加一条，作为第四十五条："县级以上人民政府民政部门依法履行监督检查职责，可以采取下列措施：

"（一）向养老机构和个人了解情况；

"（二）进入涉嫌违法的养老机构进行现场检查；

"（三）查阅或者复制有关合同、票据、账簿及其他有关资料；

"（四）发现养老机构存在可能危及人身健康和生命财产安全风险的，责令限期改正，逾期不改正的，责令停业整顿。

"县级以上人民政府民政部门调查养老机构涉嫌违法的行为，应当遵守《中华人民共和国行政强制法》和其他有关法律、行政法规的规定。"

（五）删去第七十八条。

三、对《中华人民共和国环境噪声污染防治法》作出修改

（一）将第六条、第十条第一款、第十一条、第十三条第二款、第十五条、第十七条第三款、第二十条、第二十一条第一款、第二十四条第一款、第二十九条、第四十二条、第四十九条、第五十条、第五十一条、第五十二条第二款、第五十五条、第五十六条、第五十九条、第六十条第二款、第六十一条第二款中的"环境保护行政主管部门"修改为"生态环境主管部门"。

（二）将第十四条第二款中的"经原审批环境影响报告书的环境保护行政主管部门验收"修改为"按照国家规定的标准和程序进行验收"。

（三）将第四十三条第一款中的“工商行政管理部门”修改为“市场监督管理部门”。

（四）将第四十八条中的“由批准该建设项目的环境影响报告书的环境保护行政主管部门责令停止生产或者使用，可以并处罚款”修改为“由县级以上生态环境主管部门责令限期改正，并对单位和个人处以罚款；造成重大环境污染或者生态破坏的，责令停止生产或者使用，或者报经有批准权的人民政府批准，责令关闭”。

四、对《中华人民共和国环境影响评价法》作出修改

（一）将第六条第二款、第九条、第十三条、第十六条第三款、第十七条第二款、第二十二条第一款、第二十三条、第三十一条、第三十四条中的“环境保护行政主管部门”修改为“生态环境主管部门”。

（二）将第十九条修改为：“建设单位可以委托技术单位对其建设项目开展环境影响评价，编制建设项目环境影响报告书、环境影响报告表；建设单位具备环境影响评价技术能力的，可以自行对其建设项目开展环境影响评价，编制建设项目环境影响报告书、环境影响报告表。

“编制建设项目环境影响报告书、环境影响报告表应当遵守国家有关环境影响评价标准、技术规范等规定。

“国务院生态环境主管部门应当制定建设项目环境影响报告书、环境影响报告表编制的能力建设指南和监管办法。

“接受委托为建设单位编制建设项目环境影响报告书、环境影响报告表的技术单位，不得与负责审批建设项目环境影响报告书、环境影响报告表的生态环境主管部门或者其他有关审批部门存在任何利益关系。”

（三）将第二十条修改为：“建设单位应当对建设项目环境影响报告书、环境影响报告表的内容和结论负责，接受委托编制建设项目环境影响报告书、环境影响报告表的技术单位对其编制的建设项目环境影响报告书、环境影响报告表承担相应责任。

“设区的市级以上人民政府生态环境主管部门应当加强对建设项目环境影响报告书、环境影响报告表编制单位的监督管理和质量考核。

“负责审批建设项目环境影响报告书、环境影响报告表的生态环境主管部门应当将编制单位、编制主持人和主要编制人员的相关违法信息记入社会诚信档案，并纳入全国信用信息共享平台和国家企业信用信息公示系统向社会公布。

“任何单位和个人不得为建设单位指定编制建设项目环境影响报告书、环境影响报告表的技术单位。”

（四）将第二十八条修改为："生态环境主管部门应当对建设项目投入生产或者使用后所产生的环境影响进行跟踪检查，对造成严重环境污染或者生态破坏的，应当查清原因、查明责任。对属于建设项目环境影响报告书、环境影响报告表存在基础资料明显不实，内容存在重大缺陷、遗漏或者虚假，环境影响评价结论不正确或者不合理等严重质量问题的，依照本法第三十二条的规定追究建设单位及其相关责任人员和接受委托编制建设项目环境影响报告书、环境影响报告表的技术单位及其相关人员的法律责任；属于审批部门工作人员失职、渎职，对依法不应批准的建设项目环境影响报告书、环境影响报告表予以批准的，依照本法第三十四条的规定追究其法律责任。"

（五）将第三十二条修改为："建设项目环境影响报告书、环境影响报告表存在基础资料明显不实，内容存在重大缺陷、遗漏或者虚假，环境影响评价结论不正确或者不合理等严重质量问题的，由设区的市级以上人民政府生态环境主管部门对建设单位处五十万元以上二百万元以下的罚款，并对建设单位的法定代表人、主要负责人、直接负责的主管人员和其他直接责任人员，处五万元以上二十万元以下的罚款。

"接受委托编制建设项目环境影响报告书、环境影响报告表的技术单位违反国家有关环境影响评价标准和技术规范等规定，致使其编制的建设项目环境影响报告书、环境影响报告表存在基础资料明显不实，内容存在重大缺陷、遗漏或者虚假，环境影响评价结论不正确或者不合理等严重质量问题的，由设区的市级以上人民政府生态环境主管部门对技术单位处所收费用三倍以上五倍以下的罚款；情节严重的，禁止从事环境影响报告书、环境影响报告表编制工作；有违法所得的，没收违法所得。

"编制单位有本条第一款、第二款规定的违法行为的，编制主持人和主要编制人员五年内禁止从事环境影响报告书、环境影响报告表编制工作；构成犯罪的，依法追究刑事责任，并终身禁止从事环境影响报告书、环境影响报告表编制工作。"

五、对《中华人民共和国民办教育促进法》作出修改

（一）将第二十六条第二款中的"经政府批准的职业技能鉴定机构"修改为"经备案的职业技能鉴定机构"。

（二）将第六十四条中的"工商行政管理"修改为"市场监督管理"。

六、对《中华人民共和国民用航空法》作出修改

（一）将第六十二条修改为："国务院民用航空主管部门规定的对公众开放的民用机场应当取得机场使用许可证，方可开放使用。其他民用机场应当按照国务院民用航空主管部门的规定进行备案。

“申请取得机场使用许可证，应当具备下列条件，并按照国家规定经验收合格：

“（一）具备与其运营业务相适应的飞行区、航站区、工作区以及服务设施和人员；

“（二）具备能够保障飞行安全的空中交通管制、通信导航、气象等设施和人员；

“（三）具备符合国家规定的安全保卫条件；

“（四）具备处理特殊情况的应急计划以及相应的设施和人员；

“（五）具备国务院民用航空主管部门规定的其他条件。

“国际机场还应当具备国际通航条件，设立海关和其他口岸检查机关。”

（二）删去第一百零三条中的“检疫”。

（三）在第二百一十三条后增加一条，作为第二百一十四条：“国务院、中央军事委员会对无人驾驶航空器的管理另有规定的，从其规定。”

七、对《中华人民共和国职业病防治法》作出修改

（一）删去第二条第三款、第九条、第十五条、第二十九条第二款、第三十五条第一款、第六十七条、第八十二条中的“安全生产监督管理部门”，第十六条第三款中的“会同国务院安全生产监督管理部门”，第五十条中的“和安全生产监督管理部门”。

（二）将第十六条、第十七条第四款、第十八条第四款、第二十六条、第二十七条、第三十七条第一款、第四十七条、第四十八条、第六十三条、第六十四条、第七十条、第七十一条、第七十二条、第七十三条、第七十五条、第七十七条中的“安全生产监督管理部门”修改为“卫生行政部门”；将第六十一条第一款中的“民政部门”修改为“医疗保障、民政部门”；将第六十九条中的“安全生产监督管理部门和卫生行政部门依据职责分工”修改为“卫生行政部门”。

（三）将第四十三条第一款修改为：“职业病诊断应当由取得《医疗机构执业许可证》的医疗卫生机构承担。卫生行政部门应当加强对职业病诊断工作的规范管理，具体管理办法由国务院卫生行政部门制定。”

第二款修改为：“承担职业病诊断的医疗卫生机构还应当具备下列条件：

“（一）具有与开展职业病诊断相适应的医疗卫生技术人员；

“（二）具有与开展职业病诊断相适应的仪器、设备；

“（三）具有健全的职业病诊断质量管理制度。”

（四）将第七十九条修改为：“未取得职业卫生技术服务资质认可擅自从事职业卫生技术服务的，由卫生行政部门责令立即停止违法行为，没收违法所得；违法所得五千元以上的，并处违法所得二倍以上十倍以下的罚款；没有违法所得或者违法所得不足五千元的，并处五千元以上五万元以下的罚款；情节严重的，对直接负责的主管人员和其他直接责任人员，依法给予降级、撤职或者开除的处分。”

（五）将第八十条修改为：“从事职业卫生技术服务的机构和承担职业病诊断的医疗卫生机构违反本法规定，有下列行为之一的，由卫生行政部门责令立即停止违法行为，给予警告，没收违法所得；违法所得五千元以上的，并处违法所得二倍以上五倍以下的罚款；没有违法所得或者违法所得不足五千元的，并处五千元以上二万元以下的罚款；情节严重的，由原认可或者登记机关取消其相应的资格；对直接负责的主管人员和其他直接责任人员，依法给予降级、撤职或者开除的处分；构成犯罪的，依法追究刑事责任：

“（一）超出资质认可或者诊疗项目登记范围从事职业卫生技术服务或者职业病诊断的；

“（二）不按照本法规定履行法定职责的；

“（三）出具虚假证明文件的。”

本决定自公布之日起施行。

《中华人民共和国劳动法》《中华人民共和国老年人权益保障法》《中华人民共和国环境噪声污染防治法》《中华人民共和国环境影响评价法》《中华人民共和国民办教育促进法》《中华人民共和国民用航空法》《中华人民共和国职业病防治法》根据本决定作相应修改，重新公布。

全国人民代表大会常务委员会
关于修改《中华人民共和国
社会保险法》的决定

（2018年12月29日第十三届全国人民代表大会常务委员会第七次会议通过　2018年12月29日中华人民共和国主席令第25号公布　自公布之日起施行）

第十三届全国人民代表大会常务委员会第七次会议决定对《中华人民共和国社会保险法》作如下修改：

一、将第五十七条中的“工商行政管理部门”修改为“市场监督管理部门”。

二、将第六十四条第一款中的“各项社会保险基金按照社会保险险种分别建账，分账核算，执行国家统一的会计制度”修改为“除基本医疗保险基金与生育保险基金合并建账及核算外，其他各项社会保险基金按照社会保险险种分别建账，分账核算。社会保险基金执行国家统一的会计制度”。

三、将第六十六条中的“社会保险基金预算按照社会保险项目分别编制”修改为“除基本医疗保险基金与生育保险基金预算合并编制外，其他社会保险基金预算按照社会保险项目分别编制”。

本决定自公布之日起施行。

《中华人民共和国社会保险法》根据本决定作相应修改，重新公布。

有关法律问题的决定

全国人民代表大会常务委员会关于延长授权国务院在北京市大兴区等三十三个试点县（市、区）行政区域暂时调整实施有关法律规定期限的决定

（2018年12月29日第十三届全国人民代表大会常务委员会第七次会议通过）

为了进一步深入推进农村土地征收、集体经营性建设用地入市、宅基地管理制度改革试点，更好地总结试点经验，为完善土地管理法律制度打好基础，并做好试点工作和《中华人民共和国土地管理法》修改工作的衔接，第十三届全国人民代表大会常务委员会第七次会议决定：将《全国人民代表大会常务委员会关于授权国务院在北京市大兴区等三十三个试点县（市、区）行政区域暂时调整实施有关法律规定的决定》规定的调整实施有关法律规定的期限延长至2019年12月31日。

本决定自公布之日起施行。

行政法规

中华人民共和国个人所得税法实施条例

（1994年1月28日中华人民共和国国务院令第142号发布　根据2005年12月19日《国务院关于修改〈中华人民共和国个人所得税法实施条例〉的决定》第一次修订　根据2008年2月18日《国务院关于修改〈中华人民共和国个人所得税法实施条例〉的决定》第二次修订　根据2011年7月19日《国务院关于修改〈中华人民共和国个人所得税法实施条例〉的决定》第三次修订　2018年12月18日中华人民共和国国务院令第707号第四次修订　自2019年1月1日起施行）

第一条　根据《中华人民共和国个人所得税法》（以下简称个人所得税法），制定本条例。

第二条　个人所得税法所称在中国境内有住所，是指因户籍、家庭、经济利益关系而在中国境内习惯性居住；所称从中国境内和境外取得的所得，分别是指来源于中国境内的所得和来源于中国境外的所得。

第三条　除国务院财政、税务主管部门另有规定外，下列所得，不论支付地点是否在中国境内，均为来源于中国境内的所得：

（一）因任职、受雇、履约等在中国境内提供劳务取得的所得；

（二）将财产出租给承租人在中国境内使用而取得的所得；

（三）许可各种特许权在中国境内使用而取得的所得；

（四）转让中国境内的不动产等财产或者在中国境内转让其他财产取得的所得；

（五）从中国境内企业、事业单位、其他组织以及居民个人取得的利息、股息、红利所得。

第四条　在中国境内无住所的个人，在中国境内居住累计满183天的年度连续不满六年的，经向主管税务机关备案，其来源于中国境外且由境外单位或者个人支付的所得,免予缴纳个人所得税;在中国境内居住累计满183天的任一年度中有一次离境超过30天的,其在中国境内居住累计满183天的年度的连续年限重新起算。

第五条 在中国境内无住所的个人,在一个纳税年度内在中国境内居住累计不超过90天的,其来源于中国境内的所得,由境外雇主支付并且不由该雇主在中国境内的机构、场所负担的部分,免予缴纳个人所得税。

第六条 个人所得税法规定的各项个人所得的范围:

(一)工资、薪金所得,是指个人因任职或者受雇取得的工资、薪金、奖金、年终加薪、劳动分红、津贴、补贴以及与任职或者受雇有关的其他所得。

(二)劳务报酬所得,是指个人从事劳务取得的所得,包括从事设计、装潢、安装、制图、化验、测试、医疗、法律、会计、咨询、讲学、翻译、审稿、书画、雕刻、影视、录音、录像、演出、表演、广告、展览、技术服务、介绍服务、经纪服务、代办服务以及其他劳务取得的所得。

(三)稿酬所得,是指个人因其作品以图书、报刊等形式出版、发表而取得的所得。

(四)特许权使用费所得,是指个人提供专利权、商标权、著作权、非专利技术以及其他特许权的使用权取得的所得;提供著作权的使用权取得的所得,不包括稿酬所得。

(五)经营所得,是指:

1. 个体工商户从事生产、经营活动取得的所得,个人独资企业投资人、合伙企业的个人合伙人来源于境内注册的个人独资企业、合伙企业生产、经营的所得;

2. 个人依法从事办学、医疗、咨询以及其他有偿服务活动取得的所得;

3. 个人对企业、事业单位承包经营、承租经营以及转包、转租取得的所得;

4. 个人从事其他生产、经营活动取得的所得。

(六)利息、股息、红利所得,是指个人拥有债权、股权等而取得的利息、股息、红利所得。

(七)财产租赁所得,是指个人出租不动产、机器设备、车船以及其他财产取得的所得。

(八)财产转让所得,是指个人转让有价证券、股权、合伙企业中的财产份额、不动产、机器设备、车船以及其他财产取得的所得。

(九)偶然所得,是指个人得奖、中奖、中彩以及其他偶然性质的所得。

个人取得的所得,难以界定应纳税所得项目的,由国务院税务主管部门确定。

第七条 对股票转让所得征收个人所得税的办法，由国务院另行规定，并报全国人民代表大会常务委员会备案。

第八条 个人所得的形式，包括现金、实物、有价证券和其他形式的经济利益；所得为实物的，应当按照取得的凭证上所注明的价格计算应纳税所得额，无凭证的实物或者凭证上所注明的价格明显偏低的，参照市场价格核定应纳税所得额；所得为有价证券的，根据票面价格和市场价格核定应纳税所得额；所得为其他形式的经济利益的，参照市场价格核定应纳税所得额。

第九条 个人所得税法第四条第一款第二项所称国债利息，是指个人持有中华人民共和国财政部发行的债券而取得的利息；所称国家发行的金融债券利息，是指个人持有经国务院批准发行的金融债券而取得的利息。

第十条 个人所得税法第四条第一款第三项所称按照国家统一规定发给的补贴、津贴，是指按照国务院规定发给的政府特殊津贴、院士津贴，以及国务院规定免予缴纳个人所得税的其他补贴、津贴。

第十一条 个人所得税法第四条第一款第四项所称福利费，是指根据国家有关规定，从企业、事业单位、国家机关、社会组织提留的福利费或者工会经费中支付给个人的生活补助费；所称救济金，是指各级人民政府民政部门支付给个人的生活困难补助费。

第十二条 个人所得税法第四条第一款第八项所称依照有关法律规定应予免税的各国驻华使馆、领事馆的外交代表、领事官员和其他人员的所得，是指依照《中华人民共和国外交特权与豁免条例》和《中华人民共和国领事特权与豁免条例》规定免税的所得。

第十三条 个人所得税法第六条第一款第一项所称依法确定的其他扣除，包括个人缴付符合国家规定的企业年金、职业年金，个人购买符合国家规定的商业健康保险、税收递延型商业养老保险的支出，以及国务院规定可以扣除的其他项目。

专项扣除、专项附加扣除和依法确定的其他扣除，以居民个人一个纳税年度的应纳税所得额为限额；一个纳税年度扣除不完的，不结转以后年度扣除。

第十四条 个人所得税法第六条第一款第二项、第四项、第六项所称每次，分别按照下列方法确定：

（一）劳务报酬所得、稿酬所得、特许权使用费所得，属于一次性收入的，以取得该项收入为一次；属于同一项目连续性收入的，以一个月内取得的收入为一次。

（二）财产租赁所得，以一个月内取得的收入为一次。

（三）利息、股息、红利所得，以支付利息、股息、红利时取得的收入为一次。

（四）偶然所得，以每次取得该项收入为一次。

第十五条 个人所得税法第六条第一款第三项所称成本、费用，是指生产、经营活动中发生的各项直接支出和分配计入成本的间接费用以及销售费用、管理费用、财务费用；所称损失，是指生产、经营活动中发生的固定资产和存货的盘亏、毁损、报废损失，转让财产损失，坏账损失，自然灾害等不可抗力因素造成的损失以及其他损失。

取得经营所得的个人，没有综合所得的，计算其每一纳税年度的应纳税所得额时，应当减除费用6万元、专项扣除、专项附加扣除以及依法确定的其他扣除。专项附加扣除在办理汇算清缴时减除。

从事生产、经营活动，未提供完整、准确的纳税资料，不能正确计算应纳税所得额的，由主管税务机关核定应纳税所得额或者应纳税额。

第十六条 个人所得税法第六条第一款第五项规定的财产原值，按照下列方法确定：

（一）有价证券，为买入价以及买入时按照规定交纳的有关费用；

（二）建筑物，为建造费或者购进价格以及其他有关费用；

（三）土地使用权，为取得土地使用权所支付的金额、开发土地的费用以及其他有关费用；

（四）机器设备、车船，为购进价格、运输费、安装费以及其他有关费用。

其他财产，参照前款规定的方法确定财产原值。

纳税人未提供完整、准确的财产原值凭证，不能按照本条第一款规定的方法确定财产原值的，由主管税务机关核定财产原值。

个人所得税法第六条第一款第五项所称合理费用，是指卖出财产时按照规定支付的有关税费。

第十七条 财产转让所得，按照一次转让财产的收入额减除财产原值和合理费用后的余额计算纳税。

第十八条 两个以上的个人共同取得同一项目收入的，应当对每个人取得的收入分别按照个人所得税法的规定计算纳税。

第十九条 个人所得税法第六条第三款所称个人将其所得对教育、扶贫、济困等公益慈善事业进行捐赠，是指个人将其所得通过中国境内的公益性社会组织、国家机关向教育、扶贫、济困等公益慈善事业的捐赠；所称应纳税所得额，是指计算扣除捐赠额之前的应纳税所得额。

第二十条 居民个人从中国境内和境外取得的综合所得、经营所得，应当分别合并计算应纳税额；从中国境内和境外取得的其他所得，应当分别单独计算应纳税额。

第二十一条 个人所得税法第七条所称已在境外缴纳的个人所得税税额,是指居民个人来源于中国境外的所得,依照该所得来源国家(地区)的法律应当缴纳并且实际已经缴纳的所得税税额。

个人所得税法第七条所称纳税人境外所得依照本法规定计算的应纳税额,是居民个人抵免已在境外缴纳的综合所得、经营所得以及其他所得的所得税税额的限额(以下简称抵免限额)。除国务院财政、税务主管部门另有规定外,来源于中国境外一个国家(地区)的综合所得抵免限额、经营所得抵免限额以及其他所得抵免限额之和,为来源于该国家(地区)所得的抵免限额。

居民个人在中国境外一个国家(地区)实际已经缴纳的个人所得税税额,低于依照前款规定计算出的来源于该国家(地区)所得的抵免限额的,应当在中国缴纳差额部分的税款;超过来源于该国家(地区)所得的抵免限额的,其超过部分不得在本纳税年度的应纳税额中抵免,但是可以在以后纳税年度来源于该国家(地区)所得的抵免限额的余额中补扣。补扣期限最长不得超过五年。

第二十二条 居民个人申请抵免已在境外缴纳的个人所得税税额,应当提供境外税务机关出具的税款所属年度的有关纳税凭证。

第二十三条 个人所得税法第八条第二款规定的利息,应当按照税款所属纳税申报期最后一日中国人民银行公布的与补税期间同期的人民币贷款基准利率计算,自税款纳税申报期满次日起至补缴税款期限届满之日止按日加收。纳税人在补缴税款期限届满前补缴税款的,利息加收至补缴税款之日。

第二十四条 扣缴义务人向个人支付应税款项时,应当依照个人所得税法规定预扣或者代扣税款,按时缴库,并专项记载备查。

前款所称支付,包括现金支付、汇拨支付、转账支付和以有价证券、实物以及其他形式的支付。

第二十五条 取得综合所得需要办理汇算清缴的情形包括:

(一)从两处以上取得综合所得,且综合所得年收入额减除专项扣除的余额超过6万元;

(二)取得劳务报酬所得、稿酬所得、特许权使用费所得中一项或者多项所得,且综合所得年收入额减除专项扣除的余额超过6万元;

(三)纳税年度内预缴税额低于应纳税额;

(四)纳税人申请退税。

纳税人申请退税,应当提供其在中国境内开设的银行账户,并在汇算清缴地就地办理税款退库。

汇算清缴的具体办法由国务院税务主管部门制定。

第二十六条 个人所得税法第十条第二款所称全员全额扣缴申报，是指扣缴义务人在代扣税款的次月十五日内，向主管税务机关报送其支付所得的所有个人的有关信息、支付所得数额、扣除事项和数额、扣缴税款的具体数额和总额以及其他相关涉税信息资料。

第二十七条 纳税人办理纳税申报的地点以及其他有关事项的具体办法，由国务院税务主管部门制定。

第二十八条 居民个人取得工资、薪金所得时，可以向扣缴义务人提供专项附加扣除有关信息，由扣缴义务人扣缴税款时减除专项附加扣除。纳税人同时从两处以上取得工资、薪金所得，并由扣缴义务人减除专项附加扣除的，对同一专项附加扣除项目，在一个纳税年度内只能选择从一处取得的所得中减除。

居民个人取得劳务报酬所得、稿酬所得、特许权使用费所得，应当在汇算清缴时向税务机关提供有关信息，减除专项附加扣除。

第二十九条 纳税人可以委托扣缴义务人或者其他单位和个人办理汇算清缴。

第三十条 扣缴义务人应当按照纳税人提供的信息计算办理扣缴申报，不得擅自更改纳税人提供的信息。

纳税人发现扣缴义务人提供或者扣缴申报的个人信息、所得、扣缴税款等与实际情况不符的，有权要求扣缴义务人修改。扣缴义务人拒绝修改的，纳税人应当报告税务机关，税务机关应当及时处理。

纳税人、扣缴义务人应当按照规定保存与专项附加扣除相关的资料。税务机关可以对纳税人提供的专项附加扣除信息进行抽查，具体办法由国务院税务主管部门另行规定。税务机关发现纳税人提供虚假信息的，应当责令改正并通知扣缴义务人；情节严重的，有关部门应当依法予以处理，纳入信用信息系统并实施联合惩戒。

第三十一条 纳税人申请退税时提供的汇算清缴信息有错误的，税务机关应当告知其更正；纳税人更正的，税务机关应当及时办理退税。

扣缴义务人未将扣缴的税款解缴入库的，不影响纳税人按照规定申请退税，税务机关应当凭纳税人提供的有关资料办理退税。

第三十二条 所得为人民币以外货币的，按照办理纳税申报或者扣缴申报的上一月最后一日人民币汇率中间价，折合成人民币计算应纳税所得额。年度终了后办理汇算清缴的，对已经按月、按季或者按次预缴税款的人民币以外货币所得，不再重新折算；对应当补缴税款的所得部分，按照上一纳税年度最后一日人民币汇率中间价，折合成人民币计算应纳税所得额。

第三十三条 税务机关按照个人所得税法第十七条的规定付给扣缴义务人手续费，应当填开退还书；扣缴义务人凭退还书，按照国库管理有关规定办理退库手续。

第三十四条 个人所得税纳税申报表、扣缴个人所得税报告表和个人所得税完税凭证式样，由国务院税务主管部门统一制定。

第三十五条 军队人员个人所得税征收事宜，按照有关规定执行。

第三十六条 本条例自2019年1月1日起施行。

国务院文件

国务院关于做好当前和今后一个时期促进就业工作的若干意见

(2018 年 11 月 16 日　国发〔2018〕39 号)

就业是最大的民生,也是经济发展的重中之重。当前,我国就业局势保持总体稳定,但经济运行稳中有变,经济下行压力有所加大,对就业的影响应高度重视。必须把稳就业放在更加突出位置,深入贯彻习近平新时代中国特色社会主义思想和党的十九大精神,全面落实党中央、国务院关于稳就业工作的决策部署,坚持实施就业优先战略和更加积极的就业政策,支持企业稳定岗位,促进就业创业,强化培训服务,确保当前和今后一个时期就业目标任务完成和就业局势持续稳定。为此,提出以下意见:

一、支持企业稳定发展

(一)加大稳岗支持力度。对不裁员或少裁员的参保企业,可返还其上年度实际缴纳失业保险费的 50%。2019 年 1 月 1 日至 12 月 31 日,对面临暂时性生产经营困难且恢复有望、坚持不裁员或少裁员的参保企业,返还标准可按 6 个月的当地月人均失业保险金和参保职工人数确定,或按 6 个月的企业及其职工应缴纳社会保险费 50% 的标准确定。上述资金由失业保险基金列支。(人力资源社会保障部、财政部负责。列第一位者为牵头单位,下同)

(二)发挥政府性融资担保机构作用支持小微企业。充分发挥国家融资担保基金作用,引导更多金融资源支持创业就业。各地政府性融资担保基金应优先为符合条件的小微企业提供低费率的担保支持,提高小微企业贷款可获得性。(财政部、工业和信息化部、人民银行、银保监会负责)

二、鼓励支持就业创业

(三)加大创业担保贷款贴息及奖补政策支持力度。符合创业担保贷款申请条件的人员自主创业的,可申请最高不超过 15 万元的创业担保贷款。小微企业当年新招用符合创业担保贷款申请条件的人员数量达到企业现有在职职工人数 25%(超过 100 人的企业达到 15%)并与其签订 1 年以上劳动合同的,可申请最高不超过300万元的创业担保贷款。各地可因地制宜适当放宽创业担保贷款申请条件，由此产生的贴息资金由地方财政承担。推动奖补政策落到实处，按各地当年新发放创业担保贷款总额的一定比例，奖励创业担保贷款基金运营管理机构等单位，引导其进一步提高服务创业就业的积极性。（财政部、人力资源社会保障部、人民银行、银保监会负责）

（四）支持创业载体建设。鼓励各地加快建设重点群体创业孵化载体，为创业者提供低成本场地支持、指导服务和政策扶持，根据入驻实体数量、孵化效果和带动就业成效，对创业孵化基地给予一定奖补。支持稳定就业压力较大地区为失业人员自主创业免费提供经营场地。（人力资源社会保障部、科技部、财政部、住房城乡建设部、市场监管总局，各省级人民政府按职责分工负责）

（五）扩大就业见习补贴范围。从2019年1月1日起，实施三年百万青年见习计划；将就业见习补贴范围由离校未就业高校毕业生扩展至16—24岁失业青年；组织失业青年参加3—12个月的就业见习，按规定给予就业见习补贴，并适当提高补贴标准。（人力资源社会保障部等有关部门和单位负责）

三、积极实施培训

（六）支持困难企业开展职工在岗培训。2019年1月1日至12月31日，困难企业可组织开展职工在岗培训，所需经费按规定从企业职工教育经费中列支，不足部分经所在地人力资源社会保障部门审核评估合格后，可由就业补助资金予以适当支持。（人力资源社会保障部、财政部负责）

（七）开展失业人员培训。支持各类职业院校（含技工院校）、普通高等学校、职业培训机构和符合条件的企业承担失业人员职业技能培训或创业培训。对培训合格的失业人员给予职业培训补贴，补贴标准根据培训成本、培训时长、市场需求和取得相关证书情况等确定；2019年1月1日至2020年12月31日，对其中就业困难人员和零就业家庭成员在培训期间再给予生活费补贴。生活费补贴政策每人每年只享受一次，且不可同时领取失业保险金。（人力资源社会保障部、财政部、教育部等有关部门和单位负责）

（八）放宽技术技能提升补贴申领条件。2019年1月1日至2020年12月31日，将技术技能提升补贴申领条件由企业在职职工参加失业保险3年以上放宽至参保1年以上。参保职工取得职业资格证书或职业技能等级证书的，可在参保地申请技术技能提升补贴。所需资金由失业保险基金列支。（人力资源社会保障部、财政部负责）

四、及时开展下岗失业人员帮扶

（九）实行失业登记常住地服务。失业人员可在常住地公共就业服务机构办理失业登记，申请享受当地就业创业服务、就业扶持政策、重点群体创业就业税收优惠政策。其中，大龄、残疾、低保家庭等劳动者可在常住地申请认定为就业困难人员，享受就业援助。（人力资源社会保障部、财政部、税务总局，各省级人民政府按职责分工负责）

（十）落实失业保险待遇。对符合条件的失业人员，由失业保险基金发放失业保险金，其个人应缴纳的基本医疗保险费从失业保险基金中列支。（人力资源社会保障部、医保局负责）

（十一）保障困难群众基本生活。对符合条件的生活困难下岗失业人员，给予临时生活补助，补助标准根据家庭困难程度、地区消费水平等综合确定。对符合最低生活保障条件的家庭，及时纳入最低生活保障范围。对符合临时救助条件的，给予临时救助。通过综合施策，帮助困难群众解困脱困。（财政部、人力资源社会保障部、民政部等有关部门和单位按职责分工负责）

五、落实各方责任

（十二）落实地方政府主体责任。地方各级人民政府要切实承担本地区促进就业工作的主体责任，建立由政府负责人牵头、相关部门共同参与的工作机制，因地制宜，多措并举，统筹做好本地区促进就业工作，分级预警、分层响应、分类施策。各省、自治区、直辖市人民政府要在本意见印发之日起30日内，制定出台具体实施办法，组织有关部门结合本地实际和财力水平合理确定享受政策的困难企业范围，突出重点帮扶对象，合理确定补贴等标准，确保各项政策尽快落地。（各省级人民政府负责）

（十三）明确部门组织协调责任。人力资源社会保障部要统筹协调促进就业政策制定、督促落实、统计监测等工作。财政部要加大资金支持力度，保障促进就业政策落实。其他有关部门和单位要立足职能职责，积极出台促进就业创业的政策措施，开展更多有利于促进就业的专项活动，共同做好促进就业工作。（各有关部门和单位按职责分工负责）

（十四）切实抓好政策服务。各地各有关部门要积极开展政策宣传，向社会公布政策清单、申办流程、补贴标准、服务机构及联系方式、监督投诉电话，深入企业宣讲政策、了解困难、做好帮扶。对申请享受就业创业扶持政策和就业创业服务的困难企业、下岗失业人员，要建立实名制管理服务信息系统。要优化流程，精简证明，加强监管，确保各项政策资金规范便捷地惠及享受对象。（各有关部门和单位，各省级人民政府按职责分工负责）

（十五）指导企业等各方履行社会责任。要引导困难企业更加注重运用市场机制、经济手段，通过转型转产、培训转岗、支持“双创”等，多渠道分流安置职工，依法处理劳动关系。引导职工关心企业生存与发展，困难企业与职工协商一致的，可采取协商薪酬、调整工时、轮岗轮休、在岗培训等措施，保留就业岗位，稳定劳动关系。引导劳动者树立正确就业观，主动提升就业能力，通过自身努力实现就业创业。广泛调动社会各界积极性，形成稳定、扩大就业的合力。（各有关部门和单位，各省级人民政府按职责分工负责）

从工业企业结构调整专项奖补资金中安排部分资金并适时下达，由地方统筹纳入就业补助资金，专项用于当前稳就业工作。各地要对现有补贴项目进行梳理，在保持政策连续性、稳定性的基础上，对补贴项目、补贴方式进行归并简化，提高资金使用效益。各地贯彻落实本意见的有关情况及发现的重要问题，要及时报送人力资源社会保障部。

国务院办公厅关于国家综合性消防救援车辆悬挂应急救援专用号牌有关事项的通知

（2018 年 12 月 4 日　国办发〔2018〕114 号）

根据《中共中央办公厅　国务院办公厅关于印发〈组建国家综合性消防救援队伍框架方案〉的通知》要求和《全国人民代表大会常务委员会关于国务院机构改革涉及法律规定的行政机关职责调整问题的决定》精神，为保障国家综合性消防救援队伍依法履行职责使命，经国务院同意，国家综合性消防救援车辆悬挂应急救援专用号牌（以下简称专用号牌）。现将有关事项通知如下：

一、专用号牌的核发范围和管理

国家综合性消防救援车辆中符合执行和保障应急救援任务规定的悬挂专用号牌，主要包括灭火消防车、举高消防车、专勤消防车、战勤保障消防车、消防摩托车、应急救援指挥车、救援运输车、消防宣传车、火场勘查车等。应急部为专用号牌及配套行驶证件的核发主管单位。驾驶悬挂专用号牌车辆的人员须持公安机关交通管理部门核发的相应准驾车型机动车驾驶证。

二、专用号牌要素和车辆外观

专用号牌分为汽车号牌和摩托车号牌两种。汽车号牌每副两只，分别悬挂在车辆前后部；摩托车号牌为单只，悬挂在车辆后部。专用号牌为白底黑字，配以红色汉字“应急”，其中：汽车号牌字符共 8 位，依次为省（自治区、直辖市）汉字简称、所属救援队伍代号、四位序号和汉字“应急”；摩托车号牌字符共 7 位，依次为汉字“应急”、省（自治区、直辖市）汉字简称、三位序号和所属救援队伍代号。悬挂专用号牌车辆外观参照国际通行做法进行标识涂装，车身前面涂装"救援 RESCUE"字样，车身侧面涂装国家综合性消防救援队伍徽标、"消防"字样和所属单位名称、车辆编号，车顶涂装车辆编号，车身两侧及车辆尾部涂装装饰条。

三、悬挂专用号牌车辆的道路优先通行权

悬挂专用号牌的车辆执行应急救援任务时可以使用警报器、标志灯具；在确保安全的前提下，不受行驶路线、行驶方向、行驶速度和信号灯的限制，其他车辆和行人应当让行。非执行应急救援任务时，悬挂专用号牌的车辆不得使用警报器、标志灯具，应遵守《中华人民共和国道路交通安全法》及其实施条例，自觉维护公共交通安全和秩序。对悬挂专用号牌车辆及其驾驶人的道路交通安全违法行为、道路交通事故，由公安机关交通管理部门依据《中华人民共和国道路交通安全法》处理，并实行交通违法和交通事故抄告制度。

四、悬挂专用号牌车辆的政策保障

对悬挂专用号牌的车辆免征车辆购置税、免收车辆通行费和停车费。国家综合性消防救援车辆由部队号牌改挂专用号牌的，一次性免征改挂当年车船税，此后按有关规定执行。应急部负责制定悬挂专用号牌机动车参加交通事故责任强制保险办法。悬挂专用号牌消防救援车辆的环保政策平移不变。

国家综合性消防救援车辆悬挂专用号牌工作意义重大、使命光荣。应急部要按照党中央、国务院决策部署要求和本通知精神，认真组织实施。各地区、各有关部门要积极支持国家综合性消防救援车辆悬挂专用号牌相关工作，明确责任分工，加强沟通衔接，做好宣传解读，确保工作平稳顺利有序开展。

附件：应急救援专用号牌式样和车辆涂装样图（略）。

国务院办公厅关于全面推行行政规范性文件合法性审核机制的指导意见

（2018 年 12 月 4 日　国办发〔2018〕115 号）

制定行政规范性文件（以下简称规范性文件）是行政机关或者经法律、法规授权的具有管理公共事务职能的组织（以下统称行政机关）依法履行职能的重要方式。对规范性文件进行合法性审核是确保行政机关出台的规范性文件合法有效的重要措施。全面推行规范性文件合法性审核机制，是推进依法行政、建设法治政府的必然要求，有利于维护国家法制统一、政令统一，有利于从源头上防止违法文件出台、促进行政机关严格规范公正文明执法，有利于保障公民、法人和其他组织的合法权益。《中共中央关于全面深化改革若干重大问题的决定》提出，要完善规范性文件合法性审核机制。中共中央、国务院印发的《法治政府建设实施纲要（2015—2020年）》要求完善规范性文件制定程序，落实合法性审核制度。为全面推行规范性文件合法性审核机制，经党中央、国务院同意，现提出以下意见。

一、总体要求

（一）指导思想。以习近平新时代中国特色社会主义思想为指导，全面贯彻党的十九大和十九届二中、三中全会精神，认真落实党中央、国务院决策部署，按照依法治国、依法执政、依法行政共同推进，法治国家、法治政府、法治社会一体建设的要求，全面推行规范性文件合法性审核机制，维护国家法制统一、尊严、权威，加快建设法治政府，提高政府治理能力。

（二）主要目标。进一步明确规范性文件合法性审核的范围、主体、程序、职责和责任，建立健全程序完备、权责一致、相互衔接、运行高效的合法性审核机制，落实审核工作要求，加大组织保障力度，确保所有规范性文件均经过合法性审核，保证规范性文件合法有效。

二、严格落实工作措施

（三）明确审核范围。各地区、各部门要结合工作实际，从制定主体、公文种类、管理事项等方面，确定纳入规范性文件合法性审核的标准和范围，编制规范性文件制定主体清单，明确规范性文件的公文种类，列明规范性文件管理事项类别。凡涉及公民、法人和其他组织权利义务的规范性文件，均要纳入合法性审核范围，确保实现全覆盖，做到应审必审。行政机关内部执行的管理规范、工作制度、机构编制、会议纪要、工作方案、请示报告及表彰奖惩、人事任免等文件，不纳入规范性文件合法性审核范围。

（四）确定审核主体。各级人民政府及其部门要明确具体承担规范性文件合法性审核工作的部门或者机构（以下统称审核机构）。以县级以上人民政府或者其办公机构名义印发的规范性文件，或者由县级以上人民政府部门起草、报请本级人民政府批准后以部门名义印发的规范性文件，由同级人民政府审核机构进行审核；起草部门已明确专门审核机构的，应当先由起草部门审核机构进行审核。国务院部门制定的规范性文件，由本部门审核机构进行审核。省、自治区、直辖市和设区的市人民政府部门制定的规范性文件，由本部门审核机构进行审核，也可以根据实际需要由本级人民政府确定的审核机构进行审核。县（市、区）人民政府部门、乡镇人民政府及街道办事处制定的规范性文件，已明确专门审核机构或者专门审核人员的，由本单位审核机构或者审核人员进行审核；未明确专门审核机构或者专门审核人员的，统一由县（市、区）人民政府确定的审核机构进行审核。

（五）规范审核程序。各地区、各部门要根据实际情况确定规范性文件合法性审核程序，明确起草单位、制定机关办公机构及审核机构的职责权限，严格执行材料报送、程序衔接、审核时限等工作要求。起草单位报送的审核材料，应当包括文件送审稿及其说明，制定文件所依据的法律、法规、规章和国家政策规定，征求意见及意见采纳情况，本单位的合法性审核意见，以及针对不同审核内容需要的其他材料等。起草单位直接将文件送审稿及有关材料报送制定机关办公机构的，制定机关办公机构要对材料的完备性、规范性进行审查。符合要求的，转送审核机构进行审核；不符合要求的，可以退回，或者要求起草单位在规定时间内补充材料或说明情况后转送审核机构进行审核。起草单位直接将文件送审稿及有关材料报送审核机构进行审核的，审核机构要对材料的完备性、规范性进行审核，不符合要求的，可以退回，或者要求起草单位在规定时间内补充材料或说明情况。除为了预防、应对和处置突发事件，或者执行上级机关的紧急命令和决定需要立即制定实施规范性文件等外，合法性审核时间一般不少于5个工作日，最长不超过15个工作日。

（六）明确审核职责。审核机构要认真履行审核职责，防止重形式、轻内容、走过场，严格审核以下内容：制定主体是否合法；是否超越制定机关法定职权；内容是否符合宪法、法律、法规、规章和国家政策规定；是否违法设立行政许可、行政处罚、行政强制、行政征收、行政收费等事项；是否存在没有法律、法规依据作出减损公民、法人和其他组织合法权益或者增加其义务的情形；是否存在没有法律、法规依据作出增加本单位权力或者减少本单位法定职责的情形；是否违反规范性文件制定程序。审核机构要根据不同情形提出合法、不合法、应当予以修改的书面审核意见。起草单位应当根据合法性审核意见对规范性文件作必要的修改或者补充；特殊情况下，起草单位未完全采纳合法性审核意见的，应当在提请制定机关审议时详细说明理由和依据。

（七）强化审核责任。要充分发挥合法性审核机制对确保规范性文件合法有效的把关作用，不得以征求意见、会签、参加审议等方式代替合法性审核。未经合法性审核或者经审核不合法的文件，不得提交集体审议。审核机构未严格履行审核职责导致规范性文件违法，造成严重后果的，依纪依法追究有关责任人员的责任；未经合法性审核或者不采纳合法性审核意见导致规范性文件违法，造成严重后果的，依纪依法追究有关责任人员的责任。

三、健全审核工作机制

（八）完善审核工作方式。审核机构可以根据工作需要，采用多种方式进行合法性审核，提高质量和效率。对影响面广、情况复杂、社会关注度高的规范性文件，如审核过程中遇到疑难法律问题，要在书面征求意见的基础上，采取召开座谈会、论证会等方式听取有关方面意见。要建立健全专家协助审核机制，充分发挥政府法律顾问、公职律师和有关专家作用。

（九）发挥审核管理信息平台作用。要积极探索利用信息化手段推进规范性文件合法性审核机制建设，完善合法性审核管理信息平台，制定建设标准，统一格式、文本等各项管理要求，做好与公文管理系统和政务信息公开平台的衔接，实现电子审核一体化和平台互联互通。建立合法性审核台账，对已审核的规范性文件实行动态化、精细化管理。建立合法性审核信息共享机制，充分利用大数据技术和资源，加强对审核数据的统计分析，推动信息共享和整合，切实提高审核实效。

四、加大组织保障力度

（十）加强组织领导。各地区、各部门要充分认识全面推行规范性文件合法性审核机制的重要意义，主要负责同志作为本地区、本部门规范性文件合法性审核工作第一责任人，要切实加强对规范性文件合法性审核机制建设工作的领导，听取合法性审核工作情况汇报，及时研究解决工作中的重要问题。要结合本地区、本部门实际制定具体实施意见，进一步完善工作制度，明确责任分工和时间进度要求，细化具体措施，确保各项工作落实到位。

（十一）注重能力建设。各地区、各部门要高度重视规范性文件合法性审核能力建设，认真落实审核责任。要设立专门工作机构或者明确相关机构负责合法性审核工作，配齐配强审核工作力量，确保与审核工作任务相适应。要加强合法性审核人员正规化、专业化、职业化建设，建立健全定期培训和工作交流制度，多形式开展业务学习和经验交流，全面提升合法性审核人员的政治素质和业务能力。

（十二）强化指导监督。各地区、各部门要将规范性文件合法性审核机制建设情况纳入法治政府建设督察内容，将规范性文件合法性审核工作纳入法治政府建设考评指标体系，建立情况通报制度，对工作扎实、成效显著的予以表扬激励，对工作开展不力的及时督促整改，对工作中出现问题造成不良后果的依纪依法问责。各级人民政府对所属部门、上级人民政府对下级人民政府要加强指导监督，发现问题及时纠正。审核机构要建立健全统计分析、规范指导、沟通衔接、问题通报等机制，加强共性问题研究，定期向制定机关、起草单位通报本地区、本部门合法性审核情况和存在的问题，切实提高规范性文件质量。

司法部负责组织协调、统筹推进、督促指导本意见贯彻落实工作。要及时跟踪了解落实情况，督促检查指导规范性文件合法性审核机制建设，总结交流推广工作经验，研究协调解决共性问题。各地区、各部门要将本意见的贯彻落实情况和工作中遇到的重要事项及时报司法部。

国务院办公厅关于全面推行行政执法公示制度执法全过程记录制度重大执法决定法制审核制度的指导意见

（2018 年 12 月 5 日　国办发〔2018〕118 号）

行政执法是行政机关履行政府职能、管理经济社会事务的重要方式。近年来，各地区、各部门不断加强行政执法规范化建设，执法能力和水平有了较大提高，但执法中不严格、不规范、不文明、不透明等问题仍然较为突出，损害人民群众利益和政府公信力。《中共中央关于全面推进依法治国若干重大问题的决定》和《法治政府建设实施纲要（2015—2020 年）》对全面推行行政执法公示制度、执法全过程记录制度、重大执法决定法制审核制度（以下统称“三项制度”）作出了具体部署、提出了明确要求。聚焦行政执法的源头、过程、结果等关键环节，全面推行“三项制度”，对促进严格规范公正文明执法具有基础性、整体性、突破性作用，对切实保障人民群众合法权益，维护政府公信力，营造更加公开透明、规范有序、公平高效的法治环境具有重要意义。为指导各地区、各部门全面推行“三项制度”，经党中央、国务院同意，现提出如下意见。

一、总体要求

（一）指导思想。

以习近平新时代中国特色社会主义思想为指导，全面贯彻党的十九大和十九届二中、三中全会精神，着力推进行政执法透明、规范、合法、公正，不断健全执法制度、完善执法程序、创新执法方式、加强执法监督，全面提高执法效能，推动形成权责统一、权威高效的行政执法体系和职责明确、依法行政的政府治理体系，确保行政机关依法履行法定职责，切实维护人民群众合法权益，为落实全面依法治国基本方略、推进法治政府建设奠定坚实基础。

（二）基本原则。

坚持依法规范。全面履行法定职责，规范办事流程，明确岗位责任，确保法律法规规章严格实施，保障公民、法人和其他组织依法行使权利，不得违法增加办事的条件、环节等负担，防止执法不作为、乱作为。

坚持执法为民。牢固树立以人民为中心的发展思想，贴近群众、服务群众，方便群众及时获取执法信息、便捷办理各种手续、有效监督执法活动，防止执法扰民、执法不公。

坚持务实高效。聚焦基层执法实践需要，着力解决实际问题，注重措施的有效性和针对性，便于执法人员操作，切实提高执法效率，防止程序繁琐、不切实际。

坚持改革创新。在确保统一、规范的基础上，鼓励、支持、指导各地区、各部门因地制宜、更新理念、大胆实践，不断探索创新工作机制，更好服务保障经济社会发展，防止因循守旧、照搬照抄。

坚持统筹协调。统筹推进行政执法各项制度建设，加强资源整合、信息共享，做到各项制度有机衔接、高度融合，防止各行其是、重复建设。

（三）工作目标。

“三项制度”在各级行政执法机关全面推行，行政处罚、行政强制、行政检查、行政征收征用、行政许可等行为得到有效规范，行政执法公示制度机制不断健全，做到执法行为过程信息全程记载、执法全过程可回溯管理、重大执法决定法制审核全覆盖，全面实现执法信息公开透明、执法全过程留痕、执法决定合法有效，行政执法能力和水平整体大幅提升，行政执法行为被纠错率明显下降，行政执法的社会满意度显著提高。

二、全面推行行政执法公示制度

行政执法公示是保障行政相对人和社会公众知情权、参与权、表达权、监督权的重要措施。行政执法机关要按照“谁执法谁公示”的原则，明确公示内容的采集、传递、审核、发布职责，规范信息公示内容的标准、格式。建立统一的执法信息公示平台，及时通过政府网站及政务新媒体、办事大厅公示栏、服务窗口等平台向社会公开行政执法基本信息、结果信息。涉及国家秘密、商业秘密、个人隐私等不宜公开的信息，依法确需公开的，要作适当处理后公开。发现公开的行政执法信息不准确的，要及时予以更正。

（四）强化事前公开。行政执法机关要统筹推进行政执法事前公开与政府信息公开、权责清单公布、“双随机、一公开”监管等工作。全面准确及时主动公开行政执法主体、人员、职责、权限、依据、程序、救济渠道和随机抽查事项清单等信息。根据有关法律法规，结合自身职权职责，编制并公开本机关的服务指南、执法流程图，明确执法事项名称、受理机构、审批机构、受理条件、办理时限等内容。公开的信息要简明扼要、通俗易懂，并及时根据法律法规及机构职能变化情况进行动态调整。

（五）规范事中公示。行政执法人员在进行监督检查、调查取证、采取强制措施和强制执行、送达执法文书等执法活动时，必须主动出示执法证件，向当事人和相关人员表明身份，鼓励采取佩戴执法证件的方式，执法全程公示执法身份；要出具行政执法文书，主动告知当事人执法事由、执法依据、权利义务等内容。国家规定统一着执法服装、佩戴执法标识的，执法时要按规定着装、佩戴标识。政务服务窗口要设置岗位信息公示牌，明示工作人员岗位职责、申请材料示范文本、办理进度查询、咨询服务、投诉举报等信息。

（六）加强事后公开。行政执法机关要在执法决定作出之日起20个工作日内，向社会公布执法机关、执法对象、执法类别、执法结论等信息，接受社会监督，行政许可、行政处罚的执法决定信息要在执法决定作出之日起7个工作日内公开，但法律、行政法规另有规定的除外。建立健全执法决定信息公开发布、撤销和更新机制。已公开的行政执法决定被依法撤销、确认违法或者要求重新作出的，应当及时从信息公示平台撤下原行政执法决定信息。建立行政执法统计年报制度，地方各级行政执法机关应当于每年1月31日前公开本机关上年度行政执法总体情况有关数据，并报本级人民政府和上级主管部门。

三、全面推行执法全过程记录制度

行政执法全过程记录是行政执法活动合法有效的重要保证。行政执法机关要通过文字、音像等记录形式，对行政执法的启动、调查取证、审核决定、送达执行等全部过程进行记录，并全面系统归档保存，做到执法全过程留痕和可回溯管理。

（七）完善文字记录。文字记录是以纸质文件或电子文件形式对行政执法活动进行全过程记录的方式。要研究制定执法规范用语和执法文书制作指引，规范行政执法的重要事项和关键环节，做到文字记录合法规范、客观全面、及时准确。司法部负责制定统一的行政执法文书基本格式标准，国务院有关部门可以参照该标准，结合本部门执法实际，制定本部门、本系统统一适用的行政执法文书格式文本。地方各级人民政府可以在行政执法文书基本格式标准基础上，参考国务院部门行政执法文书格式，结合本地实际，完善有关文书格式。

（八）规范音像记录。音像记录是通过照相机、录音机、摄像机、执法记录仪、视频监控等记录设备，实时对行政执法过程进行记录的方式。各级行政执法机关要根据行政执法行为的不同类别、阶段、环节，采用相应音像记录形式，充分发挥音像记录直观有力的证据作用、规范执法的监督作用、依法履职的保障作用。要做好音像记录与文字记录的衔接工作，充分考虑音像记录方式的必要性、适当性和实效性，对文字记录能够全面有效记录执法行为的，可以不进行音像记录；对查封扣押财产、强制拆除等直接涉及人身自由、生命健康、重大财产权益的现场执法活动和执法办案场所，要推行全程音像记录；对现场执法、调查取证、举行听证、留置送达和公告送达等容易引发争议的行政执法过程，要根据实际情况进行音像记录。要建立健全执法音像记录管理制度，明确执法音像记录的设备配备、使用规范、记录要素、存储应用、监督管理等要求。研究制定执法行为用语指引，指导执法人员规范文明开展音像记录。配备音像记录设备、建设询问室和听证室等音像记录场所，要按照工作必需、厉行节约、性能适度、安全稳定、适量够用的原则，结合本地区经济发展水平和本部门执法具体情况确定，不搞"一刀切"。

（九）严格记录归档。要完善执法案卷管理制度，加强对执法台账和法律文书的制作、使用、管理，按照有关法律法规和档案管理规定归档保存执法全过程记录资料，确保所有行政执法行为有据可查。对涉及国家秘密、商业秘密、个人隐私的记录资料，归档时要严格执行国家有关规定。积极探索成本低、效果好、易保存、防删改的信息化记录储存方式，通过技术手段对同一执法对象的文字记录、音像记录进行集中储存。建立健全基于互联网、电子认证、电子签章的行政执法全过程数据化记录工作机制，形成业务流程清晰、数据链条完整、数据安全有保障的数字化记录信息归档管理制度。

（十）发挥记录作用。要充分发挥全过程记录信息对案卷评查、执法监督、评议考核、舆情应对、行政决策和健全社会信用体系等工作的积极作用，善于通过统计分析记录资料信息，发现行政执法薄弱环节，改进行政执法工作，依法公正维护执法人员和行政相对人的合法权益。建立健全记录信息调阅监督制度，做到可实时调阅，切实加强监督，确保行政执法文字记录、音像记录规范、合法、有效。

四、全面推行重大执法决定法制审核制度

重大执法决定法制审核是确保行政执法机关作出的重大执法决定合法有效的关键环节。行政执法机关作出重大执法决定前，要严格进行法制审核，未经法制审核或者审核未通过的，不得作出决定。

（十一）明确审核机构。各级行政执法机关要明确具体负责本单位重大执法决定法制审核的工作机构，确保法制审核工作有机构承担、有专人负责。加强法制审核队伍的正规化、专业化、职业化建设，把政治素质高、业务能力强、具有法律专业背景的人员调整充实到法制审核岗位，配强工作力量，使法制审核人员的配置与形势任务相适应，原则上各级行政执法机关的法制审核人员不少于本单位执法人员总数的5%。要充分发挥法律顾问、公职律师在法制审核工作中的作用，特别是针对基层存在的法制审核专业人员数量不足、分布不均等问题，探索建立健全本系统内法律顾问、公职律师统筹调用机制，实现法律专业人才资源共享。

（十二）明确审核范围。凡涉及重大公共利益，可能造成重大社会影响或引发社会风险，直接关系行政相对人或第三人重大权益，经过听证程序作出行政执法决定，以及案件情况疑难复杂、涉及多个法律关系的，都要进行法制审核。各级行政执法机关要结合本机关行政执法行为的类别、执法层级、所属领域、涉案金额等因素，制定重大执法决定法制审核目录清单。上级行政执法机关要对下一级执法机关重大执法决定法制审核目录清单编制工作加强指导，明确重大执法决定事项的标准。

（十三）明确审核内容。要严格审核行政执法主体是否合法，行政执法人员是否具备执法资格；行政执法程序是否合法；案件事实是否清楚，证据是否合法充分；适用法律、法规、规章是否准确，裁量基准运用是否适当；执法是否超越执法机关法定权限；行政执法文书是否完备、规范；违法行为是否涉嫌犯罪、需要移送司法机关等。法制审核机构完成审核后，要根据不同情形，提出同意或者存在问题的书面审核意见。行政执法承办机构要对法制审核机构提出的存在问题的审核意见进行研究，作出相应处理后再次报送法制审核。

（十四）明确审核责任。行政执法机关主要负责人是推动落实本机关重大执法决定法制审核制度的第一责任人，对本机关作出的行政执法决定负责。要结合实际，确定法制审核流程，明确送审材料报送要求和审核的方式、时限、责任，建立健全法制审核机构与行政执法承办机构对审核意见不一致时的协调机制。行政执法承办机构对送审材料的真实性、准确性、完整性，以及执法的事实、证据、法律适用、程序的合法性负责。法制审核机构对重大执法决定的法制审核意见负责。因行政执法承办机构的承办人员、负责法制审核的人员和审批行政执法决定的负责人滥用职权、玩忽职守、徇私枉法等，导致行政执法决定错误，要依纪依法追究相关人员责任。

五、全面推进行政执法信息化建设

行政执法机关要加强执法信息管理，及时准确公示执法信息，实现行政执法全程留痕，法制审核流程规范有序。加快推进执法信息互联互通共享，有效整合执法数据资源，为行政执法更规范、群众办事更便捷、政府治理更高效、营商环境更优化奠定基础。

（十五）加强信息化平台建设。依托大数据、云计算等信息技术手段，大力推进行政执法综合管理监督信息系统建设，充分利用已有信息系统和数据资源，逐步构建操作信息化、文书数据化、过程痕迹化、责任明晰化、监督严密化、分析可量化的行政执法信息化体系，做到执法信息网上录入、执法程序网上流转、执法活动网上监督、执法决定实时推送、执法信息统一公示、执法信息网上查询，实现对行政执法活动的即时性、过程性、系统性管理。认真落实国务院关于加快全国一体化在线政务服务平台建设的决策部署，推动政务服务“一网通办”，依托电子政务外网开展网上行政服务工作，全面推行网上受理、网上审批、网上办公，让数据多跑路、群众少跑腿。

（十六）推进信息共享。完善全国行政执法数据汇集和信息共享机制，制定全国统一规范的执法数据标准，明确执法信息共享的种类、范围、流程和使用方式，促进执法数据高效采集、有效整合。充分利用全国一体化在线政务服务平台，在确保信息安全的前提下，加快推进跨地区、跨部门执法信息系统互联互通，已建设并使用的有关执法信息系统要加强业务协同，打通信息壁垒，实现数据共享互通，解决“信息孤岛”等问题。认真梳理涉及各类行政执法的基础数据，建立以行政执法主体信息、权责清单信息、办案信息、监督信息和统计分析信息等为主要内容的全国行政执法信息资源库，逐步形成集数据储存、共享功能于一体的行政执法数据中心。

（十七）强化智能应用。要积极推进人工智能技术在行政执法实践中的运用，研究开发行政执法裁量智能辅助信息系统，利用语音识别、文本分析等技术对行政执法信息数据资源进行分析挖掘，发挥人工智能在证据收集、案例分析、法律文件阅读与分析中的作用，聚焦争议焦点，向执法人员精准推送办案规范、法律法规规定、相似案例等信息，提出处理意见建议，生成执法决定文书，有效约束规范行政自由裁量权，确保执法尺度统一。加强对行政执法大数据的关联分析、深化应用，通过提前预警、监测、研判，及时发现解决行政机关在履行政府职能、管理经济社会事务中遇到的新情况、新问题，提升行政立法、行政决策和风险防范水平，提高政府治理的精准性和有效性。

六、加大组织保障力度

（十八）加强组织领导。地方各级人民政府及其部门的主要负责同志作为本地区、本部门全面推行“三项制度”工作的第一责任人，要切实加强对本地区、本部门行政执法工作的领导，做好“三项制度”组织实施工作，定期听取有关工作情况汇报，及时研究解决工作中的重大问题，确保工作有方案、部署有进度、推进有标准、结果有考核。要建立健全工作机制，县级以上人民政府建立司法行政、编制管理、公务员管理、信息公开、电子政务、发展改革、财政、市场监管等单位参加的全面推行“三项制度”工作协调机制，指导协调、督促检查工作推进情况。国务院有关部门要加强对本系统全面推行“三项制度”工作的指导，强化行业规范和标准统一，及时研究解决本部门、本系统全面推行“三项制度”过程中遇到的问题。上级部门要切实做到率先推行、以上带下，充分发挥在行业系统中的带动引领作用，指导、督促下级部门严格规范实施“三项制度”。

（十九）健全制度体系。要根据本指导意见的要求和各地区、各部门实际情况，建立健全科学合理的“三项制度”体系。加强和完善行政执法案例指导、行政执法裁量基准、行政执法案卷管理和评查、行政执法投诉举报以及行政执法考核监督等制度建设，推进全国统一的行政执法资格和证件管理，积极做好相关制度衔接工作，形成统筹行政执法各个环节的制度体系。

（二十）开展培训宣传。要开展“三项制度”专题学习培训，加强业务交流。认真落实“谁执法谁普法”普法责任制的要求，加强对全面推行“三项制度”的宣传，通过政府网站、新闻发布会以及报刊、广播、电视、网络、新媒体等方式，全方位宣传全面推行“三项制度”的重要意义、主要做法、典型经验和实施效果，发挥示范带动作用，及时回应社会关切，合理引导社会预期，为全面推行“三项制度”营造良好的社会氛围。

（二十一）加强督促检查。要把“三项制度”推进情况纳入法治政府建设考评指标体系，纳入年底效能目标考核体系，建立督查情况通报制度，坚持鼓励先进与鞭策落后相结合，充分调动全面推行“三项制度”工作的积极性、主动性。对工作不力的要及时督促整改，对工作中出现问题造成不良后果的单位及人员要通报批评，依纪依法问责。

（二十二）保障经费投入。要建立责任明确、管理规范、投入稳定的执法经费保障机制，保障行政执法机关依法履职所需的执法装备、经费，严禁将收费、罚没收入同部门利益直接或者变相挂钩。省级人民政府要分类制定行政执法机关执法装备配备标准、装备配备规划、设施建设规划和年度实施计划。地方各级行政执法机关要结合执法实际，将执法装备需求报本级人民政府列入财政预算。

（二十三）加强队伍建设。高素质的执法人员是全面推行“三项制度”取得实效的关键。要重视执法人员能力素质建设，加强思想道德和素质教育，着力提升执法人员业务能力和执法素养，打造政治坚定、作风优良、纪律严明、廉洁务实的执法队伍。加强行政执法人员资格管理，统一行政执法证件样式，建立全国行政执法人员和法制审核人员数据库。健全行政执法人员和法制审核人员岗前培训和岗位培训制度。鼓励和支持行政执法人员参加国家统一法律职业资格考试，对取得法律职业资格的人员可以简化或免于执法资格考试。建立科学的考核评价体系和人员激励机制。保障执法人员待遇，完善基层执法人员工资政策，建立和实施执法人员人身意外伤害和工伤保险制度，落实国家抚恤政策，提高执法人员履职积极性，增强执法队伍稳定性。

各地区、各部门要于2019年3月底前制定本地区、本部门全面推行“三项制度”的实施方案,并报司法部备案。司法部要加强对全面推行“三项制度”的指导协调,会同有关部门进行监督检查和跟踪评估,重要情况及时报告国务院。

国务院办公厅关于对真抓实干成效明显地方进一步加大激励支持力度的通知

(2018年12月6日　国办发〔2018〕117号)

为进一步健全正向激励机制,充分激发和调动各地从实际出发干事创业的积极性、主动性和创造性,促进形成担当作为、竞相发展的良好局面,国务院决定,根据新形势新任务新要求,将2016年实施的24项督查激励措施调整增加为30项督查激励措施,对落实有关重大政策措施真抓实干、取得明显成效的地方进一步加大激励支持力度。经国务院同意,现将调整后的督查激励措施及组织实施等事项通知如下:

一、对深化商事制度改革成效显著、落实事中事后监管等相关政策措施社会反映好的市(地、州、盟)、县(市、区、旗),优先纳入深化商事制度改革、加强事中事后监管相关试点,推动降低企业制度性交易成本。(市场监管总局负责)

二、对促进外贸、外资稳定增长,积极优化营商环境成效明显的省(区、市),在外贸转型升级基地培育中给予优先支持。(商务部负责)

三、对促进社会投资健康发展、企业债券发行、债券品种创新与风险防范等工作成效明显的市(地、州、盟),在两年之内对其行政区域内企业申请企业债券实行“直通车”机制(企业直接向国家发展改革委申报,不需省级发展改革部门转报),鼓励地方加大金融服务实体经济的力度,发挥企业债券促投资、稳增长的积极作用。(国家发展改革委负责)

四、对年度固定资产投资保持稳定增长,中央预算内投资项目开工、投资完成等情况较好的省(区、市),在中央预算内投资既有专项中统筹安排部分投资,用于奖励支持该省(区、市)符合条件的项目。(国家发展改革委负责)

五、对财政预算执行、提高收入质量、盘活财政存量资金、国库库款管理、推进财政资金统筹使用、预算公开等财政管理工作完成情况好的省(区、市),中央财政利用督查收回的财政存量资金、年度预算中单独安排的资金等予以奖励,用于支持省(区、市)推荐的先进典型市(地、州、盟)、县(市、区、旗)。

（财政部负责）

六、对公路水路交通建设年度目标任务完成情况好、地方投资落实到位、促进社会资本进入交通建设领域措施有力、交通债务风险防控工作落实有力的省（区、市），将该省（区、市）具备条件的交通建设项目优先列入三年滚动计划，优先安排车辆购置税和港口建设费建设资金。（交通运输部、财政部负责）

七、对地方水利建设投资落实好、中央水利建设投资计划完成率高的省（区、市），适当增加安排部分中央预算内投资，相应减少所安排项目的地方建设投资。（水利部、国家发展改革委负责）

八、对防范化解金融风险、营造诚实守信金融生态环境、维护良好金融秩序、健全金融消费者权益保护机制成效较好的省（区、市），支持该省（区、市）或其辖内地区开展金融改革创新先行先试，在同等条件下对其申报金融改革试验区等方面给予重点考虑和支持，在相关领域加大再贷款、再贴现的支持力度，鼓励符合条件的全国性股份制银行在上述地区开设分支机构，支持符合条件的企业发行“双创”、绿色公司信用类债券等金融创新产品。（人民银行、银保监会、证监会负责）

九、对土地节约集约利用成效好、闲置土地少且用地需求量较大的市（地、州、盟）、县（市、区、旗），在全国新增建设用地计划中安排一定指标予以奖励，用于支持稳增长、调结构、惠民生、补短板项目建设。（自然资源部负责）

十、对按时完成高标准农田建设任务且成效显著的省（区、市），根据高标准农田建设考核结果，在分配年度中央财政资金时予以适当倾斜。（农业农村部负责）

十一、对推进农产品流通现代化、积极发展农村电商和产销对接成效明显的市（地、州、盟）、县（市、区、旗），在电子商务进农村综合示范和电商强县建设中予以倾斜。（商务部负责）

十二、对实施创新驱动发展战略、推进自主创新和发展高新技术产业成效明显的省（区、市），鼓励开展创新政策先行先试，优先支持其行政区域内1家符合条件的国家自主创新示范区或国家高新技术产业开发区扩区或调整区位，优先支持其行政区域内1家符合条件且发展基础较好的省级高新技术产业开发区升级为国家高新技术产业开发区。（科技部负责）

十三、对改善地方科研基础条件、优化科技创新环境、促进科技成果转移转化以及落实国家科技改革与发展重大政策成效较好的省（区、市），在中央引导地方科技发展专项资金中根据绩效评价结果给予一定倾斜，用于支持其行政区域内科技创新能力建设。（科技部、财政部负责）

十四、对在推动“双创”政策落地、扶持“双创”支撑平台、构建“双创”发展生态、打造“双创”升级版等方面大胆探索、勇于尝试、成效明显的区域“双创”示范基地，优先支持培育产业创新中心等创新创业支撑平台，优先支持举办重大创新创业活动，在中央预算内投资安排方面予以重点倾斜，对区域内符合条件的创新创业重大项目，优先推介与国家新兴产业创业投资引导基金、国家中小企业发展基金等对接，鼓励加快发展新经济、培育发展新动能、打造新引擎。（国家发展改革委负责）

十五、对促进工业稳增长和转型升级、实施技术改造成效明显的市（地、州、盟），在新型工业化产业示范基地布局和服务型制造等试点示范方面予以优先支持，并在工业转型升级资金等安排中对符合支持条件的予以倾斜，促进其行政区域内制造业转型升级、企业技术改造和制造业公共服务平台建设。（工业和信息化部负责）

十六、对大力培育发展战略性新兴产业、产业特色优势明显、技术创新能力较强、产业基础雄厚的市（地、州、盟），优先支持战略性新兴产业集群建设，在重点项目上予以倾斜，鼓励地方开展体制机制创新，形成一批特色鲜明、协同发展的优势产业集群和特色产业链。（国家发展改革委会同有关部门负责）

十七、对老工业基地调整改造力度较大，支持传统产业改造、培育新产业新业态新模式、承接产业转移和产业合作等工作成效突出的市（地、州、盟），安排中央预算内投资给予奖励，并优先支持在重大改革和重大政策方面先行先试，促进产业向高端化、集聚化、智能化升级。（国家发展改革委会同有关部门负责）

十八、对培育壮大接续替代产业、保障和改善民生、加强生态环境整治、着力解决历史遗留问题等转型成效突出的资源枯竭城市，中央财政在安排年度补助资金时予以倾斜支持，并优先支持在重大改革和重大政策方面先行先试。（国家发展改革委、财政部会同有关部门负责）

十九、对推进质量工作成效突出的市（地、州、盟）、县（市、区、旗），在质量工作改革创新、国家质量基础设施协同服务及应用示范基地建设、重大质量项目投入、质量技术机构布局建设、中小微企业及“双创”企业质量技术服务、质量提升工作重点帮扶等方面给予倾斜支持。（市场监管总局负责）

二十、对校企合作推进力度大、职业教育发展环境好、推进职业教育改革成效明显的省（区、市），优先纳入国家职业教育改革试验区建设，在中国特色高水平高职学校和专业建设、职业教育实训基地建设、现代职业教育质量提升计划等重大项目中予以倾斜支持。（教育部会同有关部门负责）

二十一、对落实鼓励和支持就业创业政策措施工作力度大，促进失业人员、就业困难人员及各类重点群体就业创业等任务完成较好的省（区、市），中

央财政给予适当补助。(财政部、人力资源社会保障部负责)

二十二、对在扶贫开发工作成效考核中认定为完成年度计划、减贫成效显著、综合评价好的省(区、市),在分配中央财政专项扶贫资金时给予一定奖励。(财政部、国务院扶贫办负责)

二十三、对易地扶贫搬迁工作积极主动、成效明显的省(区、市),进一步加大易地扶贫搬迁工作支持力度,并在以工代赈资金安排上予以倾斜,支持贫困地区改善基础设施条件。(国家发展改革委负责)

二十四、对棚户区改造、农村危房改造工作积极主动、成效明显的市(地、州、盟)、县(市、区、旗),在安排中央补助及配套基础建设有关资金时,给予适当奖励或倾斜支持。(住房城乡建设部、国家发展改革委、财政部负责)

二十五、对公立医院综合改革成效较为明显的市(地、州、盟)、县(市、区、旗),公立医院综合改革中央财政补助资金下达相关省(区、市)后,由省(区、市)统筹按一定比例或额度给予奖励。(国家卫生健康委、财政部负责)

二十六、对落实养老服务业支持政策积极主动、养老服务体系建设成效明显的省(区、市),在安排中央补助及有关基础设施建设资金、遴选相关试点项目方面给予倾斜支持。(国家发展改革委、财政部、民政部负责)

二十七、对环境治理工程项目推进快,重点区域大气、重点流域水环境质量明显改善的市(地、州、盟),中央财政年度污染防治有关专项资金下达相关省(区、市)后,由省(区、市)给予相应奖励。(生态环境部、财政部负责)

二十八、对河长制湖长制工作推进力度大、河湖管理保护成效明显的省(区、市),在分配年度中央财政资金时予以适当倾斜。(水利部、财政部负责)

二十九、对开展农村人居环境整治成效明显的县(市、区、旗),在分配年度中央财政资金时予以适当倾斜。(农业农村部、财政部负责)

三十、对落实有关重大政策措施成效明显、创造典型经验做法且受到国务院督查表扬的市(地、州、盟)、县(市、区、旗),在下一年度国务院组织的有关实地督查中实行“免督查”。(国务院办公厅负责)

对真抓实干、相关工作成效明显的地方进一步加大激励支持力度,是新时代加强和改进督查工作、完善督查激励长效机制的重要举措,对于激励地方奋发进取、竞相作为,推动贯彻落实党中央、国务院决策部署,具有重要意义。各有关部门要认真组织实施督查激励措施,及时制定或调整完善实施办法,明确职责分工,加强协调配合,确保督查激励措施落到实处、取得实效;要按照《中共中央办公厅关于统筹规范督查检查考核工作的通知》要求,完善督查考评体系,改进督查考评方法,创新督查考评方式,简化操作,优化流程,公平公正、客观全面评价地方工作成效,避免增加基层负担;要做好宣传引导和政策解读工作，指导和帮助地方用足用好督查激励措施，充分发挥督查激励的示范引导作用。各省（区、市）政府要建立省级政府办公厅牵头、省级有关部门参与的工作机制，统筹做好本地区督查激励措施组织落实工作。有条件的省（区、市）可结合本地实际出台配套措施，加大激励支持力度，增强激励效果。国务院办公厅将加强统筹协调和督促检查，适时对督查激励措施实施效果组织评估。

各有关部门制定或调整完善后的激励措施实施办法，于2018年12月31日前报送国务院办公厅。从2019年起，各有关部门于每年2月底前，根据上一年度工作成效，结合国务院大督查和有关专项督查情况，研究提出拟予督查激励的地方名单，报送国务院办公厅。国务院办公厅将会同有关方面统筹组织开展相关督查激励工作。

自本通知印发之日起，《国务院办公厅关于对真抓实干成效明显地方加大激励支持力度的通知》（国办发〔2016〕82号）停止执行。

国务院办公厅关于推进政务新媒体健康有序发展的意见

（2018年12月7日　国办发〔2018〕123号）

政务新媒体是移动互联网时代党和政府联系群众、服务群众、凝聚群众的重要渠道，是加快转变政府职能、建设服务型政府的重要手段，是引导网上舆论、构建清朗网络空间的重要阵地，是探索社会治理新模式、提高社会治理能力的重要途径。近年来，各地区、各部门认真践行网上群众路线，积极运用政务新媒体推进政务公开、优化政务服务、凝聚社会共识、创新社会治理，取得了较好成效。但同时一些政务新媒体还存在功能定位不清晰、信息发布不严谨、建设运维不规范、监督管理不到位等突出问题，"僵尸"、"睡眠"、"雷人雷语"、"不互动无服务"等现象时有发生，对政府形象和公信力造成不良影响。为推动政务新媒体健康有序发展，经国务院同意，现提出如下意见。

一、总体要求

（一）指导思想。

以习近平新时代中国特色社会主义思想为指导，全面贯彻党的十九大和十九届二中、三中全会精神，坚持以人民为中心的发展思想，牢固树立新发展理念，认真落实党中央、国务院关于全面推进政务公开和优化政务服务的决策部署，实施网络强国战略，落实网络意识形态责任制，大力推进政务新媒体工作，明确功能定位，加强统筹规划，完善体制机制，规范运营管理，持续提升政府网上履职能力，努力建设利企便民、亮点纷呈、人民满意的“指尖上的网上政府”。

（二）工作目标。

到2022年，建成以中国政府网政务新媒体为龙头，整体协同、响应迅速的政务新媒体矩阵体系，全面提升政务新媒体传播力、引导力、影响力、公信力，打造一批优质精品账号，建设更加权威的信息发布和解读回应平台、更加便捷的政民互动和办事服务平台，形成全国政务新媒体规范发展、创新发展、融合发展新格局。

（三）基本原则。

1. 坚持正确导向。增强“四个意识”，坚定“四个自信”，坚决做到“两个维护”，围绕中心，服务大局，弘扬主旋律，传播正能量，讲好中国故事，办好群众实事。

2. 坚持需求引领。围绕公众需要，立足政府职能，切实解决有平台无运营、有账号无监管、有发布无审核等问题，优化用户体验，提升服务水平，增强群众获得感。

3. 坚持互联融合。按照前台多样、后台联通的要求，推动各类政务新媒体互联互通、整体发声、协同联动，推进政务新媒体与政府网站等融合发展，实现数据同源、服务同根，方便企业和群众使用。

4. 坚持创新发展。遵循移动互联网发展规律，创新工作理念、方法手段和制度机制，积极运用大数据、云计算、人工智能等新技术新应用，提升政务新媒体智能化水平。

二、明确工作职责

本意见所称政务新媒体，是指各级行政机关、承担行政职能的事业单位及其内设机构在微博、微信等第三方平台上开设的政务账号或应用，以及自行开发建设的移动客户端等。

国务院办公厅是全国政务新媒体工作的主管单位，地方各级人民政府办公厅（室）是本地区政务新媒体工作的主管单位，国务院各部门办公厅（室）或指定的专门司局是本部门政务新媒体工作的主管单位，实行全系统垂直管理的国务院部门办公厅（室）或指定的专门司局是本系统政务新媒体工作的主管单位。主管单位负责推进、指导、协调、监督政务新媒体工作。行业主管部门要加强对本行业承担公共服务职能的企事业单位新媒体工作的指导和监督。政务新媒体主办单位按照“谁开设、谁主办”的原则确定，履行政务新媒体的规划建设、组织保障、健康发展、安全管理等职责。可通过购买服务等方式委托相关机构具体承担政务新媒体日常运维工作。

各级政务新媒体按照主管主办和属地管理原则，接受宣传、网信部门的有关业务统筹指导和宏观管理。

三、加强功能建设

各地区、各部门要遵循政务新媒体发展规律，明确政务新媒体定位，充分发挥政务新媒体传播速度快、受众面广、互动性强等优势，以内容建设为根本，不断强化发布、传播、互动、引导、办事等功能，为企业和群众提供更加便捷实用的移动服务。中国政府网政务新媒体要发挥龙头示范作用，不断提升政务公开和政务服务水平。

（一）推进政务公开，强化解读回应。积极运用政务新媒体传播党和政府声音，做大做强正面宣传，巩固拓展主流舆论阵地。围绕中心工作，深入推进决策公开、执行公开、管理公开、服务公开、结果公开。做好主题策划和线上线下联动推广，重点推送重要政策文件信息和涉及群众切身利益、需要公众广泛知晓的政府信息。做准做精做细解读工作，注重运用生动活泼、通俗易懂的语言以及图表图解、音频视频等公众喜闻乐见的形式提升解读效果。要把政务新媒体作为突发公共事件信息发布和政务舆情回应、引导的重要平台，提高响应速度，及时公布真相、表明态度、辟除谣言，并根据事态发展和处置情况发布动态信息，注重发挥专家解读作用。对政策措施出台实施过程中出现的误解误读和质疑，要迅速澄清、解疑释惑，正确引导、凝聚共识，建立网上舆情引导与网下实际工作处置相同步、相协调的工作机制。县级政务新媒体要与本地区融媒体中心建立沟通协调机制，共同做好信息发布解读回应工作。

（二）加强政民互动，创新社会治理。畅通政务新媒体互动渠道，听民意、聚民智、解民忧、凝民心，走好网上群众路线。认真做好公众留言审看发布、处理反馈工作，回复留言要依法依规、态度诚恳、严谨周到，杜绝答非所问、空洞说教、生硬冷漠。加强与业务部门沟通协作，对于群众诉求要限时办结、及时反馈，确保合理诉求得到有效解决。要善于运用大数据、云计算、人工智能等技术，分析研判社情民意，为政府决策提供精准服务。注重结合重大活动、重要节日及纪念日、主题日等设置话题、策划活动，探索政民互动新方式。政务新媒体、政府网站、政务热线等应依托政府网站集约化平台完善和使用统一、权威、全面的咨询答问库，不断提升答问效率和互动质量。推动省级政府和国务院部门的咨询答问库与中国政府网对接联通。鼓励采用微联动、微直播、随手拍等多种形式，引导公众依法有序参与公共管理、公共服务，共创社会治理新模式。

（三）突出民生事项，优化掌上服务。强化政务新媒体办事服务功能，围绕利企便民,聚合办事入口,优化用户体验,推动更多事项"掌上办"。要立足工作职责,重点推动与群众日常生产生活密切相关的民生事项向政务新媒体延伸。着力做好办事入口的汇聚整合和优化,统筹推进政务新媒体、政府网站、实体政务大厅的线上线下联通、数据互联共享,简化操作环节,为公众提供优质便捷的办事指引,实现数据同源、服务同根、一次认证、一网通办。注重把握不同形态政务新媒体分众化、差异化的特点,创新服务模式,扩大服务受众,提升服务效果。政务新媒体提供办事服务应依托本地区、本部门已有的办事系统或服务平台,避免重复建设,防止形成新的信息孤岛和数据壁垒。

四、规范运维管理

(一)开设整合。县级以上地方各级人民政府及国务院部门应当开设政务新媒体,其他单位可根据工作需要规范开设。一个单位原则上在同一平台只开设一个政务新媒体账号,鼓励在网民集聚的新平台开设政务新媒体账号。严格按照集约节约的原则统筹移动客户端等应用系统建设,避免"一哄而上、一事一端、一单位一应用",移动客户端要全面支持IPv6(互联网协议第6版),支持在不同终端便捷使用。政务新媒体名称应简洁规范,与主办单位工作职责相关联,并在公开认证信息中标明主办单位名称,主办单位在不同平台上开设的政务新媒体名称原则上应保持一致。集中力量做优做强主账号,构建整体联动、集体发声的政务新媒体矩阵。对功能相近、用户关注度和利用率低的政务新媒体要清理整合,确属无力维护的要坚决关停。建立政务新媒体分级备案制度,开设、变更、关停、注销应向主管单位备案。政务新媒体主办单位发生变化的,应及时注销或变更账号信息,并向社会公告。

(二)内容保障。严格内容发布审核制度,坚持分级分类审核、先审后发,明确审核主体、审核流程,严把政治关、法律关、政策关、保密关、文字关。规范转载发布工作,原则上只转载党委和政府网站以及有关主管部门确定的稿源单位发布的信息,不得擅自发布代表个人观点、意见及情绪的言论,不得刊登商业广告或链接商业广告页面。建立原创激励机制,按照规范加大信息采编力度,提高原创信息比例。发布信息涉及其他单位工作内容的,要提前做好沟通协调。建立值班值守制度,加强日常监测,确保信息更新及时、内容准确权威,发现违法有害信息要第一时间处理,发现重大舆情要按程序转送相关部门办理。政务新媒体如从事互联网新闻信息服务或传播网络视听节目,须按照有关规定具备相应资质。

(三)安全防护。严格执行网络安全法等法律法规,落实安全管理责任,建立健全安全管理制度、保密审查制度和应急预案,提高政务新媒体安全防护能力。加强对账号密码的安全管理,防止账号被盗用或被恶意攻击等安全事件发生。加强监测预警和应急处置，对于泄露后会危及国家安全、公共安全、经济安全、社会稳定的信息和国家秘密、商业秘密、个人隐私，要加强管理，确保不泄露。强化用户信息安全保护，不得违法违规获取超过服务需求的个人信息，不得公开损害用户权益的内容。

（四）监督管理。加强政务新媒体的日常监管，定期组织检查，积极运用技术手段进行实时监控，及时通报、督促整改存在的突出问题。对发现的假冒政务新媒体，要求第三方平台立即关停，并通报有关部门依法依规处置。严禁购买"粉丝"等数据造假行为，不得强制要求群众下载使用移动客户端等或点赞、转发信息。第三方平台要强化保障能力，持续改进服务，为政务新媒体工作开展提供便利。

五、强化保障措施

（一）加强组织领导。各地区、各部门要充分认识移动互联网环境下做好政务新媒体工作的重大意义，提高认识，转变观念，完善政务公开协调机制，将政务新媒体工作纳入重要议事日程。明确分管负责人，统筹推动政务新媒体与政府网站整体协同发展。加强政务新媒体管理，提供必要经费保障，配齐配强工作人员，专岗专责，抓好工作落实。建立完善与宣传、网信、公安等部门的沟通协调机制，共同做好发布引导、舆情应对、网络安全等工作。

（二）加强人员培训。各地区、各部门要将政务新媒体工作纳入各级领导干部和公务员教育培训内容，着力强化运用政务新媒体履职能力。认真组织开展业务培训和研讨交流，增强信息编发能力、舆情研判能力、回应引导能力、应急处置能力，打造一支政治立场坚定、熟悉政策法规、掌握传播规律、具备较强能力的专业队伍。积极开展试点示范，选择发展基础好的地方和部门，开展规范发展、创新发展和融合发展试点，探索可借鉴、可推广的典型经验。

（三）加强考核评价。各地区、各部门要将政务新媒体工作情况列入年度绩效考核，制定考核评价办法。树立重实干、重实绩导向，对政务新媒体工作成效好的单位和个人，按照有关规定予以激励表扬。对违反规定发布转载不良或有害信息、破坏网络传播秩序、损害公众权益等突出问题，要严肃追责问责。国务院办公厅将对各地区、各部门政务新媒体进行网上监测和抽查，并通报有关情况。

国务院办公厅关于加快发展体育竞赛表演产业的指导意见

（2018年12月11日　国办发〔2018〕121号）

体育竞赛表演产业是体育产业的重要组成部分，表现为体育竞赛表演组织者为满足消费者运动竞技观赏需要，向市场提供各类运动竞技表演产品而开展的一系列经济活动。发展体育竞赛表演产业对挖掘和释放消费潜力、保障和改善民生、打造经济增长新动能具有重要意义。近年来，我国体育竞赛表演产业快速发展，已经成为推动体育产业向纵深发展和建设健康中国的重要引擎。但也要看到，我国体育竞赛表演产业存在有效供给不充分、总体规模不大、大众消费不积极等问题。为破解有关难题，加快体育竞赛表演产业发展，经国务院同意，现提出以下意见：

一、总体要求

（一）指导思想。以习近平新时代中国特色社会主义思想为指导，全面贯彻党的十九大和十九届二中、三中全会精神，统筹推进“五位一体”总体布局和协调推进“四个全面”战略布局，牢固树立和贯彻落实创新、协调、绿色、开放、共享的发展理念，认真落实党中央、国务院决策部署，积极推进体育竞赛表演产业专业化、品牌化、融合化发展，培育壮大市场主体，加快产业转型升级，不断满足人民群众多层次多样化的生活需求，提升人民群众的获得感和幸福感。

（二）基本原则。

坚持问题导向。从体育竞赛表演产业发展面临的实际问题出发，加快推进政府职能转变，深化体育行业协会改革，综合运用金融、产业等政策，推动体育竞赛表演产业快速、健康、可持续发展。

坚持市场驱动。遵循体育竞赛表演产业发展规律，借鉴国际有益经验，以体制机制创新激发市场主体活力，建立健全体育产权制度和要素市场化配置机制，更好发挥政府作用，营造各类市场主体公平有序竞争的发展环境。

坚持融合发展。坚持“体育＋”和“＋体育”做法，促进体育竞赛表演产业与文化和旅游、娱乐、互联网等相关产业深度融合，拓展发展空间，为经济增长提供支撑。

坚持因地制宜。立足各地特色体育资源和功能定位，发挥比较优势，明确发展重点，推动不同地区体育竞赛表演产业多样化、差异化发展，形成优势互补、相互协调的联动发展格局。

（三）发展目标。到2025年，体育竞赛表演产业总规模达到2万亿元，基本形成产品丰富、结构合理、基础扎实、发展均衡的体育竞赛表演产业体系。建设若干具有较大影响力的体育赛事城市和体育竞赛表演产业集聚区，推出100项具有较大知名度的体育精品赛事，打造100个具有自主知识产权的体育竞赛表演品牌，培育一批具有较强市场竞争力的体育竞赛表演企业，体育竞赛表演产业成为推动经济社会持续发展的重要力量。

二、丰富赛事活动，完善赛事体系

（四）大力发展职业赛事。着力发展足球、篮球、排球、乒乓球、羽毛球、冰球、围棋等职业联赛，鼓励网球、自行车、拳击、赛车等有条件的运动项目举办职业赛事，建立具有独立法人资格的职业联赛理事会，合理构建职业联赛分级制度。遏制非理性投资和无序竞争。积极探索适应中国国情和职业体育特点的职业运动员管理制度，借鉴“名人堂”等国际经验建立职业体育荣誉体系，推动实现俱乐部地域化。（体育总局、民政部、人力资源社会保障部负责）

（五）支持引进国际重大赛事。综合评估世界锦标赛、世界杯赛等大型单项国际赛事的影响力和市场价值，引进一批品牌知名度高、市场前景广的国际顶级赛事。筹办好北京冬奥会、冬残奥会及赛前各级各类测试赛，树立国际重大赛事与城市良性互动、共赢发展的典范。（体育总局、北京冬奥组委负责）

（六）引导扶持业余精品赛事。创新社会力量举办业余体育赛事的组织方式，开展马拉松、武术、搏击、自行车、户外运动、航空运动、极限运动等项目赛事，采用分级授权、等级评价等方式，增加赛事种类，合理扩大赛事规模。鼓励各地加强体育赛事品牌创新，培育一批社会影响力大、知名度高的业余精品赛事。（体育总局负责）

（七）积极培育冰雪体育赛事。以筹办北京冬奥会、冬残奥会为契机，大力发展高山滑雪、跳台滑雪、冬季两项、速度滑冰、短道速滑、花样滑冰、冰球、冰壶、雪车雪橇等各类冰雪体育赛事，推动专业冰雪体育赛事升级发展。积极运用信息通信技术，打造智慧冬奥，提升办赛水平，带动相关产业发展。加强与国际组织合作，有计划地引进高水平的冰雪赛事。（体育总局、北京冬奥组委负责）

（八）促进体育竞赛与文化表演互动融合。以观赏性较强的运动项目为突破口，创作开发体现中华优秀文化、具有中国特色的体育竞赛表演精品。支持举办各类体育庙会、表演赛、明星赛、联谊赛、对抗赛、邀请赛等，推动体育竞赛与文化表演相结合。打造武术、围棋、象棋、龙舟等具有民族特色的体育竞赛表演品牌项目。（体育总局、文化和旅游部负责）

三、壮大市场主体，优化市场环境

（九）支持企业发展。鼓励具有自主品牌、创新能力和竞争实力的体育竞赛表演企业做大做强，打造良好的赛事品牌等无形资产，通过管理输出、连锁经营等方式，延伸产业链和利润链，形成具有核心竞争力和行业带动力的企业集团。支持企业实现垂直、细分、专业发展，鼓励各类中小微体育竞赛表演企业向“专精特新”方向发展。（体育总局、市场监管总局负责）

（十）鼓励创新创业。大力推进商事制度改革，营造良好的体育竞赛表演产业准入环境。（市场监管总局负责）加强体育产业创新创业教育服务，帮助企业、高校等有效对接。创新人才培养机制，支持有条件的高等院校设置相关专业和课程。鼓励退役运动员投身体育竞赛表演产业。（体育总局、教育部负责）重视和鼓励新型转播技术、安全监控技术、人工智能等高新技术在体育竞赛表演产业中的应用。鼓励以移动互联网、大数据、云计算技术为支撑，提升赛事报名、赛事转播、媒体报道、交流互动、赛事参与等综合服务水平。（体育总局、网信办、科技部、工业和信息化部负责）

（十一）培育中介机构。积极发展独立运行、治理规范、行为公正的体育竞赛表演行业组织，支持其积极开展产业发展规律和趋势研究。充分发挥各类中介咨询机构作用，鼓励其向体育竞赛表演机构提供经济信息、市场预测、技术指导、法律咨询、人员培训等服务。（体育总局、民政部负责）

（十二）引导消费理念。鼓励各类媒体播出体育赛事节目，普及运动项目文化和观赛礼仪。健全赛事门票市场化供应机制，依法严厉查处、打击倒卖赛事门票等违法行为。积极落实经营者主体责任，推动社会共治，有效维护消费者合法权益。优化彩票品种结构，依法打击私彩，健全风险控制措施，引导彩民理性购彩。鼓励利用各类社交平台促进消费者互动交流，提升体育赛事消费意愿。（体育总局、公安部、市场监管总局、财政部负责）

（十三）改善消费条件。加强新建体育场地设施的科学规划与布局，推行体育场馆设计、建设、运营、管理一体化模式，将赛事功能需要与赛后综合利用有机结合。推进现有场馆“改造功能、改革机制”工程，引导体育竞赛表演企业参与体育场馆运营，盘活场馆资源，鼓励利用学校体育场馆举办体育赛事。（体育总局、教育部、住房城乡建设部负责）完善公共安全服务体系，严格规范安保等体育竞赛表演产业经营场所公共安全服务供给。降低体育赛事活动安保成本，积极探索建立体育场馆安保等级评价制度。（体育总局、公安部、应急部负责）支持金融机构创新体育竞赛表演消费支付产品，推动消费便利化。推动银行业金融机构结合体育竞赛表演产业特点，研发体育竞赛表演类消费信贷新产品。（银保监会、人民银行、体育总局负责）

四、优化产业布局，加强平台建设

（十四）完善产业链条。鼓励发展以体育竞赛表演企业为主体，以旅游、交通、餐饮等为支撑，以广告、印刷、现场服务等为配套的产业集群，形成行业配套、产业联动、运行高效的体育竞赛表演产业服务体系，培育一批体育竞赛表演产业集聚区。引导传统制造业企业进军体育竞赛表演装备制造领域，促进体育赛事和体育表演衍生品创意和设计开发。（发展改革委、工业和信息化部、体育总局负责）

（十五）健全产业标准。按照总体规划、分步实施的原则，推动体育竞赛表演产业标准体系建设，制定城市马拉松、自行车等各级各类体育竞赛表演活动的办赛指南和服务规范，明确体育赛事开展的基本条件、规则、程序和各环节责任部门，提高标准化水平。健全行业统计制度，建立体育竞赛表演综合性信息发布平台。（体育总局、公安部、标准委、统计局负责）

（十六）打造发展平台。加快推动体育赛事相关权利市场化运营，推进体育赛事制播分离，体育赛事播放收益由赛事主办方或组委会与转播机构分享。大力支持体育新媒体平台发展。鼓励搭建体育产业公共服务平台。完善与体育赛事相关的法律法规，加强对体育赛事相关权利归属、流转及收益的保护。赛事相关权利归各级单项体育协会以及其他各类社会组织、企事业单位等合法办赛的赛事主办方所有。推进赛事举办权、赛事转播权、运动员转会权等具备交易条件的资源公平、公正、公开流转。（广电总局、版权局、司法部、体育总局负责）

（十七）深化国际合作。推动体育竞赛表演组织机构与国际体育组织等建立合作机制。依法为外国运动员、赛事组织管理人员、国际技术官员等各类人员来华提供必要的签证便利，为参赛运动船艇、飞行器、汽车、摩托车、自行车等体育器材出入境提供便利，为参赛体育器材提供航空、铁路等托运服务。结合“一带一路”建设及多双边和区域经贸合作，积极开展体育竞赛交流活动，按规定申办、举办各类国际体育赛事。（体育总局、外交部、公安部、海关总署、交通运输部负责）

五、强化协调配合，加强资金保障

（十八）持续推进“放管服”改革。继续推进体育赛事审批制度改革，加快制定赛事审批取消后的服务管理办法，对与举办体育赛事相关联的审批事项，相关部门不得要求赛事主办方提交体育部门的审批材料。对确需保留的安全许可以及道路、空域、水域、无线电使用等行政审批事项，要进一步优化审批流程。（公安部、工业和信息化部、交通运输部、水利部、海洋局、空管委办公室负责）建立覆盖体育竞赛表演组织机构、从业人员和参赛人员的行业信用体系，建立“黑名单”制度，将有关信用信息纳入全国信用信息共享平台和国家企业信用信息公示系统并向社会公示，依照有关规定实施联合惩戒。加强赛风赛纪、反兴奋剂工作，坚持公平竞赛，树立良好赛风。完善裁判员公正执法、教练员和运动员遵纪守法的约束机制。（体育总局、发展改革委、公安部、市场监管总局负责）

（十九）完善相关投入机制。推动体育竞赛表演产业与资本市场对接，引导社会力量参与，鼓励社会资本设立产业发展投资基金。鼓励银行、保险、信托等金融机构研发适合体育竞赛表演产业发展特点的金融产品和融资模式，进一步拓宽体育竞赛表演机构的融资渠道。充分利用现有资金渠道，对相关项目给予必要资助。鼓励有条件的地方通过体育产业引导资金等渠道对体育竞赛表演产业予以必要支持。（体育总局、人民银行、银保监会、证监会、财政部负责）

各地区、各有关部门要充分认识发展体育竞赛表演产业的重要意义，加强组织领导，健全工作机制，强化协同配合，务求取得实效。体育总局要会同有关方面做好指导、督查和总结工作，共同抓好落实，重大事项及时报告国务院。

国务院关于印发个人所得税专项附加扣除暂行办法的通知

（2018 年 12 月 13 日　国发〔2018〕41 号）

现将《个人所得税专项附加扣除暂行办法》印发给你们，请认真贯彻执行。

个人所得税专项附加扣除暂行办法

第一章　总　　则

第一条　根据《中华人民共和国个人所得税法》（以下简称个人所得税法）规定，制定本办法。

第二条　本办法所称个人所得税专项附加扣除，是指个人所得税法规定的子女教育、继续教育、大病医疗、住房贷款利息或者住房租金、赡养老人等 6 项专项附加扣除。

第三条 个人所得税专项附加扣除遵循公平合理、利于民生、简便易行的原则。

第四条 根据教育、医疗、住房、养老等民生支出变化情况，适时调整专项附加扣除范围和标准。

第二章 子女教育

第五条 纳税人的子女接受全日制学历教育的相关支出，按照每个子女每月1000元的标准定额扣除。

学历教育包括义务教育（小学、初中教育）、高中阶段教育（普通高中、中等职业、技工教育）、高等教育（大学专科、大学本科、硕士研究生、博士研究生教育）。

年满3岁至小学入学前处于学前教育阶段的子女，按本条第一款规定执行。

第六条 父母可以选择由其中一方按扣除标准的100%扣除，也可以选择由双方分别按扣除标准的50%扣除，具体扣除方式在一个纳税年度内不能变更。

第七条 纳税人子女在中国境外接受教育的，纳税人应当留存境外学校录取通知书、留学签证等相关教育的证明资料备查。

第三章 继续教育

第八条 纳税人在中国境内接受学历（学位）继续教育的支出，在学历（学位）教育期间按照每月400元定额扣除。同一学历（学位）继续教育的扣除期限不能超过48个月。纳税人接受技能人员职业资格继续教育、专业技术人员职业资格继续教育的支出，在取得相关证书的当年，按照3600元定额扣除。

第九条 个人接受本科及以下学历（学位）继续教育，符合本办法规定扣除条件的，可以选择由其父母扣除，也可以选择由本人扣除。

第十条 纳税人接受技能人员职业资格继续教育、专业技术人员职业资格继续教育的，应当留存相关证书等资料备查。

第四章 大病医疗

第十一条 在一个纳税年度内，纳税人发生的与基本医保相关的医药费用支出，扣除医保报销后个人负担（指医保目录范围内的自付部分）累计超过15000元的部分，由纳税人在办理年度汇算清缴时，在80000元限额内据实扣除。

第十二条 纳税人发生的医药费用支出可以选择由本人或者其配偶扣除；未成年子女发生的医药费用支出可以选择由其父母一方扣除。

纳税人及其配偶、未成年子女发生的医药费用支出，按本办法第十一条规定分别计算扣除额。

第十三条 纳税人应当留存医药服务收费及医保报销相关票据原件（或者复印件）等资料备查。医疗保障部门应当向患者提供在医疗保障信息系统记录的本人年度医药费用信息查询服务。

第五章 住房贷款利息

第十四条 纳税人本人或者配偶单独或者共同使用商业银行或者住房公积金个人住房贷款为本人或者其配偶购买中国境内住房，发生的首套住房贷款利息支出，在实际发生贷款利息的年度，按照每月1000元的标准定额扣除，扣除期限最长不超过240个月。纳税人只能享受一次首套住房贷款的利息扣除。

本办法所称首套住房贷款是指购买住房享受首套住房贷款利率的住房贷款。

第十五条 经夫妻双方约定，可以选择由其中一方扣除，具体扣除方式在一个纳税年度内不能变更。

夫妻双方婚前分别购买住房发生的首套住房贷款，其贷款利息支出，婚后可以选择其中一套购买的住房，由购买方按扣除标准的100%扣除，也可以由夫妻双方对各自购买的住房分别按扣除标准的50%扣除，具体扣除方式在一个纳税年度内不能变更。

第十六条 纳税人应当留存住房贷款合同、贷款还款支出凭证备查。

第六章 住房租金

第十七条 纳税人在主要工作城市没有自有住房而发生的住房租金支出，可以按照以下标准定额扣除：

（一）直辖市、省会（首府）城市、计划单列市以及国务院确定的其他城市，扣除标准为每月1500元；

（二）除第一项所列城市以外，市辖区户籍人口超过 100 万的城市，扣除标准为每月 1100 元；市辖区户籍人口不超过 100 万的城市，扣除标准为每月 800 元。

纳税人的配偶在纳税人的主要工作城市有自有住房的，视同纳税人在主要工作城市有自有住房。

市辖区户籍人口，以国家统计局公布的数据为准。

第十八条 本办法所称主要工作城市是指纳税人任职受雇的直辖市、计划单列市、副省级城市、地级市（地区、州、盟）全部行政区域范围；纳税人无任职受雇单位的，为受理其综合所得汇算清缴的税务机关所在城市。

夫妻双方主要工作城市相同的，只能由一方扣除住房租金支出。

第十九条 住房租金支出由签订租赁住房合同的承租人扣除。

第二十条 纳税人及其配偶在一个纳税年度内不能同时分别享受住房贷款利息和住房租金专项附加扣除。

第二十一条 纳税人应当留存住房租赁合同、协议等有关资料备查。

第七章 赡养老人

第二十二条 纳税人赡养一位及以上被赡养人的赡养支出，统一按照以下标准定额扣除：

（一）纳税人为独生子女的，按照每月 2000 元的标准定额扣除；

（二）纳税人为非独生子女的，由其与兄弟姐妹分摊每月 2000 元的扣除额度，每人分摊的额度不能超过每月 1000 元。可以由赡养人均摊或者约定分摊，也可以由被赡养人指定分摊。约定或者指定分摊的须签订书面分摊协议，指定分摊优先于约定分摊。具体分摊方式和额度在一个纳税年度内不能变更。

第二十三条 本办法所称被赡养人是指年满 60 岁的父母，以及子女均已去世的年满 60 岁的祖父母、外祖父母。

第八章 保障措施

第二十四条 纳税人向收款单位索取发票、财政票据、支出凭证，收款单位不能拒绝提供。

第二十五条 纳税人首次享受专项附加扣除，应当将专项附加扣除相关信息提交扣缴义务人或者税务机关，扣缴义务人应当及时将相关信息报送税务机关,纳税人对所提交信息的真实性、准确性、完整性负责。专项附加扣除信息发生变化的,纳税人应当及时向扣缴义务人或者税务机关提供相关信息。

前款所称专项附加扣除相关信息,包括纳税人本人、配偶、子女、被赡养人等个人身份信息,以及国务院税务主管部门规定的其他与专项附加扣除相关的信息。

本办法规定纳税人需要留存备查的相关资料应当留存五年。

第二十六条 有关部门和单位有责任和义务向税务部门提供或者协助核实以下与专项附加扣除有关的信息:

(一)公安部门有关户籍人口基本信息、户成员关系信息、出入境证件信息、相关出国人员信息、户籍人口死亡标识等信息;

(二)卫生健康部门有关出生医学证明信息、独生子女信息;

(三)民政部门、外交部门、法院有关婚姻状况信息;

(四)教育部门有关学生学籍信息(包括学历继续教育学生学籍、考籍信息)、在相关部门备案的境外教育机构资质信息;

(五)人力资源社会保障等部门有关技工院校学生学籍信息、技能人员职业资格继续教育信息、专业技术人员职业资格继续教育信息;

(六)住房城乡建设部门有关房屋(含公租房)租赁信息、住房公积金管理机构有关住房公积金贷款还款支出信息;

(七)自然资源部门有关不动产登记信息;

(八)人民银行、金融监督管理部门有关住房商业贷款还款支出信息;

(九)医疗保障部门有关在医疗保障信息系统记录的个人负担的医药费用信息;

(十)国务院税务主管部门确定需要提供的其他涉税信息。

上述数据信息的格式、标准、共享方式,由国务院税务主管部门及各省、自治区、直辖市和计划单列市税务局商有关部门确定。

有关部门和单位拥有专项附加扣除涉税信息,但未按规定要求向税务部门提供的,拥有涉税信息的部门或者单位的主要负责人及相关人员承担相应责任。

第二十七条 扣缴义务人发现纳税人提供的信息与实际情况不符的,可以要求纳税人修改。纳税人拒绝修改的,扣缴义务人应当报告税务机关,税务机关应当及时处理。

第二十八条 税务机关核查专项附加扣除情况时,纳税人任职受雇单位所在地、经常居住地、户籍所在地的公安派出所、居民委员会或者村民委员会等有关单位和个人应当协助核查。

第九章　附　　则

第二十九条　本办法所称父母，是指生父母、继父母、养父母。本办法所称子女，是指婚生子女、非婚生子女、继子女、养子女。父母之外的其他人担任未成年人的监护人的，比照本办法规定执行。

第三十条　个人所得税专项附加扣除额一个纳税年度扣除不完的，不能结转以后年度扣除。

第三十一条　个人所得税专项附加扣除具体操作办法，由国务院税务主管部门另行制定。

第三十二条　本办法自2019年1月1日起施行。

国务院办公厅关于印发文化体制改革中经营性文化事业单位转制为企业和进一步支持文化企业发展两个规定的通知

（2018年12月18日　国办发〔2018〕124号）

中央宣传部会同中央网信办、发展改革委、科技部、财政部、人力资源社会保障部、自然资源部、商务部、文化和旅游部、人民银行、税务总局、市场监管总局、广电总局等有关部门和单位拟定的《文化体制改革中经营性文化事业单位转制为企业的规定》和《进一步支持文化企业发展的规定》已经国务院同意，现印发给你们，请认真贯彻执行。

文化体制改革中经营性文化事业单位转制为企业的规定

为进一步深化文化体制改革，继续推进国有经营性文化事业单位转企改制，特制定以下规定：

一、关于公司制股份制改革

（一）经营性文化事业单位转制为企业，要依法登记为有限责任公司或股份有限公司,加快构建有文化特色的现代企业制度,坚持正确导向和经营方向,坚持国有资本主导地位,积极稳妥推进混合所有制改革,形成有效制衡的公司法人治理结构和灵活高效的市场化经营机制,推动企业做强做优做大。

（二）完善法人治理结构。公司党委（党组）领导班子成员依法定程序,以双向进入、交叉任职的方式进入董事会、经理层、内设监事会,党委（党组）书记同时任董事长（执行董事）、为公司法定代表人,党员总经理一般担任党委（党组）副书记,专职副书记一般进入董事会。党委（党组）发挥领导作用,把方向、管大局、保落实,依照规定研究讨论涉及内容导向管理的重大事项及公司运营与发展的重大决策、重要人事任免、重大项目安排、大额度资金使用等事项,并作为董事会、经理层决策的前置程序。建立健全决策合法性审查机制,充分发挥法律顾问、公司律师的作用,促进依法经营、依法管理。

（三）从事内容创作生产传播的公司,设立总编辑或艺术总监等专门岗位,设董事会的,须设立编辑委员会或艺术委员会等专门委员会,为董事会有关内容导向管理的重大事项提供决策咨询。

（四）推进国有文化企业内部资源整合,进一步聚焦主业,压缩企业管理层级,将投资决策权向三级以上企业集中,减少法人户数。

二、关于国有文化资产管理

（五）建立健全党委和政府监管国有文化资产的管理机构,完善党委和政府监管有机结合、宣传部门有效主导的管理模式,实现管人管事管资产管导向相统一,推动党政部门与其所属的文化企业进一步理顺关系,推动主管主办制度与出资人制度相衔接。

（六）经营性文化事业单位转制为企业,要认真做好资产清查、资产评估、产权登记等基础工作,依法落实原有债权债务。国有文化企业公司章程制定和修改、注册资本增减、重组整合、破产解散、改制上市、国有产权转让、无偿划拨、组建集团、发行债券、法定代表人变更等重大变动事项,报同级国有文化资产管理机构审批,并按有关程序和规定办理。

（七）国有文化企业依照相关规定定期报告财务状况、生产经营状况、国有资产保值增值状况和社会效益情况。加强国有文化企业社会效益和经济效益综合考核,探索建立国有资产保值增值考核与社会效益考核相结合的综合评价体系。

（八）建立健全文化企业国有资本经营预算制度,通过国有资本金注入,优化国有资本配置,发挥国有资本引导作用,推进国有文化企业兼并重组、转型升级,促进文化产业布局优化。

（九）推进国有文化资本授权经营,形成国有文化资本流动重组、布局调整的有效平台，优化资源配置，推动国有文化企业增强实力、活力、抗风险能力，更好地发挥控制力、影响力。

三、关于资产和土地处置

（十）经营性文化事业单位在转制过程中，对于清查出的资产损失按规定报经批准后进行核销；切实维护银行合法债权安全，严肃处理各类借转制之名逃废银行债务行为，维护金融安全稳定。转制后财务制度应执行《企业财务通则》，会计制度应执行《企业会计准则》或《小企业会计准则》。

（十一）经营性文化事业单位转制涉及的原划拨土地，转制后符合《划拨用地目录》的，可继续以划拨方式使用；不符合《划拨用地目录》的，应当依法实行有偿使用。经省级以上人民政府批准，经营性文化事业单位转制为国有独资或国有控股企业的，原生产经营性划拨用地，经批准可采用作价出资（入股）方式配置；经营性文化事业单位转制为国有参股企业或非国有企业的，原生产经营性划拨用地可采用协议出让或租赁方式进行土地资产处置。

四、关于收入分配

（十二）转制后执行企业收入分配制度。按照国家有关规定实行工资总额预算管理，由国有文化企业自主编制，按规定履行内部决策程序后，报有关部门核准或备案后执行。完善工资与效益联动机制，工资效益联动指标应同时选取反映社会效益和经济效益、国有资本保值增值的指标。建立健全以岗位工资为主的基本工资制度，以岗位价值为依据，以业绩为导向，参照劳动力市场工资价位并结合企业社会效益和经济效益，合理确定不同岗位的工资水平，使职工工资收入与其工作业绩和实际贡献紧密挂钩，合理拉开工资分配差距。人力资源社会保障部门、国有文化资产管理机构和企业主管主办部门要加强对国有文化企业工资收入分配的指导和监督，规范国有文化企业收入分配秩序。

（十三）完善国有文化企业负责人薪酬管理机制，国有独资及国有控股公司的负责人收入分配应与社会效益和经济效益综合评价考核结果挂钩。

五、关于社会保障

（十四）转制后自企业登记注册的次月起按企业办法参加社会保险。转制时在职人员按国家规定计算的连续工龄，视同缴费年限，不再补缴基本养老保险费。

（十五）离休人员的医疗保障继续执行现行办法，也可按照所在统筹地区相关规定纳入离休人员医药费单独统筹，所需资金按原渠道解决；转制前已退休人员中，原享受公费医疗的，在享受基本医疗保险待遇的基础上，可以参照国家公务员医疗补助办法，实行医疗补助。

（十六）中央各部门各单位设在地方的出版单位、中央各部门各单位出版单位在地方的派出(分支)机构的人员,转制后按规定纳入当地社会保障体系。

六、关于人员安置

(十七)对转制时距国家法定退休年龄五年以内的原事业编制内人员,本人申请并经转制单位批准,可以提前离岗,离岗期间的工资福利等基本待遇不变,单位和个人继续按规定缴纳各项社会保险费,达到国家法定退休年龄时,按照国家规定办理退休手续。

(十八)转制时,要按照国家相关法律规定,自企业登记注册之日起与在职职工全部签订劳动合同。职工在事业单位的工作年限合并计算为转制后企业的工作年限。转制后根据经营方向确需分流人员的,应按照规定处理劳动关系,对符合支付经济补偿条件的,应依法支付经济补偿。

(十九)转制企业应当切实保障职工的合法权益。转制时,对提前离岗人员所需的基本待遇及各项社会保险费、分流人员所需的经济补偿金,可从评估后的净资产中预留或从国有产权转让收入中优先支付。净资产不足的,财政部门也可给予一次性补助。

七、关于财政税收

(二十)财税部门应认真落实适用于转制企业的现行财税优惠政策。

(二十一)原事业编制内职工的住房公积金、住房补贴中由财政负担部分,转制后继续由财政部门在预算中拨付;转制前人员经费由财政负担的离退休人员的住房补贴尚未解决的,转制时由财政部门一次性拨付解决;转制前人员经费自理的离退休人员以及转制后离退休人员和在职职工住房补贴资金,由转制单位按照所在地市、县级人民政府有关企业住房分配货币化改革政策以及企业财务会计制度的规定,从本单位相应资金渠道列支。转制后原有的正常事业费继续拨付。

(二十二)为确保转制工作顺利进行,同级财政可一次性拨付一定数额的资金,主要用于资产评估、审计、政策法律咨询等。

(二十三)经营性文化事业单位转制为企业后,五年内免征企业所得税。2018 年 12 月 31 日之前已完成转制的企业,自 2019 年 1 月 1 日起可继续免征五年企业所得税。

(二十四)由财政部门拨付事业经费的经营性文化事业单位转制为企业,对其自用房产五年内免征房产税。2018 年 12 月 31 日之前已完成转制的企业,自 2019 年 1 月 1 日起对其自用房产可继续免征五年房产税。

(二十五)对经营性文化事业单位转制中资产评估增值、资产转让或划转涉及的企业所得税、增值税、城市维护建设税、契税等,符合现行规定的享受相应税收优惠政策。

（二十六）党报、党刊将其发行、印刷业务及相应的经营性资产剥离组建的文化企业，所取得的党报、党刊发行收入和印刷收入免征增值税。

（二十七）经省级人民政府批准，2020 年年底前省属重点文化企业可免缴国有资本收益。

八、关于法人登记

（二十八）转制后的企业名称，应当符合企业名称登记管理的规定。原单位名称中冠以“中国”、“中华”、“全国”、“国家”、“国际”等字样的，按有关规定经批准可继续注册使用。

（二十九）转制后须核销事业编制，注销事业单位法人，并依法办理企业登记注册。

九、关于党的建设

（三十）经营性文化事业单位在转制过程中，要按照党章和有关党内法规，做好党组织设置工作，理顺党组织隶属关系，坚持党的建设同步谋划、党的组织及工作机构同步设置、党组织负责人及党务工作人员同步配备、党的工作同步开展，实现体制对接、机制对接、制度对接和工作对接，充分发挥企业党委（党组）领导作用。把党建工作要求写入企业章程，明确党组织的地位作用、职责权限、设置形式、经费保障等内容和要求，确保企业党的组织和党的工作全覆盖。企业党组织的领导关系要按照有利于加强党的领导和开展党的工作，有利于促进企业改革和发展的原则确定。党委宣传部门、组织部门要加强对国有文化企业党建工作的指导。

（三十一）转制企业要认真学习贯彻习近平新时代中国特色社会主义思想，坚持正确政治方向，站稳政治立场。根据实际需要设立党建工作机构、配备党务工作人员，大型文化企业（集团）应设置专门的党建工作机构和专职抓党建工作的副书记。积极吸收各方面人才特别是优秀青年入党，着力扩大在采编、创作等岗位的党员比例。建立企业党建工作责任制和意识形态工作责任制落实情况报告制度，开展党委（党组）书记抓基层党建述职评议考核工作。加强党员教育管理，推进“两学一做”学习教育常态化制度化，加强党支部标准化、规范化建设，创新党组织活动方式，充分发挥基层党组织战斗堡垒作用和党员先锋模范作用。

中央所属转制文化企业的认定，由中央宣传部会同财政部、税务总局确定并发布名单；地方所属转制文化企业的认定，按照登记管理权限，由地方各级宣传部门会同同级财政、税务部门确定和发布名单，并按程序抄送中央宣传部、财政部和税务总局。除第二十三条、第二十四条所列政策外，上述政策凡未注明具体期限的，执行期限为 2019 年 1 月 1 日至 2023 年 12 月 31 日。

进一步支持文化企业发展的规定

为进一步深化文化体制改革,促进文化企业发展,特制定以下规定:

一、关于财政税收

(一)中央财政和地方财政应通过文化产业发展专项资金等现有资金渠道,创新资金投入方式,完善政策扶持体系,支持文化企业发展。

(二)对电影制片企业销售电影拷贝(含数字拷贝)、转让版权取得的收入,电影发行企业取得的电影发行收入,电影放映企业在农村的电影放映收入免征增值税。一般纳税人提供的城市电影放映服务,可以按现行政策规定,选择按照简易计税办法计算缴纳增值税。

(三)对广播电视运营服务企业收取的有线数字电视基本收视维护费和农村有线电视基本收视费,免征增值税。

(四)落实和完善有利于文化内容创意生产、非物质文化遗产项目经营的税收优惠政策。

(五)加大对国家文化出口重点企业和项目扶持力度,加强国家文化出口基地建设。

(六)加大财政对文化科技创新的支持,将文化科技纳入国家相关科技发展规划和计划,加强国家文化和科技融合示范基地建设,积极鼓励文化与科技深度融合,促进文化企业、文化产业转型升级,发展新型文化业态。

(七)通过政府购买、消费补贴等途径,引导和支持文化企业提供更多文化产品和服务,鼓励出版适应群众购买能力的图书报刊,鼓励在商业演出和电影放映中安排低价场次或门票,鼓励网络文化运营商开发更多低收费业务。加大对文化消费基础设施建设、改造投资力度,完善政府投入方式,建立健全社会力量、社会资本参与机制,促进多层次多业态文化消费设施发展。

(八)认真落实支持现代服务业、中小企业特别是小微企业等发展的有关优惠政策,促进中小文化企业发展。

二、关于投资和融资

(九)对投资兴办文化企业的,有关行政主管部门应当提高行政审批效率,并不得收取国家规定之外的任何附加费用。

(十)在国家许可范围内,鼓励和引导社会资本以多种形式投资文化产业,参与国有经营性文化事业单位转企改制,允许以控股形式参与国有影视制作机构、文艺院团改制经营,在投资核准、银行贷款、土地使用、税收优惠、上市融资、发行债券、对外贸易等方面给予支持。

（十一）鼓励国有文化产业投资基金作为文化产业的战略投资者，对重点领域的文化企业进行股权投资。创新基金投资模式，更好地发挥各类文化产业投资基金的引导和杠杆作用，推动文化企业跨地区、跨行业、跨所有制兼并重组，切实维护国家文化安全。

（十二）创新文化产业投融资体制，推动文化资源与金融资本有效对接，鼓励有条件的文化企业利用资本市场发展壮大，推动资产证券化，鼓励文化企业充分利用金融资源，投资开发战略性、先导性文化项目。

（十三）通过公司制改建实现投资主体多元化的文化企业，符合条件的可申请上市。鼓励符合条件的已上市文化企业通过公开增发、定向增发等再融资方式进行并购和重组。鼓励符合条件的文化企业进入中小企业板、创业板、新三板、科创板等融资。鼓励符合条件的文化企业通过发行企业债券、公司债券、非金融企业债务融资工具等方式扩大融资，鼓励以商标权、专利权等无形资产和项目未来收益权提供质押担保以及第三方公司提供增信措施等形式，提高文化企业的融资能力，实现融资渠道多元化。

（十四）针对文化企业的特点，研究制定知识产权、文化品牌等无形资产的评估、质押、登记、托管、投资、流转和变现等办法，完善无形资产和收益权抵（质）押权登记公示制度，鼓励金融机构积极开展金融产品和服务方式创新。在风险可控、商业可持续原则下，进一步推广知识产权质押融资、供应链融资、并购融资、订单融资等贷款业务，加大对文化企业的有效信贷投入。鼓励开发文化消费信贷产品。

（十五）探索建立符合文化企业特点的公共信用综合评价制度。加强对文化企业的分类监管，鼓励各类担保机构对文化企业提供融资担保，通过再担保、联合担保以及担保与保险相结合等方式分散风险。

三、关于资产和土地处置

（十六）发生分立、合并、重组、改制、撤销等经济行为涉及国有资产或产权结构重大变动的文化企业，应当按照国家有关规定进行清产核资，清产核资工作中发现的资产损失经确认后应当依次冲减未分配利润、盈余公积、资本公积、实收资本。

（十七）文化企业改制涉及的原划拨土地，改制后符合《划拨用地目录》的，可继续以划拨方式使用；不符合《划拨用地目录》的，应当依法实行有偿使用。经省级以上人民政府批准，国有文化企业改制为授权经营或国有控股企业的，原生产经营性划拨用地，经批准可采用作价出资（入股）方式配置。文化企业改制为一般竞争性企业的，原生产经营性划拨用地可采用协议出让或租赁方式进行土地资产处置。

（十八）利用划拨方式取得的存量房产、土地兴办文化产业的，符合《划拨用地目录》的，可按划拨方式办理用地手续；不符合《划拨用地目录》的，在符合国家有关规定的前提下可采取协议出让方式办理。

（十九）将文化类建设用地纳入城乡规划、土地利用总体规划，有效保障文化产业设施、项目用地需求。鼓励利用闲置设施、盘活存量建设用地发展文化产业。鼓励将城市转型中退出的工业用地根据相关规划优先用于发展文化产业。企业利用历史建筑、旧厂房、仓库等存量房产、土地，或生产装备、设施发展文化产业，可实行继续按原用途和土地权利类型使用土地的过渡期政策。

四、关于工商管理

（二十）允许投资人以知识产权等无形资产评估作价出资组建文化企业，具体按国家法律规定执行。

上述政策适用于所有文化企业，执行期限为2019年1月1日至2023年12月31日。

国务院关于加快推进农业机械化和农机装备产业转型升级的指导意见

（2018年12月21日　国发〔2018〕42号）

农业机械化和农机装备是转变农业发展方式、提高农村生产力的重要基础，是实施乡村振兴战略的重要支撑。没有农业机械化，就没有农业农村现代化。近年来，我国农机制造水平稳步提升，农机装备总量持续增长，农机作业水平快速提高，农业生产已从主要依靠人力畜力转向主要依靠机械动力，进入了机械化为主导的新阶段。但受农机产品需求多样、机具作业环境复杂等因素影响，当前农业机械化和农机装备产业发展不平衡不充分的问题比较突出，特别是农机科技创新能力不强、部分农机装备有效供给不足、农机农艺结合不够紧密、农机作业基础设施建设滞后等问题亟待解决。为加快推进农业机械化和农机装备产业转型升级，现提出以下意见。

一、总体要求

（一）指导思想。以习近平新时代中国特色社会主义思想为指导，全面贯彻党的十九大和十九届二中、三中全会精神，认真落实党中央、国务院决策部署，紧紧围绕统筹推进“五位一体”总体布局和协调推进“四个全面”战略布局，牢固树立和贯彻落实新发展理念，适应供给侧结构性改革要求，以服务乡村振兴战略、满足亿万农民对机械化生产的需要为目标，以农机农艺融合、机械化信息化融合、农机服务模式与农业适度规模经营相适应、机械化生产与农田建设相适应为路径，以科技创新、机制创新、政策创新为动力，补短板、强弱项、促协调，推动农机装备产业向高质量发展转型，推动农业机械化向全程全面高质高效升级，走出一条中国特色农业机械化发展道路，为实现农业农村现代化提供有力支撑。

（二）发展目标。

到2020年，农机装备产业科技创新能力持续提升，主要经济作物薄弱环节"无机可用"问题基本解决。全国农机总动力超过10亿千瓦，其中灌排机械动力达到1.2亿千瓦，农机具配置结构进一步优化，农机作业条件加快改善，农机社会化服务领域加快拓展，农机使用效率进一步提升。全国农作物耕种收综合机械化率达到70%，小麦、水稻、玉米等主要粮食作物基本实现生产全程机械化，棉油糖、果菜茶等大宗经济作物全程机械化生产体系基本建立，设施农业、畜牧养殖、水产养殖和农产品初加工机械化取得明显进展。

到2025年，农机装备品类基本齐全，重点农机产品和关键零部件实现协同发展，产品质量可靠性达到国际先进水平，产品和技术供给基本满足需要，农机装备产业迈入高质量发展阶段。全国农机总动力稳定在11亿千瓦左右，其中灌排机械动力达到1.3亿千瓦，农机具配置结构趋于合理，农机作业条件显著改善，覆盖农业产前产中产后的农机社会化服务体系基本建立，农机使用效率显著提升，农业机械化进入全程全面高质高效发展时期。全国农作物耕种收综合机械化率达到75%，粮棉油糖主产县（市、区）基本实现农业机械化，丘陵山区县（市、区）农作物耕种收综合机械化率达到55%。薄弱环节机械化全面突破，其中马铃薯种植、收获机械化率均达到45%，棉花收获机械化率达到60%，花生种植、收获机械化率分别达到65%和55%，油菜种植、收获机械化率分别达到50%和65%，甘蔗收获机械化率达到30%，设施农业、畜牧养殖、水产养殖和农产品初加工机械化率总体达到50%左右。

二、加快推动农机装备产业高质量发展

（三）完善农机装备创新体系。瞄准农业机械化需求，加快推进农机装备创新，研发适合国情、农民需要、先进适用的各类农机，既要发展适应多种形式适度规模经营的大中型农机，也要发展适应小农生产、丘陵山区作业的小型农机以及适应特色作物生产、特产养殖需要的高效专用农机。加强顶层设计与动态评估，建立健全部门协调联动、覆盖关联产业的协同创新机制，增强科研院所原始创新能力，完善以企业为主体、市场为导向的农机装备创新体系，研究部署新一代智能农业装备科研项目,支持产学研推用深度融合,推进农机装备创新中心、产业技术创新联盟建设,协同开展基础前沿、关键共性技术研究,促进种养加、粮经饲全程全面机械化创新发展。鼓励企业开展高端农机装备工程化验证,加强与新型农业经营主体对接,探索建立“企业+合作社+基地”的农机产品研发、生产、推广新模式,持续提升创新能力。孵化培育一批技术水平高、成长潜力大的农机高新技术企业,促进农机装备领域高新技术产业发展。(工业和信息化部、发展改革委、科技部、农业农村部等负责。列第一位者为牵头单位,下同)

(四)推进农机装备全产业链协同发展。支持农机装备产业链上下游企业加强协同,攻克基础材料、基础工艺、电子信息等“卡脖子”问题。引导零部件企业与整机企业构建成本共担、利益共享的新型合作机制,推进新型高效节能农用发动机、大马力用转向驱动桥和农机装备专用传感器等零部件研发,加快关键技术产业化。推动整机企业加强技术创新和内部管理,提升智能化制造水平和质量管控能力,探索开展个性化定制、网络精准营销、在线支持服务等新型商业模式。建立健全现代农机流通体系和售后服务网络,创新现代农机服务模式。(工业和信息化部、发展改革委、科技部、农业农村部、商务部等负责)

(五)优化农机装备产业结构布局。鼓励大型企业由单机制造为主向成套装备集成为主转变,支持中小企业向“专、精、特、新”方向发展,构建大中小企业协同发展的产业格局。根据我国农业生产布局和区域地势特点等,紧密结合农业产业发展需求,以优势农机装备企业为龙头带动区域特色产业集群建设,推动农机装备均衡协调发展。支持企业加强农机装备研发生产,优化资源配置,积极培育具有国际竞争力的农机装备生产企业集团。推动先进农机技术及产品“走出去”,鼓励优势企业参与对外援助和国际合作项目,提升国际化经营能力,服务“一带一路”建设。(工业和信息化部、发展改革委、农业农村部、商务部、国资委、国际发展合作署等负责)

(六)加强农机装备质量可靠性建设。加快精准农业、智能农机、绿色农机等标准制定,构建现代农机装备标准体系。加强农机装备产业计量测试技术研究,支撑农机装备产业技术创新。建立健全农机装备检验检测认证体系,支持农机装备产业重点地区建立检验检测认证公共服务平台,提升面向农机装备零部件和整机的安全性、环境适应性、设备可靠性以及可维修性等试验测试和鉴定能力。对涉及人身安全的产品依法实施强制性产品认证,大力推动农机装备产品自愿性认证,推进农机购置补贴机具资质采信农机产品认证结果。加强农机产品质量监管,强化企业质量主体责任,对重点产品实施行业规范管理。督促农机装备行业大力开展诚信自律行动和质量提升行动，强化知识产权保护，加大对质量违法和假冒品牌行为的打击和惩处力度，开展增品种、提品质、创品牌“三品”专项行动。（市场监管总局、工业和信息化部、发展改革委、农业农村部等负责）

三、着力推进主要农作物生产全程机械化

（七）加快补齐全程机械化生产短板。聚焦薄弱环节，加大试验示范和服务支持力度，着力提升双季稻地区的水稻机械化种植、长江中下游地区的油菜机械化种植收获以及马铃薯、花生、棉花、苜蓿主产区的机械化采收水平。加快高效植保、产地烘干、秸秆处理等环节与耕种收环节机械化集成配套，探索具有区域特点的主要农作物生产全程机械化解决方案。大力发展甘蔗生产全程机械化，打造特色农产品优势区样板。按规定对新型农业经营主体开展深耕深松、机播机收等生产服务给予补助，大力推进产前产中产后全程机械化。（农业农村部、发展改革委、财政部等负责）

（八）协同构建高效机械化生产体系。加快选育、推广适于机械化作业、轻简化栽培的品种。将适应机械化作为农作物品种审定、耕作制度变革、产后加工工艺改进、农田基本建设等工作的重要目标，促使良种、良法、良地、良机配套，为全程机械化作业、规模化生产创造条件。支持推进现代农业产业技术体系、科技创新联盟、协同创新中心等平台建设，充分发挥现代农业产业园、农业科技园区、返乡创业园的科技支撑引领作用，提高农业机械化科技创新能力，加强产学研推用联合攻关，推动品种栽培装备等多学科、产前产中产后各环节协同联动，加快主要农作物生产全程机械化技术集成与示范。实施主要农作物生产全程机械化推进行动，率先在粮食生产功能区、重要农产品生产保护区、特色农产品优势区、国家现代农业示范区创建一批整体推进示范县（场），引导有条件的省份、市县和垦区整建制率先基本实现主要农作物生产全程机械化。（农业农村部、发展改革委、科技部、工业和信息化部等负责）

四、大力推广先进适用农机装备与机械化技术

（九）加强绿色高效新机具新技术示范推广。围绕农业结构调整，加快果菜茶、牧草、现代种业、畜牧水产、设施农业和农产品初加工等产业的农机装备和技术发展，推进农业生产全面机械化。加强薄弱环节农业机械化技术创新研究和农机装备的研发、推广与应用，攻克制约农业机械化全程全面高质高效发展的技术难题。稳定实施农机购置补贴政策，对购买国内外农机产品一视同仁，最大限度发挥政策效益，大力支持保护性耕作、秸秆还田离田、精量播种、精准施药、高效施肥、水肥一体化、节水灌溉、残膜回收利用、饲草料高效收获加工、病死畜禽无害化处理及畜禽粪污资源化利用等绿色高效机械装备和

技术的示范推广。加大农机新产品补贴试点力度，支持大马力、高性能和特色、复式农机新装备示范推广。鼓励金融机构针对权属清晰的大型农机装备开展抵押贷款，鼓励有条件的地方探索对购买大型农机装备贷款进行贴息。积极推进农机报废更新，加快淘汰老旧农机装备，促进新机具新技术推广应用。积极发展农用航空，规范和促进植保无人机推广应用。（农业农村部、科技部、工业和信息化部、财政部、交通运输部、商务部、人民银行、银保监会、民航局等负责）

（十）推动智慧农业示范应用。促进物联网、大数据、移动互联网、智能控制、卫星定位等信息技术在农机装备和农机作业上的应用。编制高端农机装备技术路线图，引导智能高效农机装备加快发展。支持优势企业对接重点用户，形成研发生产与推广应用相互促进机制，实现智能化、绿色化、服务化转型。建设大田作物精准耕作、智慧养殖、园艺作物智能化生产等数字农业示范基地，推进智能农机与智慧农业、云农场建设等融合发展。推进“互联网+农机作业”，加快推广应用农机作业监测、维修诊断、远程调度等信息化服务平台，实现数据信息互联共享，提高农机作业质量与效率。（农业农村部、发展改革委、工业和信息化部、国资委等负责）

（十一）提高农业机械化技术推广能力。强化农业机械化技术推广机构的能力建设，加大新技术试验验证力度。推行政府购买服务，鼓励农机科研推广人员与农机生产企业、新型农业经营主体开展技术合作，支持农机生产企业、科研教学单位、农机服务组织等广泛参与技术推广。运用现代信息技术，创新“田间日”等体验式、参与式推广新方式，切实提升农业机械化技术推广效果。提高农机公益性试验鉴定能力，加快新型农机产品检测鉴定，充分发挥农机试验鉴定的评价推广作用。（农业农村部、工业和信息化部等负责）

五、积极发展农机社会化服务

（十二）发展农机社会化服务组织。培育壮大农机大户、农机专业户以及农机合作社、农机作业公司等新型农机服务组织，支持农机服务组织开展多种形式适度规模经营，鼓励家庭农场、农业企业等新型农业经营主体从事农机作业服务。落实农机服务金融支持政策，引导金融机构加大对农机企业和新型农机服务组织的信贷投放，灵活开发各类信贷产品和提供个性化融资方案；在合规审慎的前提下，按规定程序开展面向家庭农场、农机合作社、农业企业等新型农业经营主体的农机融资租赁业务和信贷担保服务。鼓励发展农机保险，加强业务指导，鼓励有条件的农机大省选择重点农机品种，支持开展农机保险。农机融资租赁服务按规定适用增值税优惠政策，允许租赁农机等设备的实际使用人按规定享受农机购置补贴。农业机械耕作服务按规定适用增值

税免征政策。(农业农村部、财政部、人民银行、税务总局、银保监会等负责)

(十三)推进农机服务机制创新。鼓励农机服务主体通过跨区作业、订单作业、农业生产托管等多种形式,开展高效便捷的农机作业服务,促进小农户与现代农业发展有机衔接。对于促进农业绿色发展的农机服务,积极推进按规定通过政府购买服务方式提供。鼓励农机服务主体与家庭农场、种植大户、普通农户及农业企业组建农业生产联合体,实现机具共享、互利共赢。支持农机服务主体及农村集体经济组织按规划建设集中育秧、农机具存放以及农产品产地储藏、烘干、分等分级等设施和区域农机维修中心。推动农机服务业态创新,建设一批"全程机械化+综合农事"服务中心,为周边农户提供全程机械作业、农资统购、技术培训、信息咨询、农产品销售对接等"一站式"综合服务。继续落实有关规定,免收跨区作业的联合收割机、运输联合收割机和插秧机车辆的通行费。(农业农村部、发展改革委、财政部、自然资源部、交通运输部等负责)

六、持续改善农机作业基础条件

(十四)提高农机作业便利程度。加强高标准农田建设、农村土地综合整治等方面制度、标准、规范和实施细则的制修订,进一步明确田间道路、田块长度宽度与平整度等"宜机化"要求,加强建设监理和验收评价。统筹中央和地方各类相关资金及社会资本积极开展高标准农田建设,推动农田地块小并大、短并长、陡变平、弯变直和互联互通,切实改善农机通行和作业条件,提高农机适应性。重点支持丘陵山区开展农田"宜机化"改造,扩展大中型农机运用空间,加快补齐丘陵山区农业机械化基础条件薄弱的短板。(农业农村部、发展改革委、财政部、自然资源部、市场监管总局等负责)

(十五)改善农机作业配套设施条件。落实设施农用地、新型农业经营主体建设用地、农业生产用电等相关政策,支持农机合作社等农机服务组织生产条件建设。加强县级统筹规划,合理布局农机具存放和维修、农作物育秧育苗以及农产品产地烘干和初加工等农机作业服务配套设施。在年度建设用地指标中,优先安排农机合作社等新型农业经营主体用地,并按规定减免相关税费。有条件的地区可以将晒场、烘干、机具库棚等配套设施纳入高标准农田建设范围。鼓励有条件的地区建设区域农机安全应急救援中心,提高农机安全监理执法、快速救援、机具抢修和跨区作业实时监测调度等能力。(农业农村部、发展改革委、财政部、自然资源部、税务总局等负责)

七、切实加强农机人才培养

(十六)健全新型农业工程人才培养体系。加强农业工程学科建设,制定中国特色农业工程类专业认证标准。引导高校积极设置相关专业,培养创新型、应用型、复合型农业机械化人才。支持高等院校招收农业工程类专业学生，扩大硕士、博士研究生培养规模。加大卓越农林人才、卓越工程师教育培养计划对农机人才的支持力度，引导相关高校面向农业机械化、农机装备产业转型升级开展新工科研究与实践，构建产学合作协同育人项目实施体系。推动实施产教融合、校企合作，支持优势农机企业与学校共建共享工程创新基地、实践基地、实训基地。发挥好现代农业装备职业教育集团作用。鼓励农机人才国际交流合作，支持农机专业人才出国留学、联合培养，积极引进国际农机装备高端人才。（教育部、工业和信息化部、农业农村部等负责）

（十七）注重农机实用型人才培养。实施新型职业农民培育工程，加大对农机大户、农机合作社带头人的扶持力度。大力遴选和培养农机生产及使用一线“土专家”，弘扬工匠精神，充分发挥基层实用人才在推动技术进步和机械化生产中的重要作用。通过购买服务、项目支持等方式，支持农机生产企业、农机合作社培养农机操作、维修等实用技能型人才。加强基层农机推广人员岗位技能培养和知识更新，鼓励大中专毕业生、退伍军人、科技人员等返乡下乡创办领办新型农机服务组织，打造一支懂农业、爱农村、爱农民的一线农机人才队伍。（农业农村部、工业和信息化部等负责）

八、强化组织领导

（十八）健全组织实施机制。建立由农业农村部、工业和信息化部牵头的国家农业机械化发展协调推进机制，统筹协调农业机械化和农机装备产业发展工作，认真梳理和解决突出问题，审议有关政策、重大工程专项和重点工作安排，加强战略谋划和工作指导，破除发展中的障碍。重大问题及时向国务院报告。（农业农村部、工业和信息化部牵头负责）

（十九）强化地方政府责任。各省级人民政府要认真研究实施乡村振兴战略对农机装备的需求，充分认识加快推进农业机械化和农机装备产业转型升级的重要性、紧迫性，将其作为推进农业农村现代化的重要内容，纳入本地区经济社会发展规划和议事日程，结合实际制定实施意见。深入贯彻落实《中华人民共和国农业机械化促进法》等法律法规，完善粮食安全省长责任制等政府目标考核中的农业机械化内容，建立协同推进机制，落实部门责任，加强经费保障，形成工作合力。（各省级人民政府负责）

（二十）促进政府与市场良性互动。充分尊重农民意愿，从根本上依靠市场力量和农民的创造性，及时发现和总结推广典型做法，因地制宜推进农业机械化发展。更好地发挥政府在推进农业机械化中的引导作用，重点在公共服务等方面提供支持，为市场创造更多发展空间。深入推进农机装备产业和农业机械化管理领域简政放权、放管结合、优化服务改革，推进政务信息公开，加强规划政策引导，优化鉴定推广服务，保障农机安全生产，切实调动各类市场主体的积极性、主动性和创造性。充分发挥行业协会在行业自律、信息交流、教育培训等方面的作用，服务引导行业转型升级。加强舆论引导，推介典型经验，宣传表彰先进，努力营造加快推进农业机械化和农机装备产业转型升级的良好氛围。（农业农村部、工业和信息化部等负责）

国务院关于在海南博鳌乐城国际医疗旅游先行区暂时调整实施《中华人民共和国药品管理法实施条例》有关规定的决定

（2018 年 12 月 21 日　国发〔2018〕43 号）

为进一步支持海南省试点发展国际医疗旅游相关产业，国务院决定在海南博鳌乐城国际医疗旅游先行区暂时调整实施《中华人民共和国药品管理法实施条例》第三十六条的规定，对先行区内医疗机构因临床急需进口少量药品（不含疫苗）的申请，由海南省人民政府实施审批。经批准进口的药品应当在指定医疗机构内用于特定医疗目的。海南省人民政府要明确审批的条件和程序，严格审查医疗机构提出的申请，对经批准进口的药品实施严格的药品追溯管理制度，加强对医疗机构使用药品的监督管理，做好药品不良反应的监测和处理，确保所进口的药品来源渠道安全可靠，确保药品使用安全，切实维护人民群众身体健康和生命安全。具体管理办法由海南省人民政府制定，报国务院药品监督管理部门和国务院卫生主管部门同意后实施。

国务院办公厅关于抓好赋予科研机构和人员更大自主权有关文件贯彻落实工作的通知

（2018 年 12 月 26 日　国办发〔2018〕127 号）

党中央、国务院高度重视激发科研人员创新积极性。近年来，党中央、国务院聚焦完善科研管理、提升科研绩效、推进成果转化、优化分配机制等方面，先后制定出台了一系列政策文件，在赋予科研单位和科研人员自主权等方面取得了显著效果,受到广大科技工作者的拥护和欢迎。但在有关政策落实过程中还不同程度存在各类问题,有的部门、地方以及科研单位没有及时修订本部门、本地方和本单位的科研管理相关制度规定,仍然按照老办法来操作;有的经费调剂使用、仪器设备采购等仍然由相关机构管理,没有落实到项目承担单位;科技成果转化、薪酬激励、人员流动还受到相关规定的约束等。这些问题制约了政策效果,影响了科研人员的积极性主动性。为了进一步推动赋予科研单位和科研人员更大自主权有关文件精神落实到位,经国务院同意,现就有关事项通知如下。

一、充分认识赋予科研机构和人员自主权的重要意义

深入推进科技体制改革、赋予科研单位和科研人员更大自主权、切实减轻科研人员负担,对于调动科研人员积极性、充分释放创新创造活力、推进建设创新型国家、实现经济高质量发展具有十分重要的意义。各地区、各部门、各单位要坚持以习近平新时代中国特色社会主义思想为指导,深入贯彻党的十九大精神,增强“四个意识”,坚定“四个自信”,坚决做到“两个维护”,进一步统一思想,充分认识赋予科研单位和科研人员自主权的重要意义,坚决贯彻落实党中央、国务院各项部署要求,尊重规律,尊重科研人员,充分发挥市场在科技资源配置中的决定性作用,更好发挥政府作用,进一步发挥企业的技术创新主体作用,密切协调配合,精心组织实施,抓紧解决政策落实中存在的突出问题,杜绝形式主义、官僚主义等现象,真抓实干,务求实效,切实为科研单位和科研人员营造良好创新环境,进一步解放生产力,为实施创新驱动发展战略和建设创新型国家增添动力。

二、制定政策落实的配套制度和具体实施办法

对党中央、国务院已经出台的赋予科研单位和科研人员自主权的有关政策,各地区、各部门和各单位都要制定具体的实施办法,对现行的科研项目、科研资金、科研人员以及因公临时出国等管理办法进行修订,对与新出台政策精神不符的规定要进行清理和修改。各高校、科研院所、国有企业和智库以及其他承担科研任务的单位要按照上述原则修订和制定相关实施办法和制度。以上工作要在 2019 年 2 月底前完成。

三、深入推进下放科技管理权限工作

(一)推动预算调剂和仪器采购管理权落实到位。科技部、财政部和相关科技项目管理部门要按照《中共中央办公厅　国务院办公厅印发〈关于进一步完善中央财政科研项目资金管理等政策的若干意见〉的通知》和《国务院关于优化科研管理提升科研绩效若干措施的通知》等精神,分别修订相关科技计划项目和经费管理办法,将文件规定的有关预算调剂、科研仪器采购等事项交由项目承担单位自主决定，由单位主管部门报项目管理部门备案。

（二）推动科研人员的技术路线决策权落实到位。各地区、各部门在制定相关规定和具体办法时，要明确“赋予科研人员更大技术路线决策权”、“科研项目负责人可以根据项目需要，按规定自主组建科研团队，并结合项目实施进展情况进行相应调整”。

（三）推动项目过程管理权落实到位。各项目管理部门对科研项目要由重过程管理向重项目目标和标志性成果转变，加强对科研项目结果及阶段性成果的考核，实施过程中的管理主要由项目承担单位负责。要精简信息和材料报送，有关单位不得随意要求项目承担单位填报各种信息或报送有关材料。

（四）科研单位要健全完善内部管理制度。项目管理专业机构不再承担已明确下放给科研单位管理的有关事项，请科技部、工业和信息化部、农业农村部、卫生健康委等部门在2019年2月底前完成。各地区、各有关部门根据有关规定，负责指导所属科研单位制定详细可操作的管理制度和办法，确保在落实科研人员自主权的基础上，突出成果导向，提高科研资金使用绩效，完成科研目标任务。项目管理部门要通过随机抽查等方式加强事中事后监管，防止发生违规行为。

四、进一步做好已出台法规文件中相关规定的衔接

（一）明确科研人员兼职的操作办法。各单位要认真执行《国务院关于印发实施〈中华人民共和国促进科技成果转化法〉若干规定的通知》和《中共中央办公厅　国务院办公厅印发〈关于实行以增加知识价值为导向分配政策的若干意见〉的通知》，与企业通过股权合作、共同研发、互派人员、成果应用等多种方式建立紧密的合作关系，支持科研人员深入企业进行成果转化，落实“科研人员在履行好岗位职责、完成本职工作的前提下，经所在单位同意，可以到企业和其他科研机构、高校、社会组织等兼职并取得合法报酬”的规定。各地区、各有关部门和单位要进一步明确科研人员兼职兼薪问题的具体管理办法，明确审批程序，约定相关权利与义务。对担任领导职务的科研人员兼职，按中央有关规定执行。

（二）明确科研人员获得科技成果转化收益的具体办法。各高校、科研院所要按照《中华人民共和国促进科技成果转化法》的规定，制定本单位转化科技成果的专门管理办法，完善评价激励机制，对科技成果的主要完成人和其他对科技成果转化作出重要贡献的人员，区分不同情况给予现金、股份或者出资比例等奖励和报酬。请人力资源社会保障部会同有关部门按照《国务院关于优化科研管理提升科研绩效若干措施的通知》精神，落实“科研人员获得的职务科技成果转化现金奖励计入当年本单位绩效工资总量，但不受总量限制，不纳入总量基数”的要求，制定出台具体操作办法，推动各单位落实到位。

（三）明确科技成果作为国有资产的管理程序。请财政部落实《中华人民共和国促进科技成果转化法》，按照对科技成果价值“通过协议定价、在技术市场挂牌交易、拍卖等方式确定价格”的规定，提出对《国有资产评估管理办法》的修订建议，简化科技成果的国有资产评估程序，缩短评估周期，改进对评估结果的使用方式，研究建立资产评估报告公示制度，同时探索利用市场化机制确定科技成果价值的多种方式。要进一步优化国有资产产权登记和变更程序，提高科技成果转化效率。

（四）明确有关项目经费的细化管理制度。各地区、各部门、各单位要进一步推进产学研结合，并制定专门管理办法，对以市场委托方式取得的横向经费，由项目承担单位按照委托方要求或合同约定管理使用。请财政部在相关项目经费使用管理规定中明确，中央高校、科研院所要根据科研工作的特点，对科研需要的出差和会议按标准报销相关费用并简化相关手续。探索建立项目立项环节技术专家和财务专家共同审核机制，在科研项目评审的同时进行预算评审。

五、加强对政策贯彻落实工作的督查指导

（一）开展对政策落实情况的自查和督查。各地区、各部门要加强对科研单位的业务指导和督查，坚持问题导向，对本地区、本部门所属科研单位落实赋予科研单位和科研人员自主权有关文件精神情况进行全面自查，逐一梳理、明确责任，深入分析堵点难点并加以纠正解决，确保政策全面兑现。国务院办公厅要适时开展督促检查。

（二）做好培训宣传工作。科技部、财政部等有关部门要加强对党中央、国务院出台文件的宣传解读。对政策性比较强的管理问题和财务制度要开展培训，建立咨询渠道。对地方和单位的好做法、好经验、好案例，要做好宣传推广。

（三）加强对政策落实的监督。要加强审计监督，以是否符合中央精神和改革方向作为审计定性判断的标准，充分尊重科研规律，对于符合中央精神和改革方向，但不符合部门、地方、单位现有管理规定的行为，要有针对性地提出对具体规定修改调整的建议。加强社会监督，建立举报投诉渠道，鼓励科研单位和科研人员对政策落实情况进行监督，发现严重失职失责的要追究有关人员责任。

国务院部门规章

证券公司和证券投资基金管理公司境外设立、收购、参股经营机构管理办法

（2018年9月25日中国证券监督管理委员会令第150号公布 自公布之日起施行 国司备字[2018001621]）

第一条 为了规范证券公司、证券投资基金管理公司（以下统称证券基金经营机构）在境外设立、收购子公司或者参股经营机构的行为，根据《中华人民共和国证券法》《中华人民共和国证券投资基金法》《证券公司监督管理条例》等法律、行政法规，制定本办法。

第二条 证券基金经营机构在境外设立、收购子公司或者参股经营机构，适用本办法。

境外子公司和参股经营机构在境外的注册登记、变更、终止以及开展业务活动等事项，应当遵守所在国家或者地区的法律法规和监管要求。

第三条 证券基金经营机构在境外设立、收购子公司或者参股经营机构，应当对境外市场状况、法律法规、监管环境等进行必要的调查研究，综合考虑自身财务状况、公司治理情况、内部控制和风险管理水平、对子公司的管理和控制能力、发展规划等因素，全面评估论证，合理审慎决策。

第四条 证券基金经营机构在境外设立、收购子公司或者参股经营机构，不得从事危害中华人民共和国主权、安全和社会公共利益的行为，不得违反反洗钱等相关法律法规的规定。

第五条 境外子公司、参股经营机构依照属地监管原则由境外监督管理机构监管。中国证券监督管理委员会（以下简称中国证监会）与境外监督管理机构建立跨境监督管理合作机制，加强监管信息交流和执法合作，督促证券基金经营机构依法履行对境外子公司、参股经营机构的管理职责。

第六条 证券基金经营机构应当按照国家外汇管理部门和中国证监会的相关规定，建立完备的外汇资产负债风险管理系统，依法办理外汇资金进出相关手续。

第七条　证券基金经营机构在境外设立、收购子公司或者参股经营机构，应当经中国证监会批准。

第八条　证券基金经营机构在境外设立、收购子公司或者参股经营机构，应当符合下列条件：

（一）拟设立、收购子公司和参股经营机构所在国家或者地区具有完善的证券法律和监管制度，已与中国证监会或者中国证监会认可的机构签定监管合作谅解备忘录，并保持有效的监管合作关系；

（二）最近3年未因重大违法违规行为受到行政或刑事处罚，最近1年未因治理结构不健全、内部控制不完善等原因被采取重大监管措施，不存在因涉嫌重大违法违规行为正在被立案调查或者正处于整改期间的情形；

（三）财务状况及资产流动性良好，证券公司净资产不低于60亿元人民币，证券投资基金管理公司净资产不低于6亿元人民币；持续经营原则满2年；最近12个月各项风险控制指标（如有）持续符合规定，且在境外设立、收购子公司和参股经营机构后各项风险控制指标仍然符合规定；

（四）法人治理结构健全，风险管理制度和内部控制机制完善且能够有效覆盖拟在境外设立、收购的子公司和参股的经营机构；

（五）中国证监会规定的其他条件。

第九条　证券基金经营机构设立境外子公司的，应当全资设立，中国证监会认可的除外。

第十条　证券基金经营机构在境外设立、收购子公司或者参股经营机构，应当向中国证监会提交下列申请材料：

（一）法定代表人签署的申请报告；

（二）在境外设立、收购子公司或者参股经营机构的相关决议文件；

（三）拟设立、收购子公司或者参股经营机构的章程（草案）；

（四）证券基金经营机构符合在境外设立、收购子公司和参股经营机构条件的说明；

（五）证券基金经营机构与境外子公司、参股经营机构之间防范风险传递、利益冲突和利益输送的相关措施安排及说明；

（六）证券基金经营机构能够对境外子公司和参股经营机构有效管理的说明，内容应当包括对现有境内子公司的风险管理和内部控制安排及实施效果，拟对境外子公司的管控安排，拟对境外参股经营机构相关表决权的实施机制等；

（七）在境外设立、收购子公司或者参股经营机构的协议（如适用）；

（八）可行性研究报告，内容至少包括：在境外设立、收购子公司或者参股经营机构的必要性及可行性，外汇资金来源的说明，境外子公司或者参股经营机构的名称、组织形式、管理架构、股权结构图、业务范围、业务发展规划的说明，主要人员简历等；

（九）与境外监督管理机构沟通情况的说明；

（十）中国证监会要求的其他材料。

第十一条 境外子公司或者参股经营机构应当从事证券、期货、资产管理或者中国证监会认可的其他金融业务，以及金融业务中间介绍、金融信息服务、金融信息技术系统服务、为特定金融业务及产品提供后台支持服务等中国证监会认可的金融相关业务，不得从事与金融无关的业务。

第十二条 境外子公司应当具有简明、清晰、可穿透的股权架构，法人层级应当与境外子公司资本规模、经营管理能力和风险管控水平相适应。

境外子公司可以设立专业孙公司开展金融业务和金融相关业务。除确有需要外，上述孙公司不得再设立机构。

境外子公司再设立、收购、参股经营机构，应当按照国家有关规定履行相关的审批或者备案手续。

第十三条 境外子公司不得直接或者间接在境内从事经营性活动，为境外子公司提供后台支持或者辅助等中国证监会认可的活动除外。

境外子公司在境内设立机构，从事后台支持或者辅助等中国证监会认可活动的，证券基金经营机构应当事先报中国证监会备案。

第十四条 证券基金经营机构应当充分履行股东职责，依法参与境外子公司的法人治理，健全对境外子公司的风险管控，形成权责明确、流程清晰、制衡有效的管理机制。

第十五条 证券基金经营机构应当指派分管境外机构的高级管理人员作为股东代表出席股东（大）会。股东代表因故不能出席时，应当书面授权证券基金经营机构相关部门负责人代为出席。

第十六条 证券基金经营机构在境外设立、收购子公司，应当确保对子公司董事会具有影响力。仅设执行董事的，执行董事应当由证券基金经营机构提名。证券基金经营机构应当履行内部程序确定提名人选，所提名的董事应当符合以下条件：

（一）熟悉中国证监会及境外机构所在地相关法律法规和业务规范，具备良好的职业操守，最近 3 年无相关违法违规记录；

（二）具备 5 年以上证券、基金等金融领域的工作经历；

（三）具备履行职责所必需的时间和精力；

（四）中国证监会规定的其他条件。

第十七条 证券基金经营机构应当通过股东提案等方式，在境外子公司章程中明确下列事项由境外子公司股东会审议：

（一）决定经营方针和投资计划，决定年度财务预算方案、决算方案；

（二）选举和更换董事；

（三）变更业务范围、股权或注册资本，修改章程；

（四）合并、分立、解散或者清算；

（五）购买、出售资产或者投资、借贷、关联交易、担保等的金额达到或超过净资产的10%；

（六）设立、收购、参股经营机构；

（七）其他应当由股东会审议的事项。

第十八条 证券基金经营机构应当通过股东提案等方式，在境外子公司章程中明确下列事项由境外子公司董事会审议：

（一）购买、出售资产或者投资、借贷、关联交易、担保等的金额超过净资产的5%但不足10%，且不低于500万元人民币；

（二）内部管理机构的设置；

（三）聘任或者解聘境外子公司经营管理负责人、合规管理负责人、风险管理负责人、财务负责人等经营管理层人员，决定上述人员的考核结果和薪酬；

（四）涉及合规管理、内部控制、风险防范的重大事项；

（五）其他应当由董事会审议的事项。

第十九条 股东代表和提名的董事应当在收到相关会议议案后，及时向证券基金经营机构报告，并提交议案事项涉及的相关材料。

涉及本办法第十七条、第十八条股东会和董事会审议事项的相关议案，证券基金经营机构应当按照公司章程，提交证券基金经营机构股东会、董事会或者经营决策机构集体讨论，合规负责人应当进行合规审查，出具书面合规审查意见。集体决策的意见应当反馈给其委派的股东代表和提名的董事贯彻落实。

第二十条 证券基金经营机构应当采取有效措施，建立决策事项落实跟踪制度及决策效果评估制度，督促其委派的股东代表和提名的董事根据证券基金经营机构的意见履行职责，事后及时评估决策效果，不断改进提升决策质量。

第二十一条 证券基金经营机构应当建立境外机构、股东代表及所提名董事等相关人员的重大事项报告机制，明确报告的事项范围、时间要求和报告路径，确保证券基金经营机构能够及时知悉并处理境外机构经营管理等重大事项，有效防范、评估和化解风险。

第二十二条 证券基金经营机构应当建立健全对境外子公司的内部稽核和外部审计制度，完善对境外子公司的财务稽核、业务稽核、风险控制监督等，检查和评估境外子公司内部控制的有效性、财务运营的稳健性等。外部审计每年不少于一次，内部稽核定期进行。

第二十三条 证券基金经营机构应当建立与境外子公司、参股经营机构之间有效的信息隔离和风险隔离制度，控制内幕信息和未公开信息等敏感信息的不当流动和使用，有效防范风险传递和利益输送。

第二十四条 证券基金经营机构应当加强与境外子公司之间交易的管理，发生此类交易的，证券基金经营机构应当履行必要的内部程序并在公司年度报告以及监察稽核报告中说明；依照法律法规应当对外信息披露的，应当严格履行信息披露义务。

证券基金经营机构应当通过股东提案等方式，明确境外子公司、参股经营机构的关联交易管理制度，对关联交易行为认定标准、交易定价方法、交易审批程序等进行规范，保证关联交易决策的独立性，严格防范非公平关联交易风险。

第二十五条 证券基金经营机构应当通过股东提案等方式，在境外子公司章程中明确境外子公司高级管理人员应当符合以下条件：

（一）熟悉相关法律法规和业务规范，最近3年无相关违法违规记录；

（二）具备5年以上证券、基金等金融领域的工作经历和履行职责所必需的经营管理能力；

（三）中国证监会规定的其他条件。

证券基金经营机构的董事、监事、高级管理人员等在境外子公司、参股经营机构兼职的，应当遵守境内外相关规定，不得兼任与现有职责相冲突的职务。证券基金经营机构应当参照境内证券基金行业人员离任审计或离任审查的相关管理规定，对境外子公司的董事、高级管理人员和重要岗位人员开展离任审计或离任审查。

第二十六条 证券基金经营机构应当建立健全境外子公司激励约束机制，督促境外子公司完善绩效年薪制度。激励机制应当合理、均衡、有效，达到鼓励合规、稳健经营、长期有效的目的，不得过度激励、短期激励。

证券基金经营机构应当建立健全履职评价和责任追究机制，对损害境外子公司、参股经营机构合法权益，导致境外子公司、参股经营机构出现经营风险或者违法违规问题的人员依法追究责任。

第二十七条 证券基金经营机构应当建立并持续完善覆盖境外机构的合规管理、风险管理和内部控制体系。

证券基金经营机构应当要求境外子公司的合规负责人和风险管理负责人每年度结束后30个工作日内,向证券基金经营机构报送年度合规专报和风险测评专报。证券基金经营机构的合规负责人、风险管理负责人应当对上述专报进行审查,并签署审查意见。

第二十八条 证券基金经营机构对境外子公司增资,或者依法为境外子公司提供融资、担保以及其他类似增信措施的,应当履行内部的决策程序,并在作出决议之日起5个工作日内向中国证监会备案;依法为境外子公司出具不具有实质性担保义务的安慰函以及其他类似文件的,应当于出具文件的次月前5个工作日内向中国证监会备案。

第二十九条 证券基金经营机构在境外参股经营机构的,应当依法参与经营管理,充分行使股东权利,积极履行股东义务。

第三十条 证券基金经营机构应当在每月前10个工作日内,通过中国证监会有关监管信息平台报送上一月度境外子公司的主要财务数据及业务情况。

证券基金经营机构应当在每年4月底之前通过中国证监会有关监管信息平台报送上一年度境外机构经审计的财务报告、审计报告以及年度工作报告,年度工作报告的内容包括但不限于:持牌情况、获得交易所等会员资格情况、业务开展情况、财务状况、法人治理情况、岗位设置和人员配备情况、下属机构情况、配合调查情况、被境外监管机构采取监管措施或者处罚情况等。

中国证监会派出机构应当每月对辖区内证券基金经营机构报送的境外机构有关文件进行分析,并在每季度结束后15个工作日内,向中国证监会报告辖区内证券基金经营机构境外机构的经营管理、内控合规和风险管理等情况。

第三十一条 证券基金经营机构境外子公司发生下列事项的,证券基金经营机构应当在5个工作日内向中国证监会及相关派出机构书面报告:

(一)注册登记、取得业务资格、经营非持牌业务;

(二)作出变更名称、股权或注册资本,修改章程重要条款,分立、合并或者解散等的决议;

(三)取得、变更或者注销交易所等会员资格;

(四)变更董事长、总经理、合规负责人和风险管理负责人;

(五)机构或其从业人员受到境外监管机构或交易所的现场检查、调查、纪律处分或处罚;

(六)预计发生重大亏损、遭受超过净资产10%的重大损失以及公司财务状况发生其他重大不利变化;

(七)与证券基金经营机构及其关联方发生重大关联交易;

（八）按规定应当向境外监管机构报告的重大事项。

第三十二条 证券基金经营机构在境外设立、收购子公司或者参股经营机构，以及对境外子公司和参股经营机构的管理，违反法律、行政法规和本办法规定的，中国证监会及相关派出机构可以对证券基金经营机构采取出具警示函、责令定期报告、责令改正、监管谈话等行政监管措施；对直接负责的董事、监事、高级管理人员和其他责任人员，可以采取出具警示函、责令参加培训、责令改正、监管谈话、认定为不适当人选等行政监管措施。

第三十三条 证券基金经营机构因治理结构不健全、内部控制不完善，未按本办法履行对境外机构的管理和控制职责，导致境外机构违法违规经营或者出现重大风险的，对证券基金经营机构及其直接负责的董事、监事、高级管理人员和其他直接责任人员，依照《中华人民共和国证券投资基金法》第二十四条、《证券公司监督管理条例》第七十条采取行政监管措施。

第三十四条 证券基金经营机构违反本办法规定，依法应予处罚的，对证券基金经营机构及其直接负责的主管人员和其他直接责任人员，按照相关法律法规的规定进行处罚。相关法律法规没有规定的，处以警告、3 万元以下罚款。涉嫌犯罪的，依法移送司法机关追究刑事责任。

第三十五条 本办法所称收购，指通过购买境外已设立机构股权等方式控制该机构。

第三十六条 境外子公司、参股经营机构所在地法律法规以及关于上市公司的相关监管政策和自律规则对其外资比例、章程内容、法人治理等方面的规定与本办法存在不一致的，从其规定。

第三十七条 本办法施行前，证券基金经营机构已经获准设立、收购子公司或者参股经营机构的，应当在本办法施行后 36 个月内，逐步规范，达到本办法的相关要求。逾期未达到要求的，中国证监会及相关派出机构依法采取行政监管措施。其中，对于已经存在的股权架构不符合要求的，证券基金经营机构应当降低组织架构复杂程度，简化法人层级，并报中国证监会备案认可。

证券基金经营机构不得在境外经营放债或类似业务。已经开展上述业务的，自本办法施行之日起，不得新增上述业务，存量业务到期终结。

第三十八条 本办法自公布之日起施行。中国证监会发布的《关于证券投资基金管理公司在香港设立机构的规定》（证监会公告〔2008〕12 号）同时废止。

国家广播电视总局关于取消部分规章和规范性文件设定的证明事项材料的决定

（2018 年 10 月 31 日国家广播电视总局令第 2 号公布　国司备字［2018001523］）

为贯彻落实党中央、国务院关于减证便民、优化服务的部署，按照《国务院办公厅关于做好证明事项清理工作的通知》（国办发［2018］47 号）要求，国家广播电视总局对现行有效的广播电视规章和规范性文件设定的证明事项材料进行了全面清理。根据《规章制定程序条例》的相关规定，决定取消以下规章和规范性文件设定的证明事项材料。

一、取消部门规章设定的 17 项证明事项材料

（一）取消《广播电视站审批管理暂行规定》（国家广播电影电视总局令第 32 号）第五条第二款第三项规定的“设备的相关证明文件”。

（二）取消《广播电视节目传送业务管理办法》（国家广播电影电视总局令第 33 号）第九条第五项规定的“设备的证明资料”。

（三）取消《广播电视节目传送业务管理办法》（国家广播电影电视总局令第 33 号）第九条第二项规定的“营业执照、事业单位法人代码证”，改由总局通过与外部门之间信息共享，进行网上核验替代。

（四）取消《广播电视节目制作经营管理规定》（国家广播电影电视总局令第 34 号）第七条第四项规定的“法定代表人身份证明（复印件）”以及第六项规定的“企事业单位执照”，改由总局通过与外部门之间信息共享，进行网上核验替代。

（五）取消《广播电视节目制作经营管理规定》（国家广播电影电视总局令第 34 号）第十五条第三项规定的“广电总局题材规划立项批准文件复印件”以及第五项规定的“广电总局的批准文件复印件”，改由总局通过内部政务系统数据信息共享核查替代。

（六）取消《广播电视节目制作经营管理规定》（国家广播电影电视总局令第 34 号）第十五条第六项规定的“《广播电视节目制作经营许可证》（复印件）”，改由总局和省局通过内部政务系统数据信息共享核查替代。

（七）取消《广播电视节目制作经营管理规定》（国家广播电影电视总局令第 34 号）第十八条第三项规定的“最近两年申领的《电视剧制作许可证（乙

种)》(复印件)”和第四项规定的“电视剧发行许可证(复印件)”,改由总局和省局通过内部政务系统数据信息共享核查替代。

(八)取消《广播电视视频点播业务管理办法》(国家广播电影电视总局令第35号)第十条第二款规定的“营业执照”,改由总局通过与外部门之间信息共享,进行网上核验替代。

(九)取消《广播电视视频点播业务管理办法》(国家广播电影电视总局令第35号)第十条第二款规定的“宾馆饭店星级评定的相关证明”和《〈卫星电视广播地面接收设施管理规定〉实施细则》(广播电影电视部令第11号)第四条第二款第二项规定的“酒店星级证明”。

(十)取消《城市社区有线电视系统管理暂行办法》(国家广播电影电视总局令第36号)第五条第二项规定的“独立法人地位及物业管理资质的相关证明文件”。

(十一)取消《中外合作制作电视剧管理规定》(国家广播电影电视总局令第41号)第七条第二项规定的“《电视剧制作许可证(甲种)》复印件”,改由总局通过内部政务系统数据信息共享核查替代。

(十二)取消《中外合作制作电视剧管理规定》(国家广播电影电视总局令第41号)第九条第二项规定的“《广播电视节目制作经营许可证》复印件”,改由总局和省局通过内部政务系统数据信息共享核查替代。

(十三)取消《中外合作制作电视剧管理规定》(国家广播电影电视总局令第41号)第十四条第二项规定的“广电总局准予拍摄的批复”,改由总局通过内部政务系统数据信息共享核查替代。

(十四)取消《广播电视无线传输覆盖网管理办法》(国家广播电影电视总局令第45号)第十一条第一项规定的“法人资格复印件”,改由总局通过与外部门之间信息共享,进行网上核验替代。

(十五)取消《卫星电视广播地面接收设施安装服务暂行办法》(国家广播电影电视总局令第60号)第六条第四项规定的“主要出资单位有关证明材料”,其中“事业单位法人代表证、事业单位执照、事业单位法人资格”改由总局通过与外部门之间信息共享,进行网上核验替代;企业的出资证明材料改由总局核验国家企业信用信息公示系统查询和申请机构提供股东结构图及书面告知承诺替代。

(十六)取消《电视剧内容管理规定》(国家广播电影电视总局令第63号)第二十二条第二项规定的“制作机构资质的有效证明”,改由总局和省局通过内部政务系统数据信息共享核查替代。

(十七)取消《广播电视设备器材入网认定管理办法》(国家广播电视总局

令第1号)第五条第四项规定的"企业法人营业执照复印件",改由总局通过与外部门之间信息共享,进行网上核验替代。

二、取消部门规范性文件设定的6项证明事项材料

(一)取消《广电总局关于实行国产电视动画片发行许可制度的通知》(广发编字[2005]48号)第八条第五项规定的"《广播电视节目制作经营许可证》复印件",改由总局和省局通过内部政务系统数据信息共享核查替代。

(二)取消《广电总局关于进一步加强和改进境外影视剧引进和播出管理的通知》(广发[2012]9号)第一条第二项以及第二条第二项规定的"供片机构资质证明",此证明事项材料为《广播电视节目制作经营许可证》复印件,改由总局和省局通过内部政务系统数据信息共享核查替代。

(三)取消总局《印发〈关于规范发展移动数字电视的意见〉的通知》(新广电发[2014]60号)附件一第八项规定的"设备证明材料"。

(四)取消总局《印发〈关于规范发展移动数字电视的意见〉的通知》(新广电发[2014]60号)附件一第九项规定的"与开展业务相关的其他证明材料"。

(五)取消《国家新闻出版广电总局办公厅关于印发〈专门用于信息网络的境外影视剧引进计划申报办法〉等文件的通知》(新广电办发[2014]142号)中的《专门用于信息网络的境外影视剧内容审核实施办法》第三条第六项规定的"其他相关证明材料"。

(六)取消《国家新闻出版广电总局办公厅关于做好移动互联网视听节目服务增项审核工作有关问题的通知》(新广电办发[2015]109号)第四条第三项规定的"增项业务相关资质证明以及申请单位获得的与申请有关的许可或备案证明"中的"《广播电视播出机构许可证》、《广播电视节目制作经营许可证》",改由总局通过内部政务系统数据信息共享核查替代。

民用爆炸物品生产许可实施办法

(2018年11月9日工业和信息化部令第49号公布　自2019年1月1日起施行　国司备字[2018001491])

第一章　总　则

第一条　为了加强民用爆炸物品生产许可管理,规范民用爆炸物品生产活动,保障公民生命、财产安全和公共安全,根据《民用爆炸物品安全管理条例》,制定本办法。

第二条 在中华人民共和国境内设立民用爆炸物品生产企业应当依据本办法取得民用爆炸物品生产许可。

第三条 民用爆炸物品生产许可管理应当遵循统筹规划、合理布局、动态调整、严格管理、公平公正的原则。

第四条 工业和信息化部负责民用爆炸物品生产许可的审批和监督管理。

省、自治区、直辖市人民政府民用爆炸物品行业主管部门(以下简称省级民爆行业主管部门)依照本办法规定负责本行政区域内民用爆炸物品生产许可监督管理有关工作。

第五条 鼓励民用爆炸物品生产企业采用提高民用爆炸物品安全性能的新产品、新设备、新技术、新工艺、新材料以及现场混装生产技术。

第二章 申请与审批

第六条 申请民用爆炸物品生产许可,应当具备下列条件:

(一)符合国家产业结构规划、产业技术标准和民爆行业发展规划;

(二)厂房和专用仓库的设计、结构、建筑材料、安全距离以及安全设备、设施符合国家有关标准和规范;

(三)生产设备、工艺技术符合有关安全生产的技术标准和规程;

(四)主要负责人具有与所生产民用爆炸物品相适应的安全生产知识和管理能力,与民用爆炸物品生产相关专业的技术人员占职工人数的比例不得低于15%;

(五)有健全的安全、质量管理制度和岗位安全责任制度;

(六)法律、行政法规规定的其他条件。

第七条 申请民用爆炸物品生产许可,应当向工业和信息化部提出申请,并提交以下材料:

(一)民用爆炸物品生产许可申请文件;

(二)《民用爆炸物品生产许可证申请审批表》(一式三份,示范文本见附件1);

(三)民用爆炸物品生产许可项目申请报告(一式三份,示范文本见附件2);

(四)省级民爆行业主管部门出具的书面意见;

(五)民用爆炸物品安全评价机构出具的安全预评价报告;

(六)法定代表人无刑事处罚材料;

（七）专业技术人员资质证明复印件；

（八）法律、行政法规规定的其他材料。

第八条 工业和信息化部应当依法对申请材料进行审查，对于申请材料不齐全或者不符合法定形式的，当场或在5日内一次告知申请人需要补正的全部内容，逾期不告知的，自收到申请材料之日起即为受理；申请材料齐全、符合法定形式，或者申请人按照要求补正全部申请材料的，应当予以受理。

第九条 工业和信息化部自受理申请之日起45日内对申请材料进行审查，对符合本办法第六条规定条件的，核发《民用爆炸物品生产许可证》；对不符合条件的，不予核发《民用爆炸物品生产许可证》，书面告知申请人并说明理由。

需要组织专家现场评审的，工业和信息化部应当将评审所需时间书面告知申请人。评审所需时间不计算在前款规定的期限内。

第十条 《民用爆炸物品生产许可证》的内容包括：企业名称、法定代表人、注册地址、登记类型、有效期、证书编号、生产地址、生产品种和年生产能力等。

《民用爆炸物品生产许可证》由正本、副本和附件组成，式样由工业和信息化部统一规定。附件作为备注栏信息，随《民用爆炸物品生产许可证》一并发放，与正本、副本具有同等效力。

第十一条 《民用爆炸物品生产许可证》有效期为3年。有效期届满需要继续从事民用爆炸物品生产的，应当在有效期届满前3个月向工业和信息化部申请延续，并提交本办法第七条第（一）项至第（四）项规定的材料。

工业和信息化部应当在有效期届满前作出是否准予延续的决定。准予延续的，收回原证并换发新证；不予延续的，书面告知申请人并说明理由。

第十二条 《民用爆炸物品生产许可证》有效期内，民用爆炸物品生产企业申请变更企业名称、注册地址、登记类型的，应当向工业和信息化部提出申请，提交本办法第七条第（一）项至第（三）项规定的材料以及有关机构批准变更的文件；涉及变更法定代表人的，还应当提交本办法第七条第（六）项规定的材料。

工业和信息化部应当在接到申请之日起15日内作出是否同意变更的决定。

第十三条 民用爆炸物品生产企业为调整生产品种及年生产能力进行改建、扩建、异地建设，或者采用现场混装生产方式生产民用爆炸物品的，应当依照本办法重新申请办理《民用爆炸物品生产许可证》，提交本办法第七条第（一）项至第（四）项规定的材料；涉及变更生产地址的，还应当提交本办法第七条第(五)项规定的材料。

第十四条 民用爆炸物品生产企业不改变生产品种及年生产能力,在现有生产线原址进行技术改造的,应当报省级民爆行业主管部门备案。省级民爆行业主管部门将备案情况按年度汇总后报工业和信息化部。

第十五条 《民用爆炸物品生产许可证》及其编号仅限本企业使用,不得转让、买卖、出租、出借。

第十六条 民用爆炸物品生产企业经工业和信息化部批准,可以授权其持股比例(包括直接持有和间接持有)不少于51%并符合民用爆炸物品生产条件的企业生产其获准生产的民用爆炸物品。工业和信息化部应当在《民用爆炸物品生产许可证》附件中载明该被授权企业名称、注册地址、生产品种、生产地址、年生产能力、有效期等内容。

第三章 监督管理

第十七条 民用爆炸物品生产企业应当按照《民用爆炸物品生产许可证》核定的事项进行生产,生产作业应当执行安全技术规程等规定。

无民事行为能力人、限制民事行为能力人或者曾因犯罪受过刑事处罚的人不得从事民用爆炸物品生产。

第十八条 工业和信息化部对民用爆炸物品生产许可实行年度报告制度。民用爆炸物品生产企业应当于每年5月31日前向注册地省级民爆行业主管部门报送《民用爆炸物品生产许可证年度报告表》(一式三份,示范文本见附件3),省级民爆行业主管部门汇总后报送工业和信息化部。

第十九条 工业和信息化部应当加强对民用爆炸物品生产企业的监督检查,建立和完善随机抽查监督管理制度,公布抽查事项目录,随机选派检查人员,随机抽取被检查企业。抽查情况和查处结果及时向社会公布。

第二十条 有下列情形之一的,工业和信息化部可以撤销民用爆炸物品生产许可:

(一)民用爆炸物品生产许可申请受理、审查的工作人员滥用职权、玩忽职守作出许可决定的;

(二)超越法定职权或者违反法定程序作出许可决定的;

(三)对不具备申请资格或者不符合法定许可条件的申请人作出许可决定的;

(四)依法可以撤销民用爆炸物品生产许可的其他情形。

第二十一条 以欺骗、贿赂等不正当手段取得《民用爆炸物品生产许可证》的，工业和信息化部应当撤销民用爆炸物品生产许可。企业3年内不得再次提出民用爆炸物品生产许可申请。

第二十二条 有下列情形之一的，工业和信息化部应当依法办理《民用爆炸物品生产许可证》注销手续：

（一）《民用爆炸物品生产许可证》有效期届满，未申请延续或者申请延续未经批准的；

（二）民用爆炸物品生产许可依法被撤销、吊销的；

（三）因不可抗力因素导致民用爆炸物品生产许可事项无法实施的；

（四）法律、行政法规规定的应当注销许可证的其他情形。

工业和信息化部定期向社会公布被依法注销《民用爆炸物品生产许可证》的企业名单。

第二十三条 工业和信息化部建立民用爆炸物品生产企业信用记录制度，将民用爆炸物品生产企业违反本办法并受到行政处罚的行为记入信用档案。

第二十四条 任何单位或个人对违反《民用爆炸物品安全管理条例》和本办法的行为，有权向负有监督管理职责的部门举报。

第四章 法律责任

第二十五条 未经许可从事民用爆炸物品生产的，由省级民爆行业主管部门责令停止非法生产活动，处10万元以上50万元以下的罚款，并没收非法生产的民用爆炸物品及其违法所得。

第二十六条 民用爆炸物品生产企业有下列行为之一的，由省级民爆行业主管部门责令限期改正，处10万元以上50万元以下的罚款；逾期不改正的，责令停产整顿；情节严重的，由省级民爆行业主管部门提请工业和信息化部吊销《民用爆炸物品生产许可证》：

（一）超出许可核定的生产品种、能力进行生产的；

（二）违反安全技术规程生产作业的；

（三）民用爆炸物品的质量不符合相关标准的；

（四）因存在严重安全问题被吊销民用爆炸物品安全生产许可的；

（五）违反法律、行政法规应予吊销民用爆炸物品生产许可的其他情形。

第二十七条 民用爆炸物品生产企业有下列行为之一的，由省级民爆行业主管部门责令限期改正；逾期不改正的，处3万元以下的罚款：

（一）未按规定提交年度报告的；

（二）年度报告提供虚假材料或者拒绝提供反映其生产经营活动情况真实材料的。

第二十八条 省级民爆行业主管部门可以委托市级或者县级地方人民政府民用爆炸物品行业主管部门实施本办法规定的行政处罚。

省级民爆行业主管部门应当加强对市级或者县级地方人民政府民用爆炸物品行业主管部门实施行政处罚的监督，并对行政处罚的后果承担法律责任。

第二十九条 负责民用爆炸物品生产许可的工作人员，在民用爆炸物品生产许可受理、审查、审批和监督管理工作中，有弄虚作假、徇私舞弊以及受贿、渎职等行为的，依法给予处分；构成犯罪的，依法追究刑事责任。

第五章 附 则

第三十条 本办法自2019年1月1日起施行。原国防科学技术工业委员会2006年8月31日公布的《民用爆炸物品生产许可实施办法》（原国防科学技术工业委员会令第16号）同时废止。

附件：1. 民用爆炸物品生产许可证申请审批表示范文本
2. 民用爆炸物品生产许可项目申请报告示范文本
3. 民用爆炸物品生产许可证年度报告表示范文本

附件 1

民用爆炸物品生产许可证申请审批表示范文本

民用爆炸物品生产许可证

申请审批表

□首次申请　　□变更　　□延续

申请单位:____________________(盖章)

申请日期:______年______月______日

工业和信息化部制

企业名称(盖章):
法定代表人(申请人)(签字):

<table>
<tr><td>企业登记类型</td><td></td><td>企业注册地址</td><td colspan="3"></td></tr>
<tr><td>统一社会信用代码</td><td>(首次申请不填)</td><td>邮政编码</td><td></td><td>联系电话</td><td></td></tr>
<tr><td>注册资金</td><td>万元</td><td>电子邮箱</td><td></td><td>传真</td><td></td></tr>
<tr><td>项目设计单位</td><td>(申请延续不填;申请变更的只填与变更有关的)</td><td>企业计划建设时间</td><td>(申请延续不填;申请变更的只填与变更有关的)</td><td>在岗职工总数</td><td></td></tr>
<tr><td colspan="2">《民用爆炸物品生产许可证》编号</td><td>(首次申请不填)</td><td colspan="2">专业技术人员人数</td><td></td></tr>
<tr><td colspan="2">《民用爆炸物品生产许可证》有效期</td><td>(首次申请不填)</td><td colspan="2">《民用爆炸物品安全生产许可证》有效期</td><td>(首次申请不填)</td></tr>
<tr><td colspan="2">具体变更内容说明</td><td colspan="4"></td></tr>
</table>

序号	申请生产品种	申请年生产能力	原批准生产品种(首次申请不填)	原批准年生产能力(首次申请不填)	安全生产许可能力(首次申请不填)	生产地址
1						
2						
3						
4						

续表

生产作业场所所在地(含首次申请、变更、延续)省级民爆行业主管部门意见	年　月　日(盖章)
企业注册地省级民爆行业主管部门意见	年　月　日(盖章)
工业和信息化部审批意见	年　月　日(盖章)

备注:

1. 另附所需申请材料(复印件)并应加盖公章。

2. 专业技术人员:具有矿山工程、火工、土木建筑、电子信息工程、机械、化工、安全工程、计量、标准化和质量、计算机、环境保护等与民爆行业相关的初级及以上专业技术职称或相关专业大专及以上学历。

3. 生产作业场所所在地(含首次申请、变更、延续)省级民爆行业主管部门与企业注册地一致的,不填企业注册地省级民爆行业主管部门意见。

附件 2

民用爆炸物品生产许可项目申请报告示范文本

民用爆炸物品生产许可

项

目

申

请

报

告

申请单位：______________________（盖章）

编制单位：______________________（盖章）

申请日期：______年____月____日

工业和信息化部制

1. 申请单位及项目概况

1.1 申请单位概况

1.2 项目概况（含项目名称、项目依据和建设目标）

1.3 项目建设背景、必要性及可行性（含符合民爆行业发展规划和产品、技术政策的说明）

1.4 项目建设内容及规模

2. 项目建设方案

2.1 工艺技术方案（含采用的技术成果、设备选型、主要工艺设备表、工序和工房定员定量等）

2.2 总图规划方案（含建设地点、自然条件、内外部距离等）

2.3 土建工程及配套设施等

3. 竞争力分析

3.1 产品创新性分析

3.2 市场竞争格局

3.3 市场需求及容量分析

4. 安全管理分析

4.1 安全管理机构及人员配置

4.2 主要负责人培训及考核情况

4.3 安全生产管理制度及实施情况

5. 项目环境保护、职业安全卫生和节能措施

6. 组织机构与人力资源配置

6.1 项目组织机构

6.2 劳动定员

6.3 人员培训计划

6.4 人员情况（含不得聘请“无民事行为能力人、限制民事行为能力人或者曾因犯罪受过刑事处罚的人”的情况说明或承诺）

7. 项目实施进度安排

7.1 项目实施的各阶段

7.2 项目实施进度表

8. 投资估算及资金来源

9. 主要结论及需说明的问题

含项目符合安全要求的声明。

注：申请到期延续民用爆炸物品生产许可的，项目申请报告只需主要包括：申请单位概况、采用的工艺技术成果、安全管理分析（安全生产许可情况）、

环境保护、职业安全卫生和节能措施、近三年来生产、销售和财务概况等内容。申请变更生产地址的,还需提供选址意见书。

附随材料:1. 法定代表人身份证复印件

2. 项目备案、立项请示

3. 项目区域位置图

4. 项目总平面布置图

5. 生产工艺流程图　生产工房工艺平面布置图

6. 技术来源证书扫描文件

7. 其他材料

附件 3

民用爆炸物品生产许可证年度报告表示范文本

民用爆炸物品生产许可证

年

度

报

告

表

填报单位：______________________（盖章）

联 系 人：______________________

联系电话：______________________

填报日期：______年____月____日

工业和信息化部制

一、企业基本情况			
企业名称		法定代表人	
企业登记类型		企业注册地址	
统一社会信用代码		注册资金	万元
邮政编码		联系电话	
电子邮箱		传真	
上年度企业在岗职工总数		现企业在岗职工总数	
上年度企业专业技术人员数		现企业专业技术人员数	
民爆物品年生产总值	万元	民爆物品年销售额	万元
主营业务收入	万元	民爆主营业务收入 （生产、仓储、运输、爆破作业……）	万元
年利润	万元	民爆物品年利润	万元
年缴税金额	万元	民爆物品年缴税金额	万元
企业主要负责人培训及考核合格情况			

续表

二、企业安全生产基本情况														
1	a1 许可证编号	a2 许可证有效期(年月日)	a3 品种(与许可证一致)	a4 生产能力	a5 单位	a6 安全生产许可能力	a7 生产线所在省份	a8 生产地址	a9 安全生产许可有效期	a10 现场混装车台数	a11 工业雷管装填线数量	a12 备注事项	a13 生产线验收日期	a14 设计单位
	a15 安评报告类型	a16 安评公司	a17 安评报告编号	a18安评报告有效期	a19 工艺技术来源	a20 工艺技术名称	a21 技术来源证书编号	a22 技术来源证书日期	a23 技术来源证书扫描件	a24 技术简介	a25 上一年度生产量	a26 上一年度销售量	a27 上一年度销售平均价格	
2	本企业提交材料真实有效,谨对此真实性承担责任。法定代表人签字: 年 月 日(盖章)													

备注:1. 年度报告表示范文本的内容和格式将根据民爆行业当年实际情况进行调整。

2. 每一条生产线填写 a1 到 a27,共计 27 项内容,不得合并单元格。

3. 所有日期均以年月日,四位年两位月两位日填写。

4. a10、a11 项没有的不填写,a15 填写现状或验收。

5. a21 填写科技成果鉴定证书等。

交通运输部　商务部关于废止《外商投资道路运输业管理规定》的决定

（2018年11月10日交通运输部、商务部令2018年第28号公布　自公布之日起施行　国司备字[2018001493]）

交通运输部、商务部决定废止《外商投资道路运输业管理规定》（交通部、对外贸易经济合作部令2001年第9号，交通运输部、商务部令2014年第4号修正）。

本决定自公布之日施行。

交通运输部　商务部关于修改《外商独资船务公司审批管理办法》的决定

（2018年11月14日交通运输部、商务部令2018年第29号公布　自2019年1月1日起施行　国司备字[2018001492]）

交通运输部、商务部决定对《外商独资船务公司审批管理办法》（交通运输部、商务部令2015年第16号）作如下修改：

一、将规章名称修改为"《外商独资船务公司设立管理办法》"。

二、将第三条修改为"商务部和交通运输部负责外国航商在华独资船务公司的设立管理"。

三、将第七条修改为"申请设立独资船务公司，按以下程序办理：（一）申请者依据《中华人民共和国外资企业法》等法律、行政法规和规章的规定在具有相应管理职权的商务主管部门办理相关手续；（二）申请者应当依照公司登记的有关规定，向工商行政管理部门办理企业设立登记，领取营业执照，并在具有相应管理职权的交通运输主管部门办理《外商独资船务公司经营许可证》后，方可从事经营性业务。"

四、删除第十条。

条文序号作相应调整。

本决定自2019年1月1日起施行。

《外商独资船务公司审批管理办法》根据本决定作相应修正，重新发布。

外商独资船务公司设立管理办法

（2000 年 1 月 28 日交通部、对外贸易经济合作部 2000 年第 1 号公布　根据 2015 年 7 月 5 日交通运输部、商务部《关于修改〈外商独资船务公司审批管理暂行办法〉的决定》第一次修订　根据 2018 年 11 月 14 日交通运输部、商务部《关于修改〈外商独资船务公司审批管理办法〉的决定》第二次修订）

第一条　为了规范对外国航运公司在中华人民共和国的投资经营行为，保护投资者合法权益，根据中华人民共和国外商投资企业法和有关航运法规的规定，制定本办法。

第二条　外国航运公司在华设立独资公司，适用本办法。

前款所称外国航运公司，是指依照外国法律，在外国设立的航运企业（以下简称为外国航商）。

第三条　商务部和交通运输部负责外国航商在华独资船务公司的设立管理。

第四条　外国航商在华设立独资船务公司，必须依据我国政府同外国航商所在国政府签定的海运协定及相关法律文件进行审批。

第五条　设立独资船务公司，申请者须具备下列条件：

（一）具有 15 年以上从事航运的资历；

（二）其在拟设独资船务公司的中国对外开放口岸城市具有稳定的货源或者客源；

（三）在中国的经营活动连续 2 年没有违反中国法律和行政法规、规章规定的行为。

第六条　申请设立独资船务公司，申请者应当提交下列文件：

（一）申请书；

（二）可行性研究报告；

（三）公司章程；

（四）申请者的法律证明文件和资信证明文件；

（五）独资船务公司法人代表的委任书和董事会成员的名单及简历；

（六）申请者的提单、客票样本；

（七）商务部和交通运输部要求的其它文件。

第七条　申请设立独资船务公司，按以下程序办理：

（一）申请者依据《中华人民共和国外资企业法》等法律、行政法规和规章的规定在具有相应管理职权的商务主管部门办理相关手续；

（二）申请者应当依照公司登记的有关规定，向工商行政管理部门办理企业设立登记，领取营业执照，并在具有相应管理职权的交通运输主管部门办理《外商独资船务公司经营许可证》后，方可从事经营性业务。

第八条 经批准的独资船务公司或其分公司可为其母公司拥有或者经营的船舶从事下列全部或者部分业务：揽货、揽客、代签提单、代出客票、代结运费和代签服务合同。

第九条 独资船务公司根据业务需要，可申请在其它港口城市设立分公司。独资船务公司设立分公司需满足以下条件：

（一）独资船务公司开业满1年；

（二）独资船务公司的母公司在拟设分公司所在对外口岸开放城市具有稳定的货源或者客源；

（三）独资船务公司及其母公司在中国的经营活动连续1年没有违反中国法律和行政法规、规章规定的行为。

独资船务公司设立分公司的申请程序按照本办法第七条的规定办理。

第十条 独资船务公司应当于每年四月底前向商务部和交通运输部报告上年度经营情况。经营情况报告应当包括以下内容：

（一）挂靠中国港口的航线；

（二）从业人员总数，中国雇员数；

（三）承运进出中国港口货运量（万吨）、客运量（人次）、集装箱量（TEU）以及运费收入；

（四）当年的总营业额、利润总额和纳税额。

第十一条 中国香港特别行政区、澳门特别行政区和台湾地区的航运企业在中国其他省、自治区、直辖市设立独资船务公司，比照本办法办理。

第十二条 本办法自发布之日起施行。

交通运输部关于修改《民用机场运行安全管理规定》的决定

（2018 年 11 月 16 日交通运输部令 2018 年第 33 号公布　自 2019 年 1 月 1 日起施行　国司备字[2018001625]）

交通运输部决定对《民用机场运行安全管理规定》(民航总局令第 191 号)作如下修改:

一、将规章名称修改为“运输机场运行安全管理规定”。

二、将第一条中的“民用机场”修改为“运输机场”。

三、将第二条修改为:“本规定适用于运输机场(包括军民合用运输机场民用部分,以下简称机场)的运行安全管理。运输机场航空安全保卫管理的要求按照其他有关法律法规和涉及民航管理的规章的规定执行。”

四、将第三章中所有“民用机场使用手册”统一改为“机场使用手册”,但第二十七条除外。

五、将第二十五条中的“附录三”修改为“附件 3”。

六、将第二十八条中的“批准”修改为“审查”。

七、将第二十九条、第三十二条中的“批准”修改为“生效”。

八、将第二百九十八条、第三百零三条中的“民用机场使用手册”修改为“手册”。

九、将条文中所有“中国民用航空总局”统一改为“中国民用航空局”;所有“民航总局”统一改为“民航局”,但第三百一十七条除外;所有“民航规章”统一改为“涉及民航管理的规章”;所有“《民用机场使用许可规定》”统一改为“《运输机场使用许可规定》”。

本决定自 2019 年 1 月 1 日起施行。

《民用机场运行安全管理规定》根据本决定作相应修改,重新公布。

运输机场运行安全管理规定

（2007年12月17日中国民用航空总局发布　根据2018年11月16日交通运输部《关于修改〈民用机场运行安全管理规定〉的决定》修订）

第一章　总　　则

第一条　为了保障运输机场安全、正常运行，依据《中华人民共和国民用航空法》及其他有关法律法规，制定本规定。

第二条　本规定适用于运输机场（包括军民合用运输机场民用部分，以下简称机场）的运行安全管理。运输机场航空安全保卫管理的要求按照其他有关法律法规和涉及民航管理的规章的规定执行。

第三条　中国民用航空局（以下简称民航局）对全国机场的运行安全实施统一的监督管理。

中国民用航空地区管理局（以下简称民航地区管理局）对辖区内机场的运行安全实施监督管理。

机场管理机构对机场的运行安全实施统一管理，负责机场安全、正常运行的组织和协调，并承担相应的责任。

航空运输企业及其他驻场单位按照各自的职责，共同维护机场的运行安全，并承担相应的责任。

第四条　机场管理机构与航空运输企业及其他驻场单位应当签订有关机场运行安全的协议，明确各自的权利、责任、义务。

第五条　机场管理机构、航空运输企业及其他驻场单位应当依据国家有关法律法规、涉及民航管理的规章和标准的要求，对各自的有关机场运行安全的设施设备及时进行维护，保持设施设备的持续适用。

第六条　在机场范围内的任何单位和个人，应当遵守有关机场管理的各项法律法规、涉及民航管理的规章以及机场管理机构为保障飞行安全和机场正常运行所制定的并经民用航空主管部门批准的各项管理规定。

第七条　机场管理机构应当组织成立机场安全管理委员会。机场安全管理委员会由机场管理机构、航空运输企业或其代理人及其他驻场单位负责安全工作的领导组成，负责人由机场管理机构负责安全工作的领导担任。机场安全管理委员会主要职责是：

（一）依据国家法律法规、涉及民航管理的规章，对机场运行安全工作进行指导；

（二）研究分析机场运行安全形势，评估机场运行安全状况；

（三）协调解决机场运行中的安全问题；

（四）对机场运行安全隐患和问题，提出整改措施，并督促有关单位落实。

机场安全管理委员会应当定期召开会议。

机场管理机构、航空运输企业或其代理人及其他驻场单位应当落实机场安全管理委员会提出的有关安全的整改意见和建议。

第八条 机场管理机构不得滥用本规定赋予的管理权限损害航空运输企业或其代理人及其他驻场单位的合法权益。

第二章 机场安全管理

第一节 机场安全管理体系

第九条 机场管理机构应当建立机场安全管理体系。

机场安全管理体系主要包括机场安全管理的政策、目标、组织机构及职责、安全教育与培训、文件管理、安全信息管理、风险管理、不安全事件调查、应急响应、机场安全监督与审核等。

第十条 机场安全管理体系应当包含在机场使用手册中。

机场管理机构应当根据机场运行的实际情况，适时组织评估机场安全管理体系的符合性和有效性，适时调整完善。

第二节 机场安全管理制度

第十一条 机场管理机构应当至少每月召开一次安全生产例会，分析、研究安全生产中的问题，部署安全生产工作；每季度、每半年、每年要分别召开安全生产分析会，对前一阶段的工作进行总结，对以后的工作进行部署；机场运行中出现不利于安全运行的因素或者已经出现安全生产事故时，应当及时召开安全生产会议，制定切实可行的安全措施。

第十二条 机场管理机构应当每年对机场的运行安全状况组织一次评估，内容包括机场管理机构和驻场运行保障单位履行职责情况以及机场设施设备的状况。对评估中发现的安全隐患，薄弱环节，相关单位应当制定整改计划，明确整改的部门和人员，机场管理机构负责跟踪督促落实整改计划。

机场管理机构可以组织具有机场运行管理经验的人员进行评估，也可以委托专业机构进行评估。承担评估工作的人员应当熟知相关规章标准,并具有机场运行管理的经验。

评估后由评估人员编写评估报告,评估人员应当在报告上签字。评估报告内容应当向驻场单位反馈,并及时报机场所在地民航地区管理局备案。该报告应当至少保存五年。

第十三条 机场管理机构应当严格按照民航局或民航地区管理局批准的机场开放使用范围为航空器提供安全保障。

国家已明令禁止使用的设备及未经民航局审定合格的民用机场专用设备,不得在机场中使用。

第十四条 机场管理机构应当建立并及时更新和补充机场资料库,供员工查阅和使用。资料库应当包括国家有关法律法规、涉及民航管理的规章、标准及其他规范性文件;国际民用航空公约及相关附件、手册;机场建设和改(扩)建的设计图纸和文件资料;与机场运行安全相关的所有规定、标准、手册等文件;机场设施设备的技术资料以及运行和维护记录等。

第十五条 机场管理机构应当制定各项工作的记录,详细记录各项检查和维护情况。记录应当包括电子文件和纸质文件。纸质记录需保存两年以上,电子记录应当保存十年。

第十六条 机场管理机构应当依据《运输机场使用许可规定》的有关要求,就机场、跑道、滑行道、机坪关闭或临时关闭部分跑道、滑行道、机坪(以下简称机场关闭)制定具体管理规定,管理规定应当明确可能导致机场关闭的各种因素、导致机场关闭的因素的现场确认程序及人员、有权决定机场关闭的人员、与空中交通管理部门沟通协调及航行资料的发布程序等内容。临时关闭机场、跑道(或临时关闭部分跑道、滑行道、机坪),应当尽可能减少对航空器正常运行的影响,并应当立即采取积极措施消除相应因素,在最短时间内恢复相应设施的运行。

关闭的跑道、滑行道、机坪或其一部分应当按照《民用机场飞行区技术标准》设置相应的标志标识。

第十七条 新建或扩建的跑道、平行滑行道完工或部分完工但未投入使用前应当及时设置关闭标志、不适用地区标志物和不适用地区灯光标志,并发布航行通告。

第三节 人员资质及培训

第十八条 机场管理机构应当配备足够数量的合格人员从事机场运行保障的所有岗位。

第十九条 机场内所有与运行安全有关岗位的员工均应当持证上岗。与运行安全有关的岗位主要包括:场务维护工、场务机具维修工、运行指挥员、助航灯光电工、航站楼设备电工、航站楼设备机修工、特种车辆操作工、特种车辆维修工、特种车辆电气维修工等。

国家、民航局要求持有从业资格的岗位,该岗位人员应当持有相应的资格证书。

第二十条 机场管理机构应当建立员工培训和考核制度。

培训和考核制度应当包括方针和目标、组织机构、经费安排、方式和程序、内容及学时、上岗转岗在岗的培训要求、学历教育、考核办法以及奖励与处罚等。

培训和考核的内容应当与其岗位相适应,包括必备的安全知识、技术标准,机场运行安全的规章制度、岗位的操作规程和实际操作技能等。

机场管理机构应当建立员工培训和考核记录,并长期保存。

第二十一条 航空运输企业、其他运行保障单位应当对员工进行机场运行安全培训,保证员工具备必要的机场运行安全知识,熟悉机场运行安全相关的规章制度和操作规程,掌握本岗位的操作技能。

第二十二条 机场管理机构、航空运输企业及其他运行保障单位应当每年至少对其在机场控制区工作的员工进行一次复训和考核,复训时间不少于24 学时。

第二十三条 在机场控制区工作的员工,一年内违章三次(含)的,应当重新进行培训和考核,培训时间不少于40 学时;一年内违章五次(含)或者连续两年每年违章三次(含)的,机场管理机构应当收回违章人员的控制区证件。机场管理机构半年内不得受理该违章人员提出的控制区证件申请。半年后再次申请时,应当按照初始上岗员工的要求进行培训。

第三章 机场使用手册

第一节 机场使用手册的编制、批准

第二十四条 机场管理机构应当依据法律法规、涉及民航管理的规章和标准编制机场使用手册(以下简称“手册”)。手册应当满足机场运行安全管理工作需要,有利于不断提高机场的安全保障能力和运行效率。

编制手册应当广泛征求使用者的意见。

第二十五条 手册应当包括《运输机场使用许可规定》附件3 所规定的内

容。手册应当具有可操作性、实用性,并能保证机场的运行安全。

第二十六条 手册的语言文字应当符合下列要求:

(一)清晰、明确,不产生歧义;

(二)统一、简洁、严谨、规范。

第二十七条 手册的格式应当符合下列要求:

(一)采用便于修改的活页格式;

(二)预留修改记录空白页,应当至少包括修订章节编号、页码范围、生效日期、监察员签字、换页人签字、备注等栏目;

(三)预留机场使用许可证换证记录页,内容至少包括换证日期、许可证编号、有效期、批准文件号、换证原因、备注等栏目;

(四)编排形式便于编写、审查。

手册的具体格式要求见《〈民用机场使用手册〉编制与管理基本要求》。

第二十八条 手册的审查和生效程序按照《运输机场使用许可规定》的规定执行。

第二节 机场使用手册的发放和使用管理

第二十九条 手册是随同机场使用许可证一并生效的机场运行的基本依据。机场管理机构应当严格按照生效的手册运行和管理机场。

第三十条 机场管理机构应当建立手册的动态管理制度,对手册的编制、发布实施、发放范围、发放程序、修改程序、使用保管等做出规定,并指定部门和人员负责手册的动态管理工作,确保手册的有效性和完整性。

第三十一条 机场管理机构应当至少保存一本现行完整的手册,供局方检查。

第三十二条 机场管理机构应当将生效的手册的完整版本(包括电子版本)发放给驻场的航空运输企业或其代理人及其他运行保障单位,发放手册应当做记录。机场使用手册分发单位列表应当至少包括分发单位(部门)、联系人、联系电话等栏目。

第三十三条 机场管理机构、驻场的航空运输企业或其代理人及其他运行保障单位应当根据本单位各部门的工作职责,将手册的相关章节印发给各部门及相关岗位人员。

第三十四条 机场管理机构应当结合机场各部门、岗位的实际分工制定相应部门、岗位的手册实施细则。手册实施细则应当涵盖手册中与该部门、岗位职责相关的内容,并不得与手册相冲突。

驻场的航空运输企业或其代理人及其他运行保障单位应当将机场使用手

册的相关部分纳入本单位的运行管理中。

第三十五条 机场管理机构、航空运输企业及其他运行保障单位的人员，应当熟知手册的相关内容，并严格遵守和执行手册的规定。

机场管理机构、航空运输企业及其他运行保障单位应当定期就手册组织对员工的培训和考核。考核不合格的人员，不得从事相应的工作。

第三节 机场使用手册的修改

第三十六条 机场管理机构应当确保手册与机场实际运行情况相符，并符合有关法律法规、涉及民航管理的规章和标准的要求。

手册修改后，机场管理机构应当在其生效前印发至使用手册的相关单位并撤换已失效的部分。

第三十七条 有下列情况之一的，机场管理机构应当修改手册：

（一）民航局、民航地区管理局要求修改的；

（二）机场基础设施等发生变化，与手册内容不相符的；

（三）执行过程中，手册对同一事项的表述容易产生歧义的；

（四）手册规定的内容不能保证机场的设施设备得到有效维护的；

（五）手册规定的内容不能全面反映运行安全管理要求的；

（六）手册不符合有关法律法规、涉及民航管理的规章以及标准等最新规定的。

机场基础设施等发生变化的，应当在机场设施、运行状况变化前完成手册修改并生效；民航局、民航地区管理局要求修改手册的，应当在限定的时间内完成手册的修改；其他原因需要修改手册的，一般应当在14日内完成修改并生效。

第三十八条 使用手册的人员发现手册存在第三十七条第一款第（二）项至第（六）项情况时，应当及时按程序告知机场管理机构。机场管理机构组织论证后，确有问题的，应当及时修改手册。

机场管理机构应当至少每年组织相关驻场单位对手册的完整性、适用性、有效性等进行一次评估。发现手册存在问题时，应当及时予以修改。

第四章 飞行区管理

第一节 飞行区设施设备维护要求

第三十九条 机场跑道、滑行道、机坪的几何构型以及平面尺寸应当符合

《民用机场飞行区技术标准》的要求。

超载使用跑道、滑行道和机坪的，机场管理机构应当报民航地区管理局批准。

第四十条 机场管理机构应当确保跑道、滑行道和机坪的道面（含道肩，下同）、升降带及跑道端安全地区、围界、巡场路和排水设施等始终处于适用状态。

第四十一条 机场管理机构应当根据跑道、滑行道和机坪道面的破损类型、部位等情况制定道面紧急抢修预案。道面出现破损时，应当及时按照抢修预案进行修补，尽量减少道面破损和修补对机场运行的影响。

道面破损的修补应当符合标准要求。

第四十二条 水泥混凝土道面必须完整、平坦，3 米范围内的高差不得大于 10 毫米；板块接缝错台不得大于 5 毫米；道面接缝封灌完好。沥青混凝土道面必须完整、平坦，3 米范围内的高差不得大于 15 毫米。

水泥混凝土道面出现松散、剥落、断裂、破损等现象，或者沥青混凝土道面出现轮辙、裂缝、坑洞、鼓包、泛油等破损现象时，应当在发现后 24 小时内予以修补或者处理。

跑道、快速出口滑行道表面在雨后不应有积水。

第四十三条 跑道表面摩擦系数低于规定的维护规划值时，应当及时清除道面的橡胶，或采取其他改善措施。

第四十四条 机场管理机构应当每年至少进行一次对飞行区状况的分析研究，总结维护经验和不足，掌握飞行区潜在的缺陷或隐患，并据此制定维护工作计划和修改相关的管理规定。

机场管理机构应当至少每五年对跑道、滑行道和机坪道面状况进行一次综合评价。当发现跑道、滑行道和机坪道面破损加剧时，应当及时对道面进行综合评价。机场管理机构应当按照评价报告的建议，及时采取防范措施。

第四十五条 道面的嵌缝料应当与道面粘结牢固，保持弹性，能防止雨水渗入。不能满足性能要求时，应当及时修补或者更换。

第四十六条 跑道、滑行道和机坪道面应当进行编号，并在道面一侧设置标记，便于检查记录位置。

第四十七条 与道面边缘相接的土面，不得高于道面边缘，并且不得低于道面边缘 3 厘米。

第四十八条 道面应当保持清洁。道面上有泥浆、污物、砂子、松散颗粒、垃圾、燃油、润滑油及其他污物时，应当立即清除。用化学物清洁道面时，应当符合国家环境保护的有关规定，并不得对道面造成损害。

第四十九条　航空器被道面异物损伤后，航空器营运人应当及时向机场管理机构通报情况。

第五十条　飞行区土面区尽可能植草，固定土面。

飞行区内草高一般不应超过30厘米，并且不得遮挡助航灯光和标记牌。植草应当选择不易吸引鸟类和其他野生动物的种类。

割下的草应当尽快清除出飞行区，临时存放在飞行区的草，不得存放在跑道、滑行道的道肩外15米范围内。

第五十一条　在升降带平整区内，用三米直尺测量，高差不得大于5厘米，并不应有积水和反坡。

在升降带平整区和跑道端安全地区内，除航行所需的助航设备或装置外，不得有突出于土面、对偏出跑道的航空器造成损害的物体和障碍物。

航行所需的助航设备或装置应当为易折件，并满足易折性的有关要求。

升降带平整区和跑道端安全地区内的混凝土、石砌及金属基座、各类井体及井盖等，除非功能需要，应当埋到土面以下30厘米深。

第五十二条　升降带平整区和跑道端安全地区的土质密实度不得低于87%（重型击实法）。对升降带平整区和跑道端安全地区的碾压和密实度测试，每年不得少于两次。

第五十三条　除非经空中交通管理部门特别许可，跑道开放使用期间，跑道中心线两侧75米、导航设备的敏感区和临界区以及跑道端安全地区范围内，严禁从事飞行区割草、碾压等维护工作。

第五十四条　飞行区围界应当完好，具备防钻防攀爬功能，能有效防止动物和人员进入飞行区。

飞行区围界破损后应当及时修复。破损部位修复前应当采取有效的安全措施。

第五十五条　巡场路路面应当完整、平坦、通畅、无积水。破损时，应当及时修补。

第五十六条　飞行区内排水系统应当保持完好、畅通。积水、淤塞、漏水、破损时，应当及时疏通和修缮。

强制式排水设施应当保持适用状态；渗水系统应当保持完好、通畅；位于冰冻地区的机场，冰冻期的排水沟内不得有大量积水。

第二节　巡视检查

第五十七条　机场管理机构应当商空中交通管理部门（塔台）依据有关规定，建立跑道、滑行道巡视检查工作制度和协调机制。该制度至少应当包括：

（一）每日巡视检查的次数和时间；

（二）跑道、滑行道巡视检查的通报程序；

（三）巡视检查人员与塔台管制员联系的标准用语；

（四）巡视检查跑道过程中发生紧急情况的处置程序等。

第五十八条 当跑道、滑行道、机坪上有外来物或者其他异常情况时，机场管理机构应当立即对上述区域进行检查。

第五十九条 每日跑道开放使用前，机场管理机构应当对跑道进行一次全面检查。当每条跑道日着陆大于15架次时，还应当进行中间检查，并不应少于3次。全面检查时，必须对跑道全宽度表面状况进行详细检查。

中间检查时间根据航空器起降时段、频度等情况确定。在航空器起降集中的时段前，应当安排一次中间检查。中间检查的区域应当至少包括跑道边灯以内的区域。

对跑道实施检查时，检查方向应当与航空器起飞或着陆的方向相反。采用驾车方式检查时，除驾驶员外车辆上应当至少有一名专业检查人员，并且车速不得大于45公里/小时。

设有能对跑道道面状况进行监控、及时发现跑道上的外来物和道面损坏的监控设施的，中间检查的次数可适当减少。

当跑道道面损坏加剧或者雨后遇连续高温天气时，应当适当增加中间检查的次数。

第六十条 对跑道、滑行道、机坪应当定期清扫。对跑道、滑行道的清扫每月不应少于一次。应当建立机坪每日动态巡查制度，及时清除外来物，对机坪每周至少全面清扫一次。

第六十一条 在跑道、滑行道或其附近区域进行不停航施工，施工车辆、人员需要通过正在对航空器开放使用的道面时，应当增加道面检查次数，确保不因外来物影响飞行安全，并应当制定具体措施，确保施工车辆、人员不影响航空器的正常运行。

第六十二条 每日应当至少对滑行道、机坪、升降带、跑道端安全地区、飞行区围界、巡场路巡视检查一次。

第六十三条 每季度应当对跑道、滑行道和机坪的铺筑面进行一次全面的步行检查。当道面破损处较多或者破损加剧时，应当适当增加步行检查的次数。

第六十四条 雨季来临前，应当对排水系统进行全面检查。暴雨期间，应当随时巡查排水系统。

雨后应当对升降带和跑道端安全地区进行检查，对积水、冲沟应当予以标记，并及时处理。

第六十五条 对铺筑面的每日检查应当至少包括：

（一）道面清洁情况。重点检查可能被航空器发动机吸入的物体，如损坏道面的碎片、嵌缝料老化碎片、石子、金属或塑料物体、鸟类或其他动物尸体、其他外来物等；

（二）道面损坏情况。包括破损的板块、掉边、掉角、拱起、错台等；

（三）雨后道面与相邻土面区的高差；

（四）灯具的损坏情况；

（五）道面标志的清晰程度；

（六）井盖完好情况和密合程度等。

第六十六条 对铺筑面的每季度检查应当至少包括：

（一）嵌缝料的失效情况；

（二）道面损坏位置、数量、类型的调查统计（含潜在的疲劳损坏裂缝、龟裂、细微的裂缝或断裂，并最好在雨后检查）；

（三）道面与相邻土面区的高差；

（四）道面标志的清晰程度；

（五）跑道接地带橡胶沉积情况。

第六十七条 土面区的每日检查应当包括：

（一）草高情况；

（二）标记牌和标志物的完好情况；

（三）是否有危及飞行安全的物体、杂物、障碍物等；

（四）土面区内各种灯、井基座与土面区的高差，土面区沉陷、冲沟、积水等情况；

（五）航空器气流侵蚀情况；

（六）允许存在的障碍物的障碍灯和标志是否有效。

第六十八条 当出现大风及其他不利气候条件时，应当增加对飞行区的巡视检查次数，发现问题应当及时处理。影响运行安全时，应当及时报告空中交通管理部门和其他相关部门，并发布航行通告。

第三节 检查程序及规则

第六十九条 从事飞行区维护、巡视检查的人员，应当熟知维护、巡视检查的程序和规则，并严格执行。

第七十条 检查人员在进入跑道、滑行道之前，应当得到塔台管制员的许可。进入该区域时，应当直接报告塔台管制员。检查人员及车辆应当在塔台管制员限定的时间内退出跑道。退出后,应当直接报告塔台管制员。

巡视检查的车辆应当安装黄色旋转灯标,并在检查期间始终开启。检查人员应当穿反光背心或外套。

未经塔台管制员许可,任何人员、车辆不得进入运行中的跑道、滑行道。

第七十一条 在实施机场低能见度程序运行时,不得对跑道、滑行道进行常规巡视检查。

第七十二条 巡视检查期间,检查人员应当配备有效的无线电对讲机,并在相应的无线电波道上时刻保持守听。下车检查时,检查人员离开车辆的距离不得超过100米(随身携带对讲机),检查车辆应当处于运行状态。当塔台管制员要求检查人员撤离时,检查人员及车辆应当立即撤离至管制员指定的位置,并不得进入升降带平整区、跑道端安全地区、导航设备的敏感区和临界区。撤离后,要及时通知塔台。

再次进入跑道之前应当再次申请并获得塔台管制员的许可。

第七十三条 当塔台管制员发现通信联系中断时,应当立即按照紧急情况的处置程序执行。当检查人员发现通信联系中断时,应当立即撤离跑道。

第七十四条 在巡视检查中,发现航空器零件、轮胎碎片、灯具碎片和动物尸体等时,检查人员应当立即通知塔台管制员和机场运行管理部门,做好记录,并将该物体交有关部门。

第七十五条 在巡视检查过程中发现下列情况时,检查人员应当立即通知塔台管制员停止该跑道的使用,并立即报告机场值班领导或相关部门,由相关人员按程序关闭跑道(或部分关闭跑道)和发布航行通告:

(一)跑道道面断裂,包括整块板或局部,并出现错台或局部松动的;

(二)跑道出现直径(长边)大于12厘米的掉块的;

(三)跑道出现直径(长边)小于12厘米的掉块,但深度大于7厘米,或坡度大于45度角的破损的。

第七十六条 在巡视检查过程中发现下列需要处理但暂时不影响航空器运行安全的情况时,检查人员应当报塔台管制员、机场值班领导或者相关部门,并适当增加该区域的检查频次,视情及时修补:

(一)跑道道面断裂,包括整块板及局部,但不出现错台,板块不松动的;

(二)跑道出现直径(长边)小于12厘米的掉块,但深度小于7厘米且坡度不大于45度角的破损的。

第七十七条 巡视检查完成后,检查人员应当向塔台管制员报告飞行区场地情况,并将检查开始时间、结束时间、检查人员姓名、飞行区场地情况记录在检查日志中。

第四节　跑道摩擦系数测试及维护

第七十八条　机场管理机构应当定期测试跑道摩擦系数。

第七十九条　跑道日航空器着陆架次大于210架次的,测试跑道摩擦系数的频率应当不少于每周一次;跑道日航空器着陆架次为151至210架次的,测试跑道摩擦系数的频率应当不少于每两周一次;跑道日航空器着陆架次为91至150架次的,测试跑道摩擦系数的频率应当不少于每月一次;跑道日航空器着陆架次为31至90架次的,测试跑道摩擦系数的频率应当不少于每三个月一次;跑道日航空器着陆架次为16至30架次的,测试跑道摩擦系数的频率应当不少于每半年一次;跑道日航空器着陆架次为15次以下的,测试跑道摩擦系数的频率应当不少于每年一次。

第八十条　跑道表面摩擦系数不得低于《民用机场飞行区技术标准》中规定的维护规划值。以连续100米长道面的摩擦系数为评价指标,在表面摩擦系数低于维护规划值或者测试曲线显示跑道多处存在表面摩擦系数(累计长度大于100米)低于最小的摩阻值时,机场管理机构应当立即采取措施改善道面摩阻特性。

第八十一条　出现下列情况后,机场管理机构应当立即测试跑道摩擦系数:

(一)遇大雨或者跑道结冰、积雪;

(二)在跑道上施洒除冰液或颗粒;

(三)航空器偏出、冲出跑道。

第八十二条　跑道日航空器着陆15架次以上的机场,应当配备跑道摩擦系数测试设备。

第八十三条　没有配备跑道摩擦系数测试设备的机场,应当依据第七十九条规定的频率检查跑道接地带橡胶沉积情况。当接地带跑道中线两侧被橡胶覆盖80%左右,并且橡胶呈现光泽时,应当及时除胶。在雨天应当进行道面表面径流深度的检查,并作口头评价。检查结束后,将结果报告空中交通管理部门,并记录备查。

第八十四条　当跑道上有积雪或者局部结冰时,如跑道摩擦系数低于0.30,应当关闭跑道。

跑道开放运行期间下雪时,应当根据雪情确定测试跑道摩擦系数的时间间隔,并及时对跑道进行除冰雪作业,保证跑道摩擦系数不低于0.30。

第八十五条　跑道摩擦系数测试应当在跑道中心线两侧3至5米范围内进行。跑道表面摩擦系数应当包括跑道每三分之一段的数值及跑道全长的平均值,并依航空器进近方向依次公布。

测试结果应当及时报告空中交通管理部门。测试原始记录凭证应当予以保存。

第八十六条 没有配备跑道摩擦系数测试设备的机场,当跑道上有积雪时,应当向塔台管制员通报积雪的种类(干雪、湿雪、雪浆和压实的雪)和厚度。航空器能否起降由飞行机组决定。

第五章 目视助航设施管理

第一节 目视助航设施的运行要求

第八十七条 目视助航设施包括风向标、各类道面(含机坪)标志、引导标记牌、助航灯光系统(含机坪照明)。

第八十八条 机场管理机构应当明确目视助航设施的运行维护单位,并确保目视助航设施始终处于适用状态。

第八十九条 机场管理机构应当提供符合在航行资料中公布的并与实际天气情况相适应的目视助航设施服务。

第九十条 各类标志物、标志线应当清晰有效,颜色正确;助航灯光系统和可供夜间使用的引导标记牌的光强、颜色、有效完好率、允许的失效时间,应当符合《民用机场飞行区技术标准》的要求。

第九十一条 机场管理机构应当按照以下频次或情况对机场目视助航设施进行评估,以避免因滑行引导灯光、标志物、标志线、标记牌等指示不清、设置位置不当产生混淆或错误指引,造成航空器误滑或者人员、车辆误入跑道、滑行道的事件:

(一)每三年;

(二)新开航机场或机场启用新跑道、滑行道、机坪、机位前以及运行三个月内;

(三)机场发生航空器误滑、人员、车辆误入跑道、滑行道等事件时;

(四)机场管理机构接到飞行员、管制员、勤务保障作业人员反映滑行引导灯光、标志物、标志线、标记牌等指示不清,容易产生混淆或者影响运行效率时。

评估人员由飞行员、管制员、勤务保障作业人员、机场管理机构人员组成。

对于评估发现的问题,机场管理机构应当及时采取整改措施。

第九十二条 在机场开放运行期间,目视助航设施因故不能满足本规定

第八十九条、第九十条的要求时,机场管理机构应当及时向空中交通管理部门说明情况,并在出现问题的当日内采取有效措施,使目视助航设施恢复正常。在恢复正常前,至少应当保持下列设施设备的完好、适用:

(一)引导标志、标记牌

1. 跑道标志(应当符合航空器在本机场进近时的最低天气标准要求);

2. 滑行道中线和边线标志;

3. 滑行引导标记牌;

4. 跑道等待位置标志和标记牌。

(二)助航灯光

1. 跑道灯光(应当符合航空器在本机场进近时的最低天气标准要求);

2. 滑行道中线灯(或中线反光标志物)、滑行道边线灯(或边线反光标志物)。

第九十三条 在低能见度运行条件下,机场管理机构应当停止机场供电设施附近的所有施工或维护活动,并通知上级供电单位停止影响机场供电系统的施工或维护活动。

第二节 助航灯光系统的维护

第九十四条 机场管理机构应当定期对助航灯光系统的各类灯具进行检测,保证各类灯具的光强、颜色持续符合《民用机场飞行区技术标准》中规定的要求。

第九十五条 机场管理机构应当做好助航灯光系统的以下供电保障工作:

(一)按照当地供电系统的要求和维护规程,做好变配电设备的维护工作;

(二)做好备用发电机的定期检查、维护和试运行工作,使其持续保持适用状态。每周至少应当进行不少于15分钟的备用发电机加载试验,每月至少应当进行不少于30分钟的备用发电机加载试验。加载试验的主要内容包括:

1. 检查电压、频率表计读数,输出电压、频率应当符合技术要求;

2. 主供电源与备用电源之间的切换设备是否可靠;

3. 发电机试运行过程中是否有喘振或过热情况;

4. 内燃式发动机是否有渗油情况。

(三)每月至少进行一次主供电源与备用电源之间及主、备用电源与备用柴油发电机之间切换的传动试验。电源切换时间应当符合《民用机场飞行区技术标准》的要求。

第九十六条 助航灯光系统的日常运行、维护、检查工作应当严格按照

《民用机场助航灯光系统运行维护规程》的要求进行。其他目视助航设施的运行、维护、检查工作可参照该规程的要求进行。主要维护检查项目应当不低于以下要求：

（一）立式进近、跑道、滑行道灯光系统和顺序闪光灯的基本维护：

1. 日维护：更换失效的灯泡和破损的玻璃透镜，确保透镜的干净、清洁，检查各个亮度等级上调光器输出电流是否符合技术标准；

2. 年维护：灯具紧固件的紧固，灯具锈蚀部分的处理，灯具仰角、水平的检查和调整，插接件的连接可靠性检查，并检查每个灯组的支架及基础情况；

3. 不定期维护：在大风和大雪后可能对助航灯光系统正常运行造成影响时，应当对助航灯光系统进行检查，并调整各类灯具的仰角及水平；清除遮蔽灯光的草或积雪。

（二）目视精密进近坡度指示器的基本维护：

除进行本条第（一）项的维护项目外，还应当按照有关规定进行空中校验及经民航局批准的地面校验设备的校验。

（三）嵌入式灯具的基本维护：

除进行本条款第（一）项的维护项目外，还需进行以下维护工作：

1. 月维护：检查灯具上盖的固定螺栓扭矩，并对松动的螺栓予以紧固；

2. 季维护：测试灯具的输出光强并更换不符合光强要求的灯具；

3. 年维护：检查和清洁灯具的棱镜和滤光镜，检查灯具的密闭性能，更换不符合上述要求的灯具。

第九十七条 机场管理机构应当对目视泊位引导系统及时维护，定期校验，保持系统的持续适用。

第六章 机坪运行管理

第一节 机坪检查及机位管理

第九十八条 机坪的物理特性、标志线、标记牌等应当持续符合《民用机场飞行区技术标准》及其他有关标准和规范的要求。

第九十九条 机场管理机构负责机坪的统一管理，机场管理机构应当建立机坪运行的检查制度，并指派相应的部门和人员对机坪运行实施全天动态检查。机场管理机构应当与航空运输企业签订协议，明确航空运输企业专有机坪的管理责任。

第一百条 机坪机位应当由机场管理机构统一管理。

机场管理机构应当合理调配机位，最大限度地利用廊桥和机位资源，方便旅客，方便地勤保障，尽可能减少因机位的临时调整给旅客及生产保障单位带来的影响，公平地为各航空运输企业提供服务。大型机场为各航空运输企业提供的机位应当相对固定，可为航空公司设置专用航站楼或专用候机区域。

第一百零一条 机位调配应当按照下列基本原则确定：

（一）发生紧急情况或执行急救等特殊任务的航空器优先于其他航空器；

（二）正常航班优先于不正常航班；

（三）大型航空器优先于中小型航空器；

（四）国际航班优先于国内航班。

机场管理机构应当根据实际情况制定机位调配细则。

第一百零二条 当机场发生应急救援、航班大面积延误、航班长时间延误、恶劣气象条件、专机保障以及航空器故障等情况时，机场管理机构有权指令航空运输企业或其代理人将航空器移动到指定位置。拒绝按指令移动航空器的，机场管理机构可强行移动该航空器，所发生的费用由航空运输企业或者其代理人承担。

第一百零三条 航空器进入机位前，该机位应当保持：

（一）除负责航空器入位协调的人员外，各类人员、车辆、设备、货物和行李均应当位于划定的机位安全线区域外或机位作业等待区内；

（二）车辆、设备必须制动或固定；有液压装置的保障作业车辆、设备，必须确保其液压装置处于回缩状态；

（三）保障作业车辆在等待时，驾驶员应当随车等候；所有设备必须有人看守；廊桥活动端必须处于廊桥回位点。

第一百零四条 接机人员应当至少在航空器入位前5分钟，对机位适用性进行检查。主要检查项目包括：

（一）机位是否清洁；

（二）人员、车辆及设备是否处于机位安全线区域外或机位作业等待区内；

（三）廊桥是否处于廊桥回位点；

（四）是否有其他影响航空器停靠的障碍物。

第一百零五条 在航空器进入机位过程中，任何车辆、人员不得从航空器和接机人员（或目视泊位引导系统）之间穿行。

第一百零六条 在航空器处于安全靠泊状态后，接机人员应当向廊桥操作人员或客梯车驾驶员发出可以对接航空器的指令。廊桥操作人员或客梯车驾驶员接到此指令后，方可操作廊桥或客梯车对接航空器。

航空器安全靠泊状态应当满足下列条件：

（一）发动机关闭；

（二）防撞灯关闭；

（三）轮挡按规范放置；

（四）航空器刹车松开。

第二节　航空器机坪运行管理

第一百零七条　航空器试车应当符合下列要求：

（一）一般情况下，航空器不得在机坪试车；

（二）机场管理机构应当设立试车坪或者指定试车位置。试车坪或者指定试车位置应当设有航空器噪声消减设施，并应当具备安全防护措施；

（三）发动机大功率试车应当在试车坪或机场管理机构指定的位置进行，并且应当在机场管理机构指定的时间段内进行；

（四）发动机怠速运转、不推油门的慢车测试和以电源带动风扇旋转、发动机不输出功率的冷转测试，应当在机场管理机构指定的位置进行；

（五）任何类型的航空器试车，必须有专人负责试车现场的安全监控，并且应当根据试车种类设置醒目的“试车危险区”警示标志。无关人员和车辆不得进入试车危险区。

第一百零八条　航空器维修应当符合下列要求：

（一）除紧急情况外，任何单位不得在跑道、滑行道上实施航空器维修；

（二）在机坪内进行航空器维护、添加润滑油和液压油及其他保障工作时，不得影响机位的正常调配和机坪内其他保障工作的正常运行，并应当采取有效措施防止对机坪造成污染和腐蚀；对机坪造成污染和腐蚀所发生的治理费用由造成污染的单位承担；

（三）维修结束后，维修部门应当及时清理现场；

（四）清洗航空器应当在机场管理机构指定的位置进行。

第一百零九条　航空器除冰、防冰作业应当符合下列要求：

（一）航空器除冰作业应当在机场管理机构指定的地点进行；机场管理机构未指定除冰作业区，在机位上除冰时，机场管理机构应当制定除冰液回收措施，防止除冰液对道面的化学腐蚀或者冻融循环的物理损坏；

（二）在有条件的机场，机场管理机构应当建立专用除冰坪，并设置除冰液回收设施，减少对环境的污染；

（三）负责航空器除冰的航空运输企业、机场或者其他单位应当配备足够的航空器除冰设备，防止因除冰设备或者设施不足，延误航空器正常出港。

第一百一十条　航空器滑出或被推出机位前，送机人员必须确认：

（一）除牵引车外的其他车辆、设备及人员等均已撤离至机位安全区域外；

（二）廊桥已撤至廊桥回位点。

第一百一十一条 当遇到大风天气有可能对廊桥和停场航空器造成影响时，必须对廊桥和航空器进行系留。航空器营运人或者其代理人负责实施航空器的系留，操作廊桥的单位负责廊桥的系留。

第一百一十二条 机组在航空器进入设置目视泊位引导系统的机位时，发现有疑问的引导指示，或进入由人工引导入位的机位时发现地面接机人员未就位，应当立即停止航空器滑行，及时通报空中交通管理部门，并应当保持发动机运转，等待后续处置。空中交通管理部门应当及时通知机场运行部门进行处理。

第一百一十三条 航空器型别、注册号或航班计划变更时，航空器营运人应当立即向空中交通管理部门和机场管理机构通报。

第一百一十四条 航空器在跑道和滑行道区域发生故障时，机组应当及时向空中交通管理部门通报情况。航空器营运人及其代理人应当尽快使航空器脱离跑道、滑行道区域。

第一百一十五条 航空器长时间停放、过夜停放应当取得机场管理机构的同意。

第一百一十六条 航空器保障作业过程中出现任何意外情况，有关人员应当及时通知机场管理机构，航空器保障作业单位和机场管理机构应当及时采取措施予以处理。

第一百一十七条 旅客步行通过机坪上下航空器时，航空器营运人或者其代理人应当安排专人引导。旅客通行路线不得穿越航空器滑行路线，任何车辆不得横穿旅客队伍。

第三节 机坪车辆及设施设备管理

第一百一十八条 因保障作业需要放置于机坪内的特种车辆（含拖把）、集装箱、行李和集装箱托盘等特种设备，应当停泊或放置于指定的白色设备停放区和车辆停放区内。作业人员离开后，车辆、设备应当保持制动状态，并将启动钥匙与车辆、设备分离存放。保障工作结束后，各保障部门应当及时将所用设备放回原区域，并摆放整齐。

第一百一十九条 非保障作业需要、故障或已报废的车辆和设备应当及时清除出机坪。

第一百二十条 任何单位和人员不得损坏、挪用、占用、遮挡机坪基础设施和设备。

第一百二十一条 在廊桥活动端移动范围内应当采用红色线条设置廊桥活动区,禁止任何车辆和设备进入。廊桥活动区内应当标示廊桥回位点。廊桥处在非工作状态时,应当将廊桥停留在廊桥回位点。廊桥操作人员进行靠桥、撤桥作业时,禁止其他人员进入廊桥活动端。

第一百二十二条 机位应当设置白色机位作业等待区、红色机位安全线。车辆和设备与航空器应当保持足够的安全距离。

第一百二十三条 在航空器处于安全停泊状态后、廊桥或客梯车与航空器对接完成前,除电源车外,其他保障车辆、设备不得超越红色机位安全线,实施保障作业。

电源车、气源车和空调车为航空器提供服务时,不得妨碍廊桥的保障作业。

第一百二十四条 提供保障作业的车辆不得影响相邻机位及航空器机位滑行通道的使用。

第一百二十五条 在确认航空器处于安全停泊状态后,接机人员应当在距航空器发动机前端1.5米处、机尾和翼尖水平投影处地面设置醒目的反光锥形标志物(高度不小于50厘米,重量能防止5级风吹移。在预计机场风力超过5级时,机场管理机构应当通知航空器维修部门不再在航空器周围摆放反光锥形标志物)。航空器自行滑出的机位,在机头水平投影处地面也应当设置反光锥形标志物。

第一百二十六条 保障车辆对接航空器时的速度不得超过5千米/小时。保障车辆对接航空器前,必须在距航空器15米的距离先试刹车,确认刹车良好后方可实施对接。保障车辆、设备对接航空器时,应当与航空器发动机、舱门保持适当的安全距离。

第一百二十七条 车辆在机坪行驶路线、固定停放点之外倒车应当有人指挥,指挥信号和意图应当明确,确保安全。

第一百二十八条 保障车辆对接航空器后,应当处在制动状态,并设置轮挡。

液压升降车辆或设备对接航空器时,应当在液压升降筒或脚架升降到工作位置后,方可开始作业。

第一百二十九条 为航空器提供保障的单位,应当制定相应的作业规程,并严格按照作业规程实施保障作业。

各单位应当将车辆、设备在机坪保障作业的规程报机场管理机构备案。

第一百三十条 保障车辆、设备在为航空器提供地面保障作业时,其他车辆、设备不得进入该机位作业区域。

第一百三十一条 装卸平台车、行李传送带车在行驶中不得载运任何货物、行李和其他物品。

第一百三十二条 所有具有液压作业装置的车辆在行驶过程中均应当使液压作业装置处于收回状态。

第一百三十三条 民用航空器的牵引,应当符合《民用航空器维修 地面安全》第3部分“民用航空器的牵引”的规定。

第一百三十四条 当航空器正在被推离机位时,在其后方行驶的车辆和人员必须避让航空器,不得妨碍推出航空器。

第一百三十五条 机坪范围内的加油井、消防井、电缆井、供水井及其他各类井的井盖本身及周边至少20厘米以内均应当涂刷成红色;

井盖开启时,应当在井旁设置醒目的反光锥型标志物;

车辆设备的停放处应当尽量避开井盖。

第一百三十六条 机位临时处于不适用状态时,应当设置不适用地区标志物,防止航空器、车辆误入该区域。

第一百三十七条 机坪内易被行驶车辆刮碰的建筑物、固定设施等,应当设置防撞警示标志、限高标志。重要的建筑物构件、设施设备应当设置防撞保护装置。

第一百三十八条 所有在机场空侧工作的人员在航空器活动区发现有疑似航空器零件的异物时,应当立即报告机场管理机构,机场管理机构应当立即设法判断零件的可能来源,若初步判断为航空器零件时,机场管理机构应当立即将信息告知空中交通管理部门和各航空器维修部门。

第一百三十九条 夜间使用的机坪(包括除冰坪和隔离机坪)应当定期检测机坪泛光照明的照度等,确保泛光照明设施持续有效。

第四节 机坪作业人员管理

第一百四十条 所有在机坪从事保障作业的人员,均应当接受机场运行安全知识、场内道路交通管理、岗位作业规程等方面的培训,并经考试合格后,方可在机坪从事相应的保障工作。

培训和考核的内容由机场管理机构确定,培训和考核的方式由机场管理机构与驻场单位协商确定。机场管理机构应当建立在空侧从事相关保障作业的所有人员的培训、考核记录档案,相关保障单位也应当建立本单位人员的培训、考核记录档案。

第一百四十一条 所有在机坪从事保障作业的人员,均应当按规定佩带工作证件,穿着工作服,并配有反光标识。

第一百四十二条 未经机场管理机构批准,任何人员不得在机坪内从事与保障作业无关的活动。

第一百四十三条 各保障单位应当按有关规定为员工配备足够的防护用品。

第五节 机坪环境卫生管理

第一百四十四条 机坪应当保持清洁,无道面损坏造成的残渣碎屑、机器零件、纸张以及其他影响飞行安全的杂物。

机场管理机构统一负责机坪日常保洁和卫生监督工作。航空运输企业及其他驻场单位自行使用的机坪,由机场管理机构和航空运输企业、其他驻场单位依据协议分工,确定机坪日常保洁及卫生监督责任。

第一百四十五条 机场管理机构应当在机坪上适当位置设置有盖的废弃物容器。任何人不得随地丢弃废物。

机坪保障作业人员发现垃圾或废弃物应当主动拾起,并放入垃圾桶。

运输或临时存放垃圾或废弃物时,应当加以遮盖,不得泄漏或逸出。

第一百四十六条 易燃液体应当用专用容器盛装,并不得倒入飞行区排水系统内。

第一百四十七条 各类油料、污水、有毒有害物及其它废弃物不得直接排放在机坪上。

发现污染物时应当及时进行清除,对于在地面上形成液态残留物的油料,应当先回收再清洗。

第一百四十八条 在机坪内不得进行垃圾分拣。

第六节 机坪消防管理

第一百四十九条 机场管理机构应当在机坪内适当位置设置醒目的“禁止烟火”标志,并公布火警报警电话号码。

第一百五十条 未经机场管理机构批准,任何人不得在飞行区内动用明火、释放烟雾和粉尘。

第一百五十一条 机坪内禁止吸烟。

第一百五十二条 机场管理机构应当按照《民用航空运输机场消防站消防装备配备标准》、《民用航空运输机场飞行区消防设施运行标准》和《民用航空器维修 地面安全》第10部分“机坪防火”的规定为机坪配备相应的消防设施设备,并定期检查。

各单位应当按照《民用航空器维修 地面安全》第10部分“机坪防火”的

要求，为在机坪运行的勤务车辆和服务设备上配备灭火器。

任何单位和人员不得损坏、擅自挪动机坪消防设施设备。

第一百五十三条 机坪内的消防通道和消防设施设备应当予以醒目标识。车辆或设备的摆放不得影响消防通道、消防设备以及应急逃生通道的使用。

第一百五十四条 任何人员发现机坪内出现火情或火灾隐患时，均应当立即报告消防部门，并应当在消防部门到达现场前先行采取灭火措施。

机坪内火灾扑灭后，相关单位及人员应当保护好火灾现场，并及时报告公安消防管理部门，由公安消防管理部门进行火灾事故勘查。

第一百五十五条 在飞行区设置特种车辆加油站或在机坪上为特种车辆提供流动加油服务作业的，机场管理机构应当事先取得民航局同意。

第七章 机场净空和电磁环境保护

第一节 净空管理基本要求

第一百五十六条 机场管理机构应当依据《民用机场飞行区技术标准》，按照本机场远期总体规划，制作机场障碍物限制图。机场总体规划调整时，机场障碍物限制图也应当相应调整。

第一百五十七条 机场管理机构应当及时将最新的机场障碍物限制图报当地政府有关部门备案。

第一百五十八条 机场管理机构应当积极协调和配合当地政府城市规划行政主管部门按照相关法律法规、规章和标准的规定制定发布机场净空保护的具体管理规定，明确政府部门与机场的定期协调机制；在机场净空保护区域内的新建、改(扩)建建筑物或构筑物的审批程序、新增障碍物的处置程序；保持原有障碍物的标识清晰有效的管理办法等内容。

第二节 障碍物的限制

第一百五十九条 在机场净空保护区域内，机场管理机构应当采取措施，防止下列影响飞行安全的行为发生：

(一)修建可能在空中排放大量烟雾、粉尘而影响飞行安全的建筑物(构筑物)或者设施；

(二)修建靶场、爆炸物仓库等影响飞行安全的建筑物或者设施；

(三)设置影响机场目视助航设施使用的或者机组成员视线的灯光、标志、物体；

（四）种植影响飞行安全或者影响机场助航设施使用的植物；

（五）放飞影响飞行安全的鸟类动物、无人驾驶自由气球、系留气球和其他升空物体；

（六）焚烧产生大量烟雾的农作物秸秆、垃圾等物质，或者燃放烟花、焰火；

（七）设置易吸引鸟类及其他动物的露天垃圾场、屠宰场、养殖场等场所；

（八）其他可能影响飞行安全的活动。

第一百六十条 精密进近跑道的无障碍区域内（OFZ 由内进近面、内过渡面和复飞面所组成）不得存在固定物体，轻型、易折的助航设施设备除外。当跑道用于航空器进近时，移动物体不得高出这些限制面。

第一百六十一条 在精密进近跑道和非仪表跑道的保护区域内，新增物体或者现有物体的扩展，不得高出进近面、过渡面、锥形面和内水平面，除非经航行研究认为该物体或扩展的物体能够被一个已有的不能移动的物体所遮蔽。

第一百六十二条 非精密进近跑道的保护区域内，新增物体或者现有物体的扩展不得高出距内边 3000 米以内的进近面、过渡面、锥形面、内水平面，除非经航行研究认为该物体或扩展的物体能够被一个已有的不能移动的物体所遮蔽。

第一百六十三条 高出进近面、过渡面、锥形面和内水平面的现有物体应当被视为障碍物，并应当予以拆除，除非经航行研究认为该物体能够被一个已有的不能移动的物体所遮蔽，或者该物体不影响飞行安全或航空器正常运行的。

第一百六十四条 对于不高出进近面但对目视或非目视助航设施的性能可能产生不良影响的物体，应当消除该物体对这些设施的影响。

第一百六十五条 任何建筑物、构筑物经空中交通管理部门研究认为对航空器活动地区、内水平面或锥形面范围内的航空器的运行有危害时，应当被视为障碍物，并应当尽可能地予以拆除。

第一百六十六条 在机场障碍物限制面范围以外、距机场跑道中心线两侧各 10 公里，跑道端外 20 公里的区域内，高出原地面 30 米且高出机场标高 150 米的物体应当认为是障碍物，除非经专门的航行研究表明它们不会对航空器的运行构成危害。

第一百六十七条 在机场障碍物限制面范围以内或以外地区的障碍物，都应当按照《民用机场飞行区技术标准》的规定予以标志和照明。

第三节　障碍物的日常管理

第一百六十八条　机场管理机构应当建立机场净空保护区定期巡视检查制度。确保任何可能突出障碍物限制面的建筑活动或自然生长植物在影响机场运行之前被发现。

第一百六十九条　巡视检查制度应当包括巡视检查路线、检查周期、检查内容(包括障碍灯是否开启并正常工作)、通报程序和检查记录等。

第一百七十条　机场净空保护区范围内的巡视检查,每周应当不少于一次;机场内无障碍区的巡视检查,每日应当不少于一次。巡视检查内容至少应当包括:

(一)检查有无新增的、超高的建筑物、构筑物和自然生长的植物,并对可能超高的物体进行测量;

(二)检查有无影响净空环境的情况,如树木、烟尘、灯光、风筝和气球等;

(三)检查障碍物标志、标志物和障碍灯的有效性。

第一百七十一条　巡视检查情况应当记录和归档。巡视检查记录至少应当包括检查时间、检查人员、检查区域和检查情况等。

第一百七十二条　巡视检查中发现新的障碍物或净空条件发生变化时,应当及时将新障碍物的位置、高度等情况通报空中交通管理部门、当地城市规划行政主管部门和民航地区管理局,并尽可能迅速予以拆除。拆除前应当立即考虑以某种方式对航空器的运行加以限制,并设置适当的障碍物标志和障碍灯,并积极协调、研究解决办法。

第一百七十三条　机场管理机构应当建立机场净空管理档案。档案至少应当包括以下资料:

(一)障碍物限制图;

(二)巡视检查记录;

(三)障碍物测量资料;

(四)机场净空保护区域内的建筑物或构筑物的新建、迁建、改(扩)建审批资料;

(五)障碍物拆除、迁移和处置的资料。

第四节　电磁环境的管理

第一百七十四条　机场电磁环境保护区域包括设置在机场总体规划区域内的民用航空无线电台(站)电磁环境保护区和机场飞行区电磁环境保护区域。机场电磁环境保护区域由民航地区管理局配合机场所在地的地方无线电管理机构按照国家有关规定或者标准共同划定、调整。

民用航空无线电台(站)电磁环境保护区域,是指按照国家有关规定、标准或者技术规范划定的地域和空间范围。

机场飞行区电磁环境保护区域,是指影响民用航空器运行安全的机场电磁环境区域,即机场管制地带内从地表面向上的空间范围。

第一百七十五条 机场管理机构应当及时将最新的机场电磁环境保护区域报当地政府有关部门备案。

第一百七十六条 民航地区管理局应当积极协调和配合机场所在地的地方无线电管理机构制定机场电磁环境保护区的具体管理规定,并以适当的形式发布。

第一百七十七条 在机场飞行区电磁环境保护区域内设置工业、科技、医疗设施,修建电气化铁路、高压输电线路等设施不得干扰机场飞行区电磁环境。

第一百七十八条 机场管理机构应当建立机场电磁环境保护区巡检制度,发现下列有影响航空电磁环境的行为发生时应当立即报告民航地区管理局:

(一)修建可能影响航空电磁环境的高压输电线、架空金属线、铁路(电气化铁路)、公路、无线电发射设备试验发射场;

(二)存放金属堆积物;

(三)种植高大植物;

(四)掘土、采砂、采石等改变地形地貌的活动;

(五)修建其它可能影响机场电磁环境的建筑物或者设施以及进行可能影响航空电磁环境的活动。

第一百七十九条 机场管理机构发现机场电磁环境保护区域内民用航空无线电台(站)频率受到干扰时,应当立即报告民航地区管理局。

第八章 鸟害及动物侵入防范

第一节 基本要求

第一百八十条 机场管理机构应当采取综合措施,防止鸟类和其它动物对航空器运行安全产生危害,最大限度地避免鸟类和其它动物撞击航空器。

第一百八十一条 机场管理机构应当指定部门和人员负责鸟类和其它动物的危害防范工作,并配置必要的驱鸟设备。

第一百八十二条 机场管理机构应当每年至少对机场鸟类危害进行一次评估。评估内容包括:机场鸟害防范管理机构设置及职责落实情况、机场生态环境调研情况、鸟害防范措施的效果、鸟情信息的收集、分析、利用及报告等。

第一百八十三条 机场管理机构应当根据机场鸟害评估结果和鸟害防范的实际状况,制定并不断完善机场鸟害防范方案。方案至少应当包括:

(一)鸟害防范管理机构及其职责;

(二)生态环境调研制度和治理方案;

(三)鸟情巡视和驱鸟制度;

(四)驱鸟设备的配备和使用管理制度;

(五)重点防治的鸟种;

(六)鸟情信息的收集和分析;

(七)鸟情通报及鸟击报告制度。

第一百八十四条 机场管理机构应当不定期向机场周边居民宣传放养鸽子对飞行安全的危害,并配合当地政府发布限制放养鸽子的规定,积极协调当地政府有关行政主管部门,控制和减少机场附近区域内垃圾场、养殖场、农作物(植物)晾晒场、鱼塘、养鸽户的数量和吸引鸟类的农作物、树木等。

第一百八十五条 机场飞行区、围界、通道口和排水沟出口应当能防止动物侵入机场飞行区。

在机场围界外5米范围内禁止搭建任何建筑和种植树木。

第二节 生态环境调研和环境治理

第一百八十六条 机场管理机构应当持续地开展鸟害防范基础性调研,全面掌握机场内及其附近地区的生态环境、鸟类种群、数量、位置分布及其活动规律;绘制鸟类活动平面图;掌握机场内及其附近地区与鸟情动态密切相关的生物类群及影响因素的时间、空间分布情况,分析其中的关系;据此制定和不断完善鸟害防范实施方案,确定各阶段应当重点防范的对象,有针对性地实施鸟害防范措施。

第一百八十七条 机场鸟类活动平面图应当至少涵盖机场障碍物限制面的锥形面外边界所包含的范围,并应当包括:垃圾场、饲养场、屠宰场、农作物、灌木林、沟塘及其他吸引鸟类活动的设施或者场地的位置;大鸟和群鸟(含候鸟)的筑巢地、觅食地、飞行路线、飞行高度、出没时间等。

机场鸟类活动平面图应当根据实际情况及时调整和更新。

第一百八十八条 机场管理机构应当根据机场鸟情信息的分析结果,及时对机场围界内对飞行安全危害较大的鸟类巢穴、食物源、水源、栖息地、觅食地进行有效的整治,并应当积极协调配合地方人民政府对机场围界外的上述情况进行整治。

第一百八十九条 机场管理机构应当定期对机场范围内的草坪、树木进行灭虫处理。

第一百九十条 机场管理机构应当在机场围界内定期采取设置鼠夹和洒布药物等措施,灭杀老鼠、兔子等啮齿类动物。

设置的鼠夹和洒布的药物应当记录,并设置醒目的警示标志,防止伤及人员。洒布药物应当使用专用工具;应当指定人员对鼠夹和药物进行管理,及时补充药物和更换鼠夹。

第一百九十一条 机场管理机构应当定期巡视检查并清除机场建筑物角落和周边树上的鸟巢。

第一百九十二条 机场管理机构应当尽可能减少机场范围内的表面水,及时排除水坑、洼地上的积水,定期清理排水沟,避免昆虫和水生物的滋生。

第一百九十三条 飞行区内禁止种植农作物和吸引鸟类的其它植物、进行各类养殖活动、设置露天垃圾场和垃圾分拣场。

第一百九十四条 机场管理机构应当在其机场年度鸟类危害管理方案中明示机场内外的吸引鸟的主要因素,以及为实现生态环境管理目标所采取措施的先后次序及其起始与完成日期。

第三节 巡视驱鸟要求及驱鸟设备管理

第一百九十五条 机场管理机构应当在环境整治的基础上,根据鸟情特点,采取惊吓、设置障碍物、诱杀或捕捉等手段或其组合实施鸟害防范工作。所采取的驱鸟手段应当符合相关的法律法规和涉及民航管理的规章要求,并确保人身安全,避免污染环境。

第一百九十六条 在机场有飞行活动期间,机场管理机构应当不间断地进行巡视和驱鸟。

第一百九十七条 机场管理机构应当指定专人管理驱鸟枪、弹药、煤气炮、语音驱鸟设备、捕鸟网、视觉仿真装置等,确保设备完好并得到正确使用。

驱鸟枪支的使用和保管应当符合《中华人民共和国枪支管理法》及《民用机场驱鸟枪支管理办法》的规定。

第四节 鸟情信息的收集、分析与利用

第一百九十八条 鸟情巡视人员应当加强观察,记录观察到的鸟种、数量、飞行路线、飞行高度、活动目的及原因分析、采取的措施及效果。

第一百九十九条 鸟情巡视人员应当观察机场虫情、草情、鼠类等动物情况,并做好记录。

第二百条 机场管理机构应当根据鸟情巡视人员记录、鸟击信息、生态调研情况等基础资料建立鸟情信息库,并定期对鸟情信息资料进行分析比较,编制鸟情信息分析报告。该报告应当包括:

(一)可能危害飞行安全的主要鸟种以及出现的区域、时间段、原因、有效防范手段等;

(二)采取的控制措施对减少鸟类的种类与数量的效果,如安装或修理防护栏、修剪树木、清除建筑残余物、施用杀虫剂或驱虫剂、施用灭鼠药、草的高度管理、在机库安装网以及消除积水等;

(三)与前期相比鸟的种群、数量的变化情况,产生变化的相应原因;

(四)生态环境的变化和可能带来的影响;

(五)下一阶段可能危及飞行安全的鸟的种群、数量;

(六)推荐的防治措施和需引起驱鸟员注意的事项;

(七)鸟害防范工作的成效和不足。

第二百零一条 机场管理机构应当根据鸟情信息分析报告和鸟害防范评估报告,每年末对下一年度机场鸟害、虫害、鼠害等进行预测,制定防治措施。

第二百零二条 机场管理机构应当将鸟情信息分析报告和鸟害防范评估报告提供给驻场航空运输企业。

对飞行安全有危害的鸟种及机场防范鸟害的主要措施应当在航行资料上公布。

第五节 鸟情和鸟击报告制度

第二百零三条 当鸟情巡视人员发现鸟情可能危及飞行安全或者发现有规律的鸟群迁徙时,应当立即向空中交通管理部门通报。空中交通管理部门应当视情发布航行通告。

第二百零四条 在机场及附近发生航空器遭鸟撞击的事件时,机场管理机构应当以快报形式,向机场所在地民航地区管理局报告航空器遭鸟撞击的有关情况(包括航空器遭鸟撞击的时间、地点、高度及相关情况),并尽可能搜集和保存鸟撞击航空器的物证材料(如鸟类的尸骸、残羽、照片等)。

机场管理机构应当在鸟击事件发生 24 小时内,按照中国民航鸟击报告格式将有关情况报中国民航鸟击航空器信息网。

在跑道上发现的被撞死鸟,亦应当按前款要求报中国民航鸟击航空器信息网。

第二百零五条 航空器维修部门、空中交通管理部门、航空运输企业发现航空器遭鸟撞击的情况后，应当及时向机场管理机构通报有关情况。

货物运输部门所载运的动物在机场内逃逸时，应当立即抓捕并及时通知机场管理机构。

第九章 除冰雪管理

第二百零六条 有降雪或者道面结冰情况的机场，机场管理机构应当成立机场除冰雪专门协调机构，负责对除冰雪工作进行指导和协调。该协调机构应当由机场管理机构、航空运输企业、空中交通管理部门等单位负责人组成。

第二百零七条 机场管理机构应当结合本机场的实际情况，制定除冰雪预案，并认真组织实施，最大限度地消除冰雪天气对机场正常运行的影响。

第二百零八条 除冰雪预案应当遵循跑道、滑行道、机坪、车辆服务通道能够同步开放使用的原则，避免因局部原因而影响机场的开放使用。

第二百零九条 除冰雪预案应当包括：

（一）除冰雪专门协调机构的人员组成；

（二）除冰雪作业责任单位、责任人及其相应职责；

（三）除冰雪过程中的信息传递程序和通信方式；

（四）因除冰雪而关闭跑道及其他设施的决定程序；

（五）针对干雪、湿雪、雪浆等以及不同气温的除冰雪作业程序、车辆设备和人员的作业组合方式；

（六）跑道摩擦系数的测试方法和公布程序；

（七）除冰雪车辆、设备及物资储备清单。

第二百一十条 机场管理机构应当在入冬前做好除冰雪的准备工作。准备工作主要包括：

（一）召开除冰雪协调会议，为冬季运行做准备；

（二）对除冰雪人员进行培训；

（三）对除冰雪车辆及设备进行全面维护保养；

（四）按照机场除冰雪预案，对车辆设备、编队作业、协调指挥、通信程序进行模拟演练。演练应当在航班结束后在跑道、滑行道、机坪上实地进行，一般情况下每年入冬前演练次数不少于3次；

（五）对除冰液等物资的有效性和储备情况进行全面检查；

（六）确定堆雪场地。

第二百一十一条 目视助航设施上的积雪以及所有影响导航设备电磁信号的冰雪,应当予以清除。

第二百一十二条 除冰雪作业过程中,应当注意保护跑道、滑行道边灯及其他助航设备。雪和冰的临时堆放高度与航空器发动机底端或螺旋桨桨叶的垂直距离不得小于40厘米,与机翼的垂直距离不得小于1米。

第二百一十三条 降雪时应当及时清除跑道、滑行道、机坪、道肩上的积雪,防止道面产生冻胀和发生冻融破坏。

第二百一十四条 在航空器周边5米范围内,不得使用大型除雪设备。

第二百一十五条 机场管理机构应当根据本机场气候条件并参照过去5年的冰雪情况配备除冰雪设备。年旅客吞吐量500万人次以上的机场,除冰雪设备配备应当能够达到编队除雪,并且一次编队至少能够清除跑道上40米宽范围的积雪,具备边下雪边清除跑道积雪的能力,保证机场持续开放运行;年旅客吞吐量在200万至500万人次的机场,除冰雪设备配备应当能保证雪停后1小时内机场可开放运行;年旅客吞吐量200万人次以下的机场,除冰雪设备配备应当能保证雪停后2小时内机场可开放运行;日航班量少于2班的机场,除冰雪设备配备应当能保证雪停后4小时内机场可开放运行。

前款不适用偶尔有降雪的机场。偶尔有降雪的机场可参照上款执行。年旅客吞吐量200万人次以上、偶尔有降雪的机场应当配备除冰液洒布车。

第二百一十六条 为保证机场尽快开放使用,在滑行道、机坪积雪厚度小于5厘米时,可先仅清除标志上的积雪,以使航空器运行,但应当尽快清除全部积雪。

第二百一十七条 偶尔有降雪的机场,应当根据天气预报,在降雪前洒布除冰液。

第二百一十八条 利用航班间隙清除跑道、滑行道上的冰雪时,机场管理机构应当指定一名现场指挥员,负责除冰雪工作的协调,并与空中交通管理部门保持联络。所有除冰雪车辆应当与现场指挥员建立有效的通讯联系。

第二百一十九条 当机场某一区域除冰雪完毕后,机场管理机构应当对该区域进行检查,符合条件后,应当及时将开放的区域报告空中交通管理部门。

第二百二十条 位于经常降雪或降雪量较大地区的机场,机场管理机构应当事先确定冰雪堆放场地。在机坪上堆放冰雪,不得影响航空器、服务车辆的运行,并不得被航空器气流吹起。雪停后,应当及时将机坪上的冰雪全部清除。

第二百二十一条 位于经常降雪或降雪量较大地区、年旅客吞吐量200

万人次以上的机场,应当设置航空器集中除冰坪。

除冰坪的设置应当符合《民用机场飞行区技术标准》的规定。

机场管理机构承担航空器除冰作业的,机场管理机构应当会同航空运输企业、空中交通管理部门结合本机场的实际情况,制定航空器除冰预案,配备必要的除冰车辆、设备和物资,并认真组织演练,最大限度地消除天气对航空器正常运行的影响。

第十章　不停航施工管理

第一节　基 本 要 求

第二百二十二条　机场管理机构应当制定机场不停航施工管理规定,对不停航施工进行监督管理,最大限度地减少不停航施工对机场正常运行的影响,避免危及机场运行安全。

第二百二十三条　不停航施工是指在机场不关闭或者部分时段关闭并按照航班计划接收和放行航空器的情况下,在飞行区内实施工程施工。不停航施工不包括在飞行区内进行的日常维护工作。

机场不停航施工工程主要包括:

(一)飞行区土质地带大面积沉陷的处理工程,围界、飞行区排水设施的改造工程等;

(二)跑道、滑行道、机坪的改扩建工程;

(三)扩建或更新改造助航灯光及电缆的工程;

(四)影响民用航空器活动的其他工程。

第二百二十四条　机场管理机构负责机场航站区、停车楼等区域的施工(含装饰装修)的统一协调和管理。

对于航站区、停车楼等区域的施工(含装饰装修),机场管理机构应当会同建设单位、施工单位、公安消防部门及其他相关单位和部门共同编制施工组织管理方案。

施工组织管理方案应当参照不停航施工管理的要求对影响安全的情况采取必要的措施,并尽可能降低对运行的影响。

第二百二十五条　在机场近期总体规划范围内的工程施工,机场管理机构应当对原有地下管线进行核实,防止施工对机场运行安全造成影响。

第二百二十六条　未经民航局或者民航地区管理局批准,不得在机场内进行不停航施工。

机场管理机构负责机场不停航施工期间的运行安全，并负责批准工程开工。实施不停航施工，应当服从机场管理机构的统一协调和管理。

机场管理机构应当会同建设单位、施工单位、空中交通管理部门及其他相关单位和部门共同编制施工组织管理方案。

第二百二十七条 施工组织管理方案应当包括：

（一）工程内容、分阶段和分区域的实施方案、建设工期；

（二）施工平面图和分区详图，包括施工区域、施工区与航空器活动区的分隔位置、围栏设置、临时目视助航设施设置、堆料场位置、大型机具停放位置、施工车辆和人员通行路线和进出道口等；

（三）影响航空器起降、滑行和停放的情况和采取的措施；

（四）影响跑道和滑行道标志和灯光的情况和采取的措施；

（五）需要跑道入口内移的，对道面标志、助航灯光的调整说明和调整图；

（六）对跑道端安全区、无障碍物区和其他净空限制面的保护措施，包括对施工设备高度的限制要求；

（七）影响导航设施正常工作的情况和所采取的措施；

（八）对施工人员和车辆进出飞行区出入口的控制措施和对车辆灯光和标识的要求；

（九）防止无关人员和动物进入飞行区的措施；

（十）防止污染道面的措施；

（十一）对沟渠和坑洞的覆盖要求；

（十二）对施工中的飘浮物、灰尘、施工噪音和其他污染的控制措施；

（十三）对无线电通信的要求；

（十四）需要停用供水管线或消防栓，或消防救援通道发生改变或被堵塞时，通知航空器救援和消防人员的程序和补救措施；

（十五）开挖施工时对电缆、输油管道、给排水管线和其他地下设施位置的确定和保护措施；

（十六）施工安全协调会议制度，所有施工安全相关方的代表姓名和联系电话；

（十七）对施工人员和车辆驾驶员的培训要求；

（十八）航行通告的发布程序、内容和要求；

（十九）各相关部门的职责和检查的要求。

第二百二十八条 机场管理机构对机场不停航施工的管理包括：

（一）对施工图设计和招标文件中应当遵守的有关不停航施工安全措施的内容进行审查；

（二）在施工前，召开由相关单位和部门参加的联席会议，落实施工组织管理方案；

（三）与建设单位签定安全责任书。工程建设单位为机场管理机构时，机场管理机构应当与施工单位签订安全责任书；

（四）建立由各相关单位和部门代表组成的协调工作制度，并确保施工组织管理方案中所列各相关单位联系人和电话信息准确无误；

（五）每周或者视情召开施工安全协调会议，协调施工活动。在跑道、滑行道进行的机场不停航施工，应当每日召开一次协调会；

（六）对施工单位的人员培训情况进行抽查；

（七）对施工单位遵守机场管理机构所制定的人员和车辆进出飞行区的管理规定以及车辆灯光、标识颜色是否符合标准的情况进行检查；

（八）经常对施工现场进行检查，及时消除安全隐患。

第二百二十九条 建设单位及施工单位应当：

（一）持有不停航施工组织管理方案的副本，遵守施工组织管理方案，确保所有施工人员熟悉施工组织管理方案中的相关规定和程序；

（二）至少配备两名接受过机场安全培训的施工安全检查员负责现场监督，并采用设置旗帜、路障、临时围栏或配备护卫人员等方式，将施工人员和车辆的活动限制在施工区域内。

第二节 不停航施工的批准程序

第二百三十条 在机场内进行的不停航施工，由机场管理机构负责统一向机场所在地民航地区管理局报批。

第二百三十一条 因机场不停航施工，需要调整航空器起降架次、航班运行时刻、机场飞行程序、起飞着陆最低标准的，机场管理机构应当按照民航局的有关规定办理报批手续。

第二百三十二条 机场管理机构向民航地区管理局申请机场不停航施工时，应当提交下列资料：

（一）工程项目建设的有关批准文件；

（二）机场管理机构与工程建设单位或者施工单位签订的安全保证责任书；

（三）施工组织管理方案及附图；

（四）各类应急预案；

（五）调整航空器起降架次、航班运行时刻、机场飞行程序、起飞着陆最低标准的有关批准文件。

第二百三十三条 民航地区管理局应当自收到不停航施工申请材料之日起15日内作出同意与否的决定。符合条件的，应当予以批准；不符合条件的，应当书面通知机场管理机构并说明理由。

第二百三十四条 机场不停航施工经批准后，机场管理机构应当按照有关规定及时向驻场空中交通管理部门提供相关基础资料，并由空中交通管理部门根据有关规定发布航行通告。

涉及机场飞行程序、起飞着陆最低标准等更改的，资料生效后，方可开始施工；不涉及机场飞行程序、起飞着陆最低标准等更改的，通告发布七天后方可开始施工。

第三节 一般规定

第二百三十五条 在跑道有飞行活动期间，禁止在跑道端之外300米以内、跑道中心线两侧75米以内的区域进行任何施工作业。

第二百三十六条 在跑道端之外300米以内、跑道中心线两侧75米以内的区域进行的任何施工作业，在航空器起飞、着陆前半小时，施工单位应当完成清理施工现场的工作，包括填平、夯实沟坑，将施工人员、机具、车辆全部撤离施工区域。

第二百三十七条 在跑道端300米以外区域进行施工的，施工机具、车辆的高度以及起重机悬臂作业高度不得穿透障碍物限制面。在跑道两侧升降带内进行施工的，施工机具、车辆、堆放物高度以及起重机悬臂作业高度不得穿透内过渡面和复飞面。施工机具、车辆的高度不得超过两米，并尽可能缩小施工区域。

第二百三十八条 在滑行道、机坪道面边以外进行施工的，当有航空器通过时，滑行道中线或机位滑行道中线至物体的最小安全距离范围内，不得存在影响航空器滑行安全的设备、人员或其他堆放物，并不得存在可能吸入发动机的松散物和其他可能危及航空器安全的物体。

第二百三十九条 临时关闭的跑道、滑行道或其一部分，应当按照《民用机场飞行区技术标准》的要求设置关闭标志。已关闭的跑道、滑行道或其一部分上的灯光不得开启。被关闭区域的进口处应当设置不适用地区标志物和不适用地区灯光标志。

第二百四十条 在机坪区域进行施工的，对不适宜于航空器活动的区域，必须设置不适用地区标志物和不适用地区灯光标志。

第二百四十一条 因不停航施工需要跑道入口内移的，应当按照《民用机场飞行区技术标准》设置或修改相应的灯光及标志。

第二百四十二条 施工区域与航空器活动区应当有明确而清晰的分隔，如设立施工临时围栏或其他醒目隔离设施。围栏应当能够承受航空器吹袭。围栏上应当设旗帜标志，夜晚应当予以照明。

第二百四十三条 施工区域内的地下电缆和各种管线应当设置醒目标识。施工作业不得对电缆和管线造成损坏。

第二百四十四条 在施工期间，应当定期实施检查，保持各种临时标志、标志物清晰有效，临时灯光工作正常。航空器活动区附近的临时标志物、标记牌和灯具应当易折，并尽可能接近地面。

第二百四十五条 邻近跑道端安全区和升降带平整区的开挖明沟和施工材料堆放处，必须用红色或桔黄色小旗标示以示警告。在低能见度天气和夜间，还应当加设红色恒定灯光。

第二百四十六条 未经机场消防管理部门批准，不得使用明火，不得使用电、气进行焊接和切割作业。

第二百四十七条 在导航台附近进行施工的，应当事先评估施工活动对导航台的影响。因施工需要关闭导航台或调整仪表进近最低标准的，应当按照民航局的其他有关规定履行批准手续，并在正式实施前发布航行通告。

第二百四十八条 施工期间，应当保护好导航设施临界区、敏感区的场地。航空器运行时，任何车辆、人员不得进入临界区、敏感区。不得使用可能对导航设施或航空器通信产生干扰的电气设备。

第二百四十九条 易飘浮的物体、堆放的材料应当加以遮盖，防止被风或航空器尾流吹散。

第二百五十条 在航班间隙或航班结束后进行施工，在提供航空器使用之前必须对该施工区域进行全面清洁。施工车辆和人员的进出路线穿越航空器开放使用区域，应当对穿越区域进行不间断检查。发现道面污染时，应当及时清洁。

第二百五十一条 因施工使原有排水系统不能正常运行的，应当采取临时排水措施，防止因排水不畅造成飞行区被淹没。

第二百五十二条 因施工而影响机场消防、应急救援通道和集结点正常使用时，应当采取临时措施。

第二百五十三条 进入飞行区从事施工作业的人员，应当经过培训并申办通行证（包括车辆通行证）。人员和车辆进出飞行区出入口时，应当接受检查。飞行区施工临时设置的大门应当符合安全保卫的有关规定。

施工人员和车辆应当严格按照施工组织管理方案中规定的时间和路线进出施工区域。因临时进出施工区域，驾驶员没有经过培训的车辆，应当由持有场内车驾驶证的机场管理机构人员全程引领。

第二百五十四条 进入飞行区的施工车辆顶部应当设置黄色旋转灯标，并应当处于开启状态。

第二百五十五条 施工车辆、机具的停放区域和堆料场的设置不得阻挡机场管制塔台对跑道、滑行道和机坪的观察视线，也不得遮挡任何使用中的助航灯光、标记牌，并不得超过净空限制面。

第二百五十六条 施工单位应当与机场现场指挥机构建立可靠的通讯联系。施工期间应当派施工安全检查员现场值守和检查，并负责守听。安全检查员必须经过无线电通信培训，熟悉通信程序。

第十一章 航空油料供应安全管理

第一节 基本要求

第二百五十七条 在机场内从事航空油料供应的单位，应当按照国家有关规定取得成品油经营许可证书、危险化学品经营许可证、民用航空油料供应企业适航批准书。

第二百五十八条 在机场内从事航空油料供应的单位，应当根据国家、民航局、地方政府有关部门的规定，结合本单位的实际，制定各项安全管理规章制度、操作规程、作业程序、应急预案等。

第二百五十九条 航空油料供应单位的主要负责人和安全生产管理人员应当具备相应的航空油料供应安全知识和管理能力。

航空油料供应单位应当对员工进行安全生产教育和培训。未经安全生产教育和培训合格的人员，不得上岗作业。

航空油料供应特有工种从业人员应当取得相应的职业技能鉴定资格证书，并持续有效。

第二百六十条 航空油料供应设施设备的采购、设计、制造、安装、使用、检测、维修、改造，应当符合有关规定和标准，满足安全要求，并经验收合格。

航空油料供应特种设备，应当按照国家有关规定，由专业生产单位生产，并经具有专业资质的检测、检验机构检测、检验合格，取得安全使用证或者安全检验合格标志，方可投入使用。

第二百六十一条 航空油料供应单位应当至少每年对本单位的运行安全状况进行评估。对评估中发现的安全隐患、薄弱环节，应当及时整改。

第二节 运行安全管理

第二百六十二条 航空油料供应单位应当对航空油料供应设施、设备进行经常性维护、保养,并定期检测,符合《民用航空油料设备完好标准》的要求,保证正常运转。

维护、保养、检测应当作好记录,并由有关人员签字。

第二百六十三条 航空油料供应单位应当建立油料质量监控体系,制定在接收、中转、储存、发出、加注、检验及掺配等各个环节的质量管理程序、质量要求,并符合《民用航空油料适航管理规定》等规定和标准。

第二百六十四条 航空器加油作业应当符合《飞机加油安全规范》的要求。

运油车、加(抽)油车的性能、状况应当符合民航专用设备相关标准的要求。

第二百六十五条 航空油料供应单位应当配备与业务量相适应的航空油料计量、监测设施设备。计量、监测设备应当按照有关规定定期检验合格。

航空油料的计量应当符合有关规定的要求。

第二百六十六条 航空油料供应单位应当按照《中华人民共和国消防法》等有关法律法规以及公安部《作业场所灭火器材配置及管理规定》和民航有关规章,在航空油料供应场所内和设施上配备相应的消防设施设备。

消防设施设备应当定期检查、维护,保持正常、有效。

第二百六十七条 航空油料供应单位应当明确各级消防安全职责,落实消防安全责任。

第二百六十八条 航空油料供应单位应当在禁火区域设置醒目的"禁止烟火"、火警报警电话等标志。

第二百六十九条 航空油料供应单位应当制定特殊管理制度,在禁火区域内进行动火、用火作业,以及进入含有有害气体和蒸汽混合物的受限空间内进行特殊作业,应当按规定报批,经批准后方可按照规定的程序、操作要求进行作业。未经批准的,不得进行作业。

第二百七十条 航空油料供应单位应当按照有关规定、标准的要求,在航空油料供应场所内和设施上设置相应的防爆、防静电、防雷击设备和采取其他防范措施,并定期检查、维护,保证其完好、有效。

第二百七十一条 航空油料供应场所内的电器火源控制和消除以及防爆安全装置的使用等,应当符合国家和行业有关标准和规范的要求。

第二百七十二条 在航空油料供应场所进行工程施工,应当制定相应的管理规定，加强施工安全管理，保证航空油料供应安全。

第二百七十三条 航空油料供应单位应当制定航空油料供应场所的安全保卫和出入管理规定，并配置相应的安全保卫人员。

任何人员和车辆进出航空油料供应场所，应当遵守安全保卫和出入管理规定。

第二百七十四条 航空油料供应单位应当根据安全生产和防止职业性危害等需要，按照不同工种、不同劳动环境和条件，为员工配备相应的劳动防护用品，并采取防护措施。员工上岗时必须穿（佩）戴和使用有效的劳动防护用品，设施设备必须安装防护装置。

劳动防护用品应当符合《劳动防护用品选用规则》的规定。

第二百七十五条 清洗油料容器的污水、油罐的积水，应当通过污水处理等净化设施进行处理。未经处理的污水、废油不得直接排放。

污水、废油的排放应当符合环境保护有关规定。

第二百七十六条 跑、冒、滴、漏的油品应当及时回收，不得直接冲洗到生产作业单位以外。失效的泡沫液（粉）以及其他含油或有害物质等应当集中处理。民用航空油料储存运输容器的清洗应当符合有关规定的要求。

第三节 应急处置

第二百七十七条 航空油料供应单位应当按照国家和行业的有关规定，结合本单位实际，制定航空油料供应突发事件应急预案。

航空油料供应突发事件应急预案应当纳入机场应急救援预案体系。

第二百七十八条 航空油料供应突发事件主要指：

（一）油品质量导致的飞行事故；

（二）火灾、爆炸事故；

（三）溢油污染事故；

（四）加错油；

（五）加油过程中加油胶管（接头）爆裂；

（六）拉坏航空器（加油车）加油接头或刮碰航空器；

（七）人员伤亡事故；

（八）其他突发事件。

第二百七十九条 应急预案应当包括：

（一）制定应急预案的目的和适用范围；

（二）应急指挥机构及相关部门职责和装备；

（三）生产作业单位基本情况。包括：主要油料设施、设备情况；航空油料

的品名及正常储存数量;员工人数和排班情况;占地面积等;

(四)负责参与应急救援的单位负责人名册、联络方式和电话;

(五)应急处置程序、处置方案;

(六)紧急疏散及警戒设置;

(七)社会支援与协助措施等。

第二百八十条 航空油料供应单位应当按照规定,配备必要的应急设备和器材。

航空油料供应单位应当每年至少组织一次应急演练,并对相关人员进行应急培训。在演练中发现的问题要及时整改,并对应急预案进行修订和完善。

第二百八十一条 航空油料供应场所突发紧急事件时,生产作业单位应当立即向上一级单位以及机场管理机构报告,视情及时启动应急预案,并按照应急预案进行处置。

第二百八十二条 应急处置结束后,应当及时清理垃圾、废弃物等,减轻对环境的破坏。

第十二章 机场运行安全信息管理

第一节 基本要求

第二百八十三条 机场管理机构应当向民航地区管理局报告机场运行安全信息。运行安全信息包括机场使用细则资料的变更、安全生产建议、影响运行安全的事件或隐患等与安全生产有关的信息。

第二百八十四条 发生影响机场运行安全的事件或隐患时,各运行保障单位均应当立即报告机场管理机构。

第二百八十五条 机场管理机构应当与航空运输企业及其他驻场单位建立信息共享机制,相互提供必要的生产运营信息,为旅客和货主提供及时准确的信息和服务。

机场管理机构、航空运输企业及其他驻场运行保障单位均有免费提供信息的义务及使用信息的权利。任何单位不得将免费获得的信息用于商业经营。

第二百八十六条 机场管理机构应当建立统一的机场运行信息平台。航空运输企业和空中交通管理部门应当及时、准确地向机场管理机构提供航班计划、航班动态等信息,由机场管理机构根据机场的实际需要加以整理后发布,保证各生产保障单位、旅客和机场其他用户及时获得所需信息。上述信息均应当无偿提供。

第二节 机场运行安全信息报告制度

第二百八十七条 机场管理机构应当建立机场运行安全信息报告制度，包括航行资料报告制度、日常通报制度、快报制度和月报制度。

第二百八十八条 航行资料报告制度的要求如下：

当机场飞行区有下列情况之一的，机场管理机构应当及时向驻场空中交通管理部门提供航行资料。对可预见或事先有计划的资料更改，应当按《民用航空航行情报工作规则》中的有关规定提前提供；对不可预见的临时性的资料，应当及时提供。

（一）《机场使用细则》中的机场资料发生变更；

（二）跑道、滑行道、机坪或其部分的关闭、恢复或运行限制发生变化；

（三）跑道、滑行道、机坪的数量、运行限制及物理特性发生变化；

（四）跑道、滑行道、机坪道面标志线、标记牌发生变化；

（五）助航灯光设施、风斗发生变化；

（六）登机桥数量发生变化；

（七）飞行区和障碍物限制面内影响飞行安全的障碍物的增加、排除或变动，障碍灯发生变化；

（八）飞行区内不停航施工的开工和计划完工时间、每日施工开始和结束时间、施工区域的安全标志和灯光的设置发生变化；

（九）救援和消防保障等级发生变化（不含临时的变化）；

（十）机场通信、导航、雷达、气象设备发生变化；

（十一）其他情况发生变化需要发布航行通告的。

第二百八十九条 日常通报制度的要求如下：

发现可能影响航空器正常和安全运行的下列情况之一的，机场管理机构应当及时向空中交通管理部门（塔台管制员）通报。

（一）跑道、滑行道或机坪道面破损或者拱起；

（二）跑道、滑行道、机坪有积雪、雪浆或结冰；

（三）跑道摩擦系数低于标准要求的最低值；

（四）因积雪或者结冰而不开放使用的跑道、滑行道、机坪；

（五）跑道、滑行道或机坪上有液体化学物质；

（六）飞行区内有临时性障碍物，包括停放的航空器、施工机具、施工材料、车辆等；

（七）发现疑似航空器掉落的零部件；

（八）发现有航空器提前接地、冲出或偏出跑道的痕迹；

（九）目视助航设施（包括助航灯光、标记牌、风斗、障碍灯等）全部或部分失效或运行不正常；

（十）救援和消防保障水平发生变化；

（十一）净空保护区内发现新的障碍物、升空物体和影响航空安全的其他情况；

（十二）机场通信、导航、雷达、气象等设备发生故障、工作不正常、备份电源失效和其他变动情况；

（十三）有可能影响飞行安全的鸟群活动；

（十四）其他可能影响飞行安全的情况。

第二百九十条 快报制度的要求如下：

当发生下列情况之一时，机场管理机构应当立即以快报形式报告民航地区管理局：

（一）因机场飞行区保障原因造成飞行事故、飞行事故征候、航空地面事故和其他不安全事件；

（二）机场实施应急救援；

（三）非法干扰事件；

（四）航空器遭鸟击（包括航空器受损和没有受损）；

（五）跑道、滑行道或机坪因道面拱起、损坏而临时关闭抢修；

（六）因积雪或者结冰而不开放使用跑道、滑行道、机坪；

（七）跑道摩擦系数低于标准要求的最低值；

（八）飞行区内有临时性障碍物而影响机场运行，包括停放的航空器、施工机具、施工材料、车辆等；

（九）救援和消防保障水平发生变化；

（十）发现航空器掉落的零部件；

（十一）净空保护区内发现新的障碍物、升空物体和影响航空安全的其他情况；

（十二）航空器与航空器、车辆、设备、堆放物等发生碰撞；

（十三）外来物打坏航空器机身、发动机或扎破轮胎；

（十四）航空器、车辆、人员及动物侵入跑道；

（十五）机场供电、目视助航设施（包括助航灯光、标记牌、风斗、障碍灯等）全部或部分失效或运行不正常；

（十六）机场通信、导航、雷达、气象等设备发生故障、工作不正常、备份电源失效和其他变动情况；

（十七）航空器滑行错误、落错跑道，发现有航空器提前接地、冲出或偏出跑道的痕迹；

（十八）航站楼弱电系统运行出现故障或运行不正常；

（十九）其他运行不正常情况。

第二百九十一条 快报中应当说明事件发生的经过、拟采取或者已采取的措施等。

事件处理完成后，机场管理机构应当及时将原因分析及处理结果报告民航地区管理局。

第二百九十二条 机场管理机构应当在每月月底前三天将机场运行安全情况以月报形式报告民航地区管理局。月报应当包括：

（一）当月内快报的全部内容；

（二）机场使用许可证的颁发、变更情况；

（三）跑道、滑行道、机坪全部或部分临时关闭和重新开放使用的情况；

（四）跑道、滑行道、机坪、供电、目视助航设施、消防救援、驱鸟、通信、导航、气象、雷达等保障设施的变化情况，包括扩建、新增、更新改造等；

（五）不停航施工进展情况；

（六）新增或查处超高障碍物的情况；

（七）应急救援出动或演练情况。

第二百九十三条 航空运输企业及其他驻场单位在机场内发生不安全事件，或发现机场设施达不到标准时，应当通报机场管理机构并报告民航地区管理局。

第二百九十四条 空中交通管理部门在获知飞行员反映机场设施达不到标准、或者其他不便于航空器运行的情况时，应当及时通知机场管理机构及民航地区管理局。

第二百九十五条 年旅客吞吐量1000万人次以上的机场，应当每周向民航局报告机场运行情况，报告应当抄送民航地区管理局。报告内容包括快报和月报所包含的内容，以及机场本周的旅客吞吐量、航空器起降架次、货运吞吐量、航班正常率等。

第十三章 法律责任

第二百九十六条 机场管理机构未按照本规定的要求建立健全设施设备管理制度的，或未按要求进行巡视检查、检测、报告、维护，保持设施设备的持续适用的，或在设施设备出现问题时未采取有效措施及时修复的，由民航局或民航地区管理局处以5000元以上1万元以下的罚款;情节严重的,处以1万元以上3万元以下的罚款。

第二百九十七条 航空运输企业及其他驻场单位未按照本规定的要求,对各自的有关机场运行安全的设施设备及时进行维护,保持设施设备的持续适用的,由民航局或民航地区管理局责令改正,并处以5000元以上1万元以下的罚款;情节严重的,民航局或民航地区管理局应当对责任单位处以1万元以上3万元以下的罚款。

第二百九十八条 航空运输企业及其他各驻场单位未遵守手册及机场管理机构为保障飞行安全和正常运营所制定的并经民用航空主管部门批准的管理规定的,由民航局或民航地区管理局给予警告;情节严重的,处以1万元以上3万元以下的罚款。

第二百九十九条 违反本规定第八条的规定,机场管理机构滥用管理权限损害航空运输企业或其代理人及其他驻场单位合法权益的,由民航局或民航地区管理局责令改正,并给予警告;情节严重的,处以1万元以上3万元以下的罚款。

第三百条 违反本规定第十三条的规定,机场管理机构未按照民航局或民航地区管理局批准的机场开放使用范围为航空器提供安全保障的,由民航局或民航地区管理局责令改正,并给予警告;拒不改正的,处以1万元以上3万元以下的罚款。

第三百零一条 违反本规定第十三条规定,机场管理机构、航空运输企业及其他各驻场单位使用国家已明令禁止使用的设备及未经民航局认可的民航专用设备的,由民航局或民航地区管理局处以1万元以上3万元以下的罚款。

第三百零二条 机场管理机构、航空运输企业及其他运行保障单位未按照本规定第二章的要求组织员工培训和考核,由民航局或民航地区管理局责令改正,并处以5000元以上1万元以下的罚款;情节严重的,处以1万元以上3万元以下的罚款。

第三百零三条 机场管理机构未按照本规定第三章的要求管理手册,而导致机场运行安全隐患的,由民航局或民航地区管理局责令改正,并处以5000元以上1万元以下的罚款;情节严重的,处以1万元以上3万元以下的罚款。

第三百零四条 违反本规定第四章第一节的要求,机场管理机构未履行飞行区设施设备维护职责的,由民航局或民航地区管理局责令改正,并给予警告;情节严重的,处以1万元以上3万元以下的罚款。

第三百零五条 违反本规定第七十条第三款的规定,未经塔台管制员许可,人员、车辆进入运行中的跑道、滑行道的,由民航局或民航地区管理局给予警告；情节严重的，对责任单位处以 3 万元的罚款。

第三百零六条 机场管理机构未按照本规定第四章第四节的要求进行跑道摩擦系数测试及维护，而导致机场运行安全隐患的，由民航局或民航地区管理局责令改正，并处以 1 万元以上 3 万元以下的罚款。

第三百零七条 机场管理机构未按照本规定第九十九条要求指派相应的部门和人员对机坪运行实施全天动态检查的，由民航局或民航地区管理局处以 1 万元以下罚款；情节严重的，处以 1 万元以上 3 万元以下的罚款。

第三百零八条 机场管理机构未按照本规定第七章的要求履行净空和电磁环境保护职责，而导致机场运行安全隐患的，由民航局或民航地区管理局处以 5000 元以上 1 万元以下的罚款；情节严重的，处以 1 万元以上 3 万元以下的罚款。

第三百零九条 机场管理机构未按照本规定第八章的要求采取措施防范动物侵入，而导致机场运行安全隐患的，使机场运行安全受到影响的，由民航局或民航地区管理局责令改正，并给予警告；情节严重的，处以 3 万元以下罚款。

第三百一十条 机场管理机构未按照本规定第九章的要求履行除冰雪管理职责，而导致机场运行安全隐患的，由民航局或民航地区管理局处以 5000 元以上 1 万元以下的罚款；情节严重的，处以 1 万元以上 3 万元以下的罚款。

第三百一十一条 机场管理机构未按照本规定的要求制定机场施工管理规定的，以及未按照本规定和机场施工管理规定落实施工管理工作的，民航局或民航地区管理局应当对机场管理机构处以 1 万元以上 3 万元以下的罚款。

第三百一十二条 违反本规定第二百二十六条的要求，未经民航局或民航地区管理局批准，擅自实施不停航施工的，由民航局或民航地区管理局处以 1 万元以上 3 万元以下的罚款。

第三百一十三条 违反本规定第二百五十七条的要求，航空油料供应单位未取得航空油料供应的相关资质证书和许可证书，擅自在机场内从事航空油料供应的，由民航局或民航地区管理局处以 1 万元以上 3 万元以下的罚款。

第三百一十四条 未按照本规定第二百六十条的要求，航空油料供应设施设备和航空油料供应特种设备未经验收、检验或者检测合格而投入使用的，由民航局或民航地区管理局对航空油料供应单位处以 1 万元以上 3 万元以下的罚款。

第三百一十五条 航空油料供应单位未按照本规定第十一章第二节运行安全管理的要求履行油料运行安全管理职责的，由民航局或民航地区管理局责令改正，并处以 5000 元以上 1 万元以下的罚款；情节严重的，由民航局或民航地区管理局处以1万元以上3万元以下的罚款。

第三百一十六条 机场管理机构、航空运输企业未按照本规定第十二章的要求履行机场运行安全信息报告和发布义务的，由民航局或民航地区管理局责令改正，并给予警告；拒不改正的，处以1万元以上3万元以下的罚款。

第十四章 附 则

第三百一十七条 本规定自2008年2月1日起施行。民航总局2000年12月18日颁布的《民用机场不停航施工管理规定》（民航总局令第97号）同时废止。

交通运输部关于修改《民用航空企业及机场联合重组改制管理规定》的决定

（2018年11月16日交通运输部令2018年第31号公布 自2019年1月1日起施行 国司备字[2018001623]）

交通运输部决定对《民用航空企业及机场联合重组改制管理规定》（交通运输部令2016年第41号）作如下修改：

一、将第二条修改为："本规定所称民用航空企业及机场（以下统称民航企业），是指公共航空运输企业、航空油料企业和运输机场（包括军民合用运输机场民用部分）管理机构。"

二、删去第三条第三项中的"（通用航空企业、通用机场除外）"。

本决定自2019年1月1日起施行。

《民用航空企业及机场联合重组改制管理规定》根据本决定作相应修改，重新公布。

民用航空企业及机场联合重组改制管理规定

（2016 年 4 月 13 日交通运输部发布　根据 2018 年 11 月 16 日交通运输部《关于修改〈民用航空企业及机场联合重组改制管理规定〉的决定》修订）

第一章　总　则

第一条　为了规范民用航空企业、机场联合重组改制行为，推进建立公平有序竞争的市场秩序，根据《中华人民共和国行政许可法》、《国务院对确需保留的行政审批项目设定行政许可的决定》（国务院令第 412 号）、《国务院关于第六批取消和调整行政审批项目的决定》（国发〔2012〕52 号）、《国务院关于取消和下放一批行政审批项目的决定》（国发〔2015〕11 号）和国家其他法律、行政法规，制定本规定。

第二条　本规定所称民用航空企业及机场（以下统称民航企业），是指公共航空运输企业、航空油料企业和运输机场（包括军民合用运输机场民用部分）管理机构。

第三条　本规定适用于民航企业的下列联合重组改制行为：

（一）合并，是指一个具有独立法人资格的民航企业吸收另一个具有独立法人资格的民航企业；

（二）公司制改制，是指由非公司制企业法人改制为有限责任公司或者股份有限公司，以及由有限责任公司改制为股份有限公司；

（三）股权重组，是指公司制企业改变股权结构，但上市公司流通股 5% 股份以下持有者发生变化的除外；

（四）公司制企业公开和非公开发行募集股份和股票上市；

（五）委托管理，是指公司制企业接受具有独立法人资格的民航企业委托，按照合同约定对其进行经营管理。

第四条　民航企业联合重组改制应当符合下列条件：

（一）符合国家国内投资民航业规定、外商投资民航业规定和反对垄断、推进公平竞争规定；

（二）符合国家产业发展和宏观调控政策；

（三）符合国家有关法律、法规和规章；

（四）有利于保证安全生产和安全飞行。

第五条　民航企业联合重组改制，应当经所在辖区中国民用航空地区管理局(以下简称民航地区管理局)许可。未经许可,民航企业不得进行联合重组改制。

已经许可的民航企业应当接受中国民用航空局(以下简称民航局)和民航地区管理局的监管。

第二章 申请、受理、决定

第六条 拟实施联合重组改制行为的民航企业为许可事项申请人。

第七条 民航企业联合重组改制,由申请人向其住所地民航地区管理局提出许可申请。跨地区联合重组改制且其他参与方为民航企业的,申请人住所地民航地区管理局应当在征求其他参与方住所地民航地区管理局意见后办理。

第八条 申请人向民航地区管理局申请许可应当提供下列文件:

(一)加盖公章的正式申请文件,内容应包含联合重组改制方案;

(二)《民航企业及机场联合重组改制许可申请表》(附件1);

(三)申请人、拟参与民航企业联合重组改制的企业和个人的基本资料,包括:营业执照(复印件加盖公章);最新股权结构说明;属于民航企业的,还应当提供经营许可证(复印件加盖公章);自然人参与民航企业联合改制重组的(购买上市公司流通股5%以下者除外),须提供个人履历表(附件2);

(四)各方签订的有关联合重组改制的合同、协议;

(五)公司制企业提交该企业的股东会决议等文件,其他非公司制法人提交资产所有者或上级主管单位出具的同意企业实施联合重组改制的文件;

(六)民航地区管理局认为应当提交的可能涉及安全管理、防止垄断等其他相关材料。

申请人应当将以上申请文件装订成册,一式两份,其中至少一份为原件,并提交申请文件电子版。申请材料应当逐份加盖申请人公章或签字确认。

第九条 申请人应当对其所提交的文件、资料的真实性、合法性、完整性负责。

第十条 民航地区管理局对申请人提出的许可申请,应当根据下列情况分别作出处理:

(一)申请材料齐全、符合要求的,应当受理许可申请(附件3);

(二)申请材料不齐全或者不符合要求的,应当当场或者在五日内发出《民航企业及机场联合重组改制许可申请材料补正通知书》(附件4),一次告知申请人需要补正的全部内容,逾期不告知的,自收到申请材料之日起即为受理。申请人补正全部内容后,应当受理申请。申请人不补正全部内容的,不予受理申请(附件5)。

第十一条 民航地区管理局应当自受理许可申请之日起二十日内作出行

政许可决定(附件6、7)。二十日内不能作出决定的,经民航地区管理局负责人批准,可以延长十日,并应当将延长期限的理由告知申请人。

第十二条 民航地区管理局作出准予许可决定,应当向申请人颁发加盖民航地区管理局印章的批准文件,并应当自作出决定之日起十日内向申请人送达批准文件,一个月内向民航局备案批准文件。

作出不予许可的书面决定的,应当说明理由,并告知申请人享有依法申请行政复议或者提起行政诉讼的权利。

第十三条 申请人获得联合重组改制准予许可的六个月内,许可事项无法按期实施完毕的,应在期限届满一个月前书面向审批机关申请延期,最多延期六个月,延期一次。超期未能实施完毕的,应当重新申请许可。

第十四条 民航地区管理局认为申请事项直接关系他人重大利益的,应当告知利害关系人。申请人、利害关系人有权进行陈述和申辩。民航地区管理局应当根据申请人和利害关系人的意见,作出是否准予许可的决定。

第三章 监督检查

第十五条 获得联合重组改制准予许可的申请人,应当按照经许可同意的联合重组改制方案实施联合重组改制,未经民航地区管理局同意不得擅自变更。如确需变更,应当将变更后的联合重组改制方案或变更事项报民航地区管理局重新申请获得许可。

第十六条 民航企业应当在每年1月30日之前向民航地区管理局报送股权信息,并提交法人营业执照副本复印件和行业经营许可证书副本复印件。

第十七条 民航地区管理局通过以下方式对民航企业联合重组改制行为实施监督检查:

(一)核查民航企业报送的股权信息;

(二)汇总企业信用信息公示系统相关信息;

(三)抽查民航企业股权信息。

民航地区管理局实施监督检查,不得妨碍被许可人正常的生产经营活动,不得索取或者收受被许可人的财物,不得谋取其他利益。

第十八条 其他组织或个人有权对民航企业联合重组改制违规行为进行投诉或者举报,对民航行政机关工作人员的违法行为进行投诉或者举报。

民航行政机关对被投诉或者举报的企业或工作人员应当认真查处,并将结果告知投诉人或者举报人。

第四章 法律责任

第十九条 未经民航地区管理局许可而实施联合重组改制的，民航地区管理局对联合重组改制企业给予警告，并处以一万元以上二万元以下罚款，情节严重的，处以二万元以上三万元以下罚款，同时责令补充提交相关申请材料。

该企业的违法信息同时记入企业信用信息记录，定期向社会公布。

第二十条 申请人违反本规定第九条的规定，隐瞒有关情况或者提供虚假材料申请许可的，民航地区管理局不予受理或者不予许可，并给予警告。

第二十一条 被许可人以欺骗、贿赂等不正当手段取得许可的，民航地区管理局应当撤销许可（附件8），并处以一万元以上三万元以下罚款。

第五章 附 则

第二十二条 本规定所指的实施行政许可的期限以工作日计算，不含法定节假日。

第二十三条 本规定自2016年5月14日起施行。2005年7月20日发布的《民用航空企业机场联合重组改制管理规定》（CCAR－229）同时废止。

第二十四条 民航地区管理局可以依据本规定制定实施细则。

附件 1

民航企业及机场联合重组改制许可申请表

申请日期：　　年　　月　　日

申请人(单位)					
申请人住址					
法人代表		职务		邮编	
申请事项					
最新股权结构说明					
申请人签署意见及加盖公章					
经办人姓名及联系方式					

备注：经办人联系方式请注明办公电话、传真、手机、通信地址及邮编。

附件2

民航企业及机场联合重组改制许可申请个人履历表

姓名		性别		一寸免冠照片粘贴处
国籍		文化程度		
身份证号码（外籍者请注明证件名称）		联系电话		

工作简历	起止年月	工作单位和部门	职务

（身份证明复印件粘贴处）	签字：

附件 3

民航企业及机场联合重组改制许可申请受理通知书

编号：民航〔　　〕号

________________________________：

根据《民用航空企业及机场联合重组改制管理规定》，经对你单位提交的申请材料进行审核，现同意正式受理你单位关于____申请。

我局将于二十日内就该许可事项依法作出书面许可决定。依法需要进行听取利害关系人意见、听证、公告、核查的，其期限不计算在内。

（盖章）

年　　月　　日

地　　址：　　　　　　　　邮　　编：

承办单位：　　　　　　　　联 系 人：

电　　话：　　　　　　　　传　　真：

附件4

民航企业及机场联合重组改制
许可申请材料补正通知书

编号：民航〔　　〕号

________________________________：

你单位于____年____月____日递交关于________________________________

____

事项的申请材料。经初步审查，现需你单位补充如下材料：

1. ____

2. ____

3. ____

4. ____

5. ____

依法告知后，请申请人于________日内提交补正材料。

（盖　章）

年　　月　　日

地　　址：　　　　　　　　　　邮　　编：

承办单位：　　　　　　　　　　联 系 人：

电　　话：　　　　　　　　　　传　　真：

附件5

民航企业及机场联合重组改制
许可申请不予受理通知书

编号:民航〔　　〕号

______________________:

根据《行政许可法》《民用航空企业及机场联合重组改制管理规定》等相关法律、法规和规章,经对你单位____年____月____日提交许可申请进行初步审核,鉴于以下原因:

1. ____;

2. ____;

3. ____;

4. ____。

现决定不予受理你单位关于____申请。

对本通知有异议的,自收到通知之日起六十日内向中国民用航空局申请行政复议,也可自收到通知之日起六个月内直接向________________人民法院起诉。

(盖　章)

年　　月　　日

附件6

民航企业及机场联合重组改制
准予许可决定书

编号：民航〔　　〕号

________________________：

根据《民用航空企业及机场联合重组改制管理规定》，经对你单位提交的申请材料进行审核，现准予你单位关于____申请。

本许可决定书有效期六个月，许可事项无法按期实施完毕应在期限届满一个月前书面向我局申请延期。

（盖　章）

年　　月　　日

地　　址：　　　　　　　　　　邮　　编：

承办单位：　　　　　　　　　　联 系 人：

电　　话：　　　　　　　　　　传　　真：

附件7

民航企业及机场联合重组改制不予许可决定书

编号:民航〔　　〕号

____________________________________:

根据《行政许可法》《民用航空企业及机场联合重组改制管理规定》等相关法律、法规和规章,经对你单位____年____月____日提交许可申请进行审核,鉴于以下原因:

1. ____________________________________;

2. ____________________________________;

3. ____________________________________;

4. ____________________________________。

现决定不予许可你单位关于____________________________________

____________________________________申请。

对本决定有异议的,自收到决定书之日起六十日内向中国民用航空局申请行政复议,也可自收到决定书之日起六个月内直接向____________人民法院起诉。

(盖　章)

年　　月　　日

附件 8

撤销民航企业及机场联合重组改制许可决定书

编号:民航〔　　　〕号

________________________:

____年____月____日,我局对你申请____行政许可事项,作出准予行政许可决定。现查明,在审批该行政许可时,存在下列违反规定的事实:________________

____

____

____

根据《民用航空企业及机场联合重组改制管理规定》第____条规定,决定撤销授予你的________________________________行政许可。

如不服本决定,可在接到本决定书之日起六十日内,向中国民用航空局申请行政复议,或在接到本决定书之日起六十日内向______________人民法院起诉。

(盖　章)

年　　月　　日

交通运输部关于修改《民用机场建设管理规定》的决定

（2018年11月16日交通运输部令2018年第32号公布　自2019年1月1日起施行　国司备字[2018001624]）

交通运输部决定对《民用机场建设管理规定》（交通运输部令2016年第47号）作如下修改：

一、将规章名称修改为"运输机场建设管理规定"。

二、将第一条、第三条、第一百一十七条中的"民用机场"修改为"运输机场"，但第一条中的"《民用机场管理条例》"除外。

三、将第二条修改为："本规定适用于运输机场（包括军民合用运输机场民用部分）及相关空管工程的规划与建设。"

四、将第四条第一款修改为："运输机场的规划与建设应当符合全国民用机场布局规划。运输机场及相关空管工程的建设应当执行国家和行业有关建设法规和技术标准，履行建设程序。"

五、删去第一百一十九条。

本决定自2019年1月1日起施行。

《民用机场建设管理规定》根据本决定作相应修改并对条文序号作相应调整，重新公布。

运输机场建设管理规定

（2016年4月21日交通运输部发布　根据2018年11月16日交通运输部《关于修改〈民用机场建设管理规定〉的决定》修订）

第一章　总　　则

第一条　为加强运输机场建设监督管理，规范建设程序，保证工程质量和机场运行安全，维护建设市场秩序，根据《中华人民共和国民用航空法》《民用机场管理条例》《国务院对确需保留的行政审批项目设定行政许可的决定》等法律、法规，制定本规定。

第二条　本规定适用于运输机场（包括军民合用运输机场民用部分）及相关空管工程的规划与建设。

第三条　中国民用航空局（以下简称民航局）负责全国运输机场及相关空管工程规划与建设的监督管理，民航地区管理局负责所辖地区运输机场及相关空管工程规划与建设的监督管理。

第四条　运输机场的规划与建设应当符合全国民用机场布局规划。运输机场及相关空管工程的建设应当执行国家和行业有关建设法规和技术标准，履行建设程序。

运输机场工程建设程序一般包括：新建机场选址、预可行性研究、可行性研究（或项目核准）、总体规划、初步设计、施工图设计、建设实施、验收及竣工财务决算等。

空管工程建设程序一般包括：预可行性研究、可行性研究、初步设计、施工图设计、建设实施、验收及竣工财务决算等。

第五条　运输机场工程按照机场飞行区指标划分为A类和B类。

A类工程是指机场飞行区指标为4E（含）以上的工程。

B类工程是指机场飞行区指标为4D（含）以下的工程。

第六条　运输机场专业工程是指用于保障民用航空器运行的、与飞行安全直接相关的运输机场建设工程以及相关空管工程，其目录由国务院民用航空主管部门会同国务院建设主管部门制定并公布。

第二章　运输机场选址

第七条　运输机场选址报告应当由具有相应资质的单位编制。选址报告应当符合《民用机场选址报告编制内容及深度要求》。

第八条　运输机场场址应当符合下列基本条件：

（一）机场净空、空域及气象条件能够满足机场安全运行要求，与邻近机场无矛盾或能够协调解决，与城市距离适中，机场运行和发展与城乡规划发展相协调，飞机起落航线尽量避免穿越城市上空；

（二）场地能够满足机场近期建设和远期发展的需要，工程地质、水文地质、电磁环境条件良好，地形、地貌较简单，土石方量相对较少，满足机场工程的建设要求和安全运行要求；

（三）具备建设机场导航、供油、供电、供水、供气、通信、道路、排水等设施、系统的条件；

（四）满足文物保护、环境保护及水土保持等要求；

（五）节约集约用地，拆迁量和工程量相对较小，工程投资经济合理。

第九条 运输机场选址报告应当按照运输机场场址的基本条件提出两个或三个预选场址，并从中推荐一个场址。

第十条 预选场址应征求有关军事机关、地方人民政府城乡规划、市政交通、环保、气象、文物、国土资源、地震、无线电管理、供电、通信、水利等部门的书面意见。

第十一条 运输机场选址审批应当履行以下程序：

（一）拟选场址由省、自治区、直辖市人民政府主管部门向所在地民航地区管理局提出审查申请，并同时提交选址报告一式12份。

（二）民航地区管理局对选址报告进行审核，并在20日内向民航局上报场址审核意见及选址报告一式8份。

（三）民航局对选址报告进行审查，对预选场址组织现场踏勘。选址报告应当由具有相应资质的评审单位进行专家评审。

申请人应当与评审单位依法签订技术服务合同，明确双方的权利义务。申请人组织编制单位根据各方意见对选址报告进行修改和完善。评审单位在完成评审工作后应当提出评审报告。专家评审期间不计入审查时限。

（四）民航局在收到评审报告后20日内对场址予以批复。

第十二条 运输机场所在地有关地方人民政府应当将运输机场场址纳入土地利用总体规划和城乡规划统筹安排，并对场址实施保护。

第三章 运输机场总体规划

第十三条 运输机场总体规划应当由运输机场建设项目法人（或机场管理机构）委托具有相应资质的单位编制。

未在我国境内注册的境外设计咨询机构不得独立承担运输机场总体规划的编制，但可与符合资质条件的境内单位组成联合体承担运输机场总体规划的编制。

第十四条 运输机场总体规划应当符合《民用机场总体规划编制内容及深度要求》。

第十五条 新建运输机场总体规划应当依据批准的可行性研究报告或核准的项目申请报告编制。

改建或扩建运输机场应当在总体规划批准后方可进行项目前期工作。

第十六条 运输机场总体规划应当遵循“统一规划、分期建设，功能分区为主、行政区划为辅”的原则。规划设施应当布局合理，各设施系统容量平衡，满足航空业务量发展需求。

运输机场总体规划目标年近期为10年、远期为30年。

第十七条 运输机场总体规划应当符合下列基本要求：

（一）适应机场定位，满足机场发展需要；

（二）飞行区设施和净空条件符合安全运行要求。飞行区构型、平面布局合理，航站区位置适中，具备分期建设的条件；

（三）空域规划及飞行程序方案合理可行，目视助航、通信、导航、监视和气象设施布局合理、配置适当，塔台位置合理，满足运行及通视要求；

（四）航空器维修、货运、供油等辅助生产设施及消防、救援、安全保卫设施布局合理，直接为航空器运行、客货服务的设施靠近飞行区或站坪；

（五）供水、供电、供气、排水、通信、道路等公用设施与城市公用设施相衔接，各系统规模及路由能够满足机场发展要求；

（六）机场与城市间的交通连接顺畅、便捷；机场内供旅客、货运、航空器维修、供油等不同使用要求的道路设置合理，避免相互干扰；

（七）对机场周边地区的噪声影响小，并应编制机场噪声相容性规划。机场噪声相容性规划应当包括：针对该运输机场起降航空器机型组合、跑道使用方式、起降架次、飞行程序等提出控制机场噪声影响的比较方案和噪声暴露地图；对机场周边受机场噪声影响的建筑物提出处置方案，并对机场周边土地利用提出建议；

（八）结合场地、地形条件进行规划、布局和竖向设计；统筹考虑公用设施管线，建筑群相对集中，充分考虑节能、环保；在满足机场运行和发展需要的前提下，节约集约用地。

第十八条 运输机场建设项目法人（或机场管理机构）在组织编制运输机场总体规划时，应当征求有关军事机关的书面意见，并应当与地方人民政府有关部门、各驻场单位充分协商，征求意见。

各驻场单位应当积极配合，及时反映本单位的意见和要求，并提供有关资料。

第十九条 运输机场总体规划审批应当履行以下程序：

（一）机场飞行区指标为4E（含）以上、4D（含）以下的运输机场总体规划由运输机场建设项目法人（或机场管理机构）分别向民航局、所在地民航地区管理局提出申请，同时提交机场总体规划一式10份，向地方人民政府提交机场总体规划一式5份。

（二）民航局或民航地区管理局（以下统称民航管理部门）会同地方人民

政府组织对机场总体规划进行联合审查。

机场总体规划应当由具有相应资质的评审单位进行专家评审。申请人应当与评审单位依法签订技术服务合同,明确双方的权利义务。申请人应当根据各方意见对总体规划进行修改和完善。评审单位在完成评审工作后应当提出评审报告。专家评审期间不计入审查期限。

(三)民航管理部门在收到评审报告后20日内作出许可决定,符合条件的,由民航管理部门在机场总体规划文本及图纸上加盖印章予以批准;不符合条件的,民航管理部门应当作出不予许可决定,并将总体规划及审查意见退回申请人。

(四)申请人应当自机场总体规划批准后10日内分别向民航局、所在地民航地区管理局、所在地民用航空安全监督管理局提交加盖印章的机场总体规划及其电子版本(光盘)各1份,向地方人民政府有关部门提交加盖印章的机场总体规划及其电子版本(光盘)一式5份。

第二十条 民航地区管理局负责所辖地区运输机场总体规划的监督管理。

第二十一条 运输机场建设项目法人(或机场管理机构)应当依据批准的机场总体规划组织编制机场近期建设详细规划,并报送所在地民航地区管理局备案。

第二十二条 运输机场内的建设项目应当符合运输机场总体规划。任何单位和个人不得在运输机场内擅自新建、改建、扩建建筑物或者构筑物。

运输机场建设项目法人(或机场管理机构)应当依据批准的机场总体规划对建设项目实施规划管理,并为各驻场单位提供公平服务。

第二十三条 运输机场范围内的建设项目,包括建设位置、高度等内容的建设方案应在预可行性研究报告报批前报民航地区管理局备案。

具体备案程序如下:

(一)属于驻场单位的建设项目,驻场单位应当就建设方案事先征求机场管理机构意见。机场管理机构依据批准的机场总体规划及机场近期建设详细规划对建设方案进行审核,在10日内提出书面意见。驻场单位应当将机场管理机构书面意见及建设方案一并报送所在地民航地区管理局备案;

(二)属于运输机场建设项目法人(或机场管理机构)的建设项目,运输机场建设项目法人(或机场管理机构)应当将建设方案报送所在地民航地区管理局备案;

(三)属于民航地区管理局的建设项目,其建设方案应当由民航地区管理局征求机场管理机构的意见后,报民航局备案;

（四）备案机关应当对备案材料进行审查。对于不符合机场总体规划的建设项目，应当在收到备案文件15日内责令改正。

第二十四条 运输机场建设项目法人（或机场管理机构）应当对机场总体规划的实施情况进行经常性复核，根据机场的实际发展状况，适时组织修编机场总体规划。

修编机场总体规划应当履行本规定第十九条规定的程序，经批准后方可实施。

第二十五条 运输机场所在地有关地方人民政府应当将运输机场总体规划纳入城乡规划，并根据运输机场的运营发展需要，对运输机场周边地区的土地利用和建设实行规划控制。

第二十六条 运输机场所在地有关地方人民政府在制定机场周边地区土地利用总体规划和城乡规划时，应当充分考虑航空器噪声对机场周边地区的影响，符合国家有关声环境质量标准。

第四章 运输机场工程初步设计

第二十七条 运输机场工程初步设计应当由运输机场建设项目法人委托具有相应资质的单位编制。

第二十八条 运输机场工程初步设计应当符合以下基本要求：

（一）建设方案符合经民航管理部门批准的机场总体规划；

（二）项目内容、规模及标准等符合经审批机关批准的可行性研究报告或经核准的项目申请报告；

（三）符合《民用机场工程初步设计文件编制内容及深度要求》等国家和行业现行的有关技术标准及规范；

（四）符合《民航建设工程概算编制办法》。

第二十九条 中央政府直接投资、资本金注入或以资金补助方式投资的运输机场工程，其初步设计概算不得超出批准的可行性研究报告总投资。

如实际情况确实需要部分超出的，必须说明超出原因并落实超出部分的资金来源；当超出幅度在10%以上时，应当按有关规定重新报批可行性研究报告。

第三十条 中央政府直接投资、资本金注入或以资金补助方式投资的运输机场工程初步设计审批应当履行以下程序：

（一）A类工程、B类工程的初步设计分别由运输机场建设项目法人向民航局、所在地民航地区管理局提出审批申请，并同时提交初步设计文件一式2

至 10 份(视工程技术复杂程度由民航管理部门确定)和相应的电子版本(光盘)一式 2 份。

(二)民航管理部门组织对初步设计文件进行审查,并提出审查意见。

初步设计文件应当经过专家评审。技术复杂的工程项目应当由具有相应资质的评审单位进行专家评审。运输机场建设项目法人应当与具有相应资质的评审单位依法签订技术服务合同,明确双方的权利义务;技术简单的工程项目可以由民航管理部门选择专家征求评审意见。评审单位或者专家在完成评审工作后应当提出评审报告。申请人应当组织设计单位根据各方意见对初步设计进行修改、补充和完善,并向民航管理部门提交初步设计补充材料和相应的电子版本(光盘)一式 2 份。专家评审期间不计入审查期限。

(三)民航管理部门收到评审报告后 20 日内作出许可决定。符合条件的,民航管理部门应当作出准予许可的书面决定;不符合条件的,民航管理部门应当作出不予许可决定,并说明理由。

第三十一条 对于非中央政府直接投资、资本金注入或以资金补助方式投资的运输机场工程,如含有运输机场专业工程项目,其初步设计亦应当履行本规定第三十条规定的程序,由民航管理部门对运输机场专业工程初步设计出具行业意见。

第三十二条 运输机场工程的初步设计原则上一次报审,对于新建机场工程的初步设计可视情分两次报审。

第三十三条 运输机场建设项目法人报审运输机场工程初步设计时应当提交以下材料:

(一)审批申请文件;

(二)初步设计文件、资料清单、设计说明书(设计总说明书和各专业设计说明书)、设计图纸、主要工程量表、主要设备及材料表、工程概算书等;

(三)初步设计项目、规模及汇总概算与批准的可行性研究报告(或核准的项目申请报告)项目、规模及投资对照表及其说明,有关附件等;

(四)有关批准文件。包括:预可行性研究报告、可行性研究报告(或项目申请报告)、环境评价、土地预审、通信、导航、监视、气象台(站)址等的批准(或核准)文件;

(五)相应的工程勘察、地震评估、环境评价以及工程试验等报告书。

第三十四条 运输机场工程初步设计未按照本规定第三十条、第三十一条经过批准或者取得行业审查意见的,不得实施。

第三十五条 运输机场工程初步设计一经批准,应严格遵照执行,未经批准不得擅自修改、变更。

如确有必要对已批准的初步设计进行变更或调整概算,应严格执行《民航建设工程设计变更及概算调整管理办法》。

第五章　运输机场工程施工图设计

第三十六条　运输机场工程施工图设计应当由运输机场建设项目法人委托具有相应资质的单位编制。

第三十七条　运输机场工程施工图设计应当符合以下基本要求:

(一)符合经民航管理部门批准的初步设计;

(二)符合《民用机场工程施工图设计文件编制内容及深度要求》等国家和行业现行的有关技术标准及规范。

第三十八条　下列运输机场工程应由运输机场建设项目法人按照国家有关规定委托具有相应资质的单位进行施工图审查,并将审查报告报工程质量监督机构备案:

(一)飞行区土石方、地基处理、基础、道面、排水、桥梁、涵隧、消防管网、管沟(廊)等工程;

(二)航管楼、塔台、雷达塔的土建部分,以及机场通信、导航、气象工程中层数为2层及以上的其他建(构)筑物的土建部分;

(三)飞行区内地面设备加油站、机坪输油管线、机场油库、中转油库工程(不含土建工程)。

上述运输机场工程未经施工图审查合格的,不得实施。

第三十九条　运输机场工程施工图设计的审查内容主要包括:

(一)建筑物和构筑物的稳定性、安全性审查,包括地基基础和主体结构体系是否安全、可靠;

(二)是否满足飞行安全与正常运行的要求;

(三)是否符合国家和行业现行的有关强制性标准及规范;

(四)是否符合批准的初步设计文件;

(五)是否达到规定的施工图设计深度要求。

第四十条　施工图设计审查报告应当包括以下内容:

(一)审查工作概况;

(二)审查依据和采用的标准及规范;

(三)审查意见;

(四)与运输机场建设项目法人、设计单位协商的情况;

(五)有关问题及建议;

（六）审查结论意见。

第四十一条 其他运输机场工程施工图设计审查应当按国家有关规定执行。

第六章 运输机场建设实施

第四十二条 运输机场工程的建设实施应当执行国家规定的市场准入、招标投标、监理、质量监督等制度。

第四十三条 运输机场工程的招标活动按照国家有关法律、法规执行。

第四十四条 承担运输机场工程建设的施工单位应当具有相应的资质等级。

第四十五条 运输机场工程的监理单位应当具有相应的资质等级。

第四十六条 民航专业工程质量监督机构负责运输机场专业工程项目的质量监督工作。

属于运输机场专业工程的，运输机场建设项目法人应当在工程开工前向民航专业工程质量监督机构申报质量监督手续。

第四十七条 在机场内进行不停航施工，由机场管理机构负责统一向机场所在地民航地区管理局报批，未经批准不得在机场内进行不停航施工。

第七章 运输机场工程验收

第四十八条 运输机场工程竣工后，运输机场建设项目法人应当组织勘察、设计、施工、监理等有关单位进行竣工验收。

工程质量监督机构应当对竣工验收进行监督。

第四十九条 运输机场工程竣工验收应当具备下列条件：

（一）完成建设工程设计和合同约定的各项内容；

（二）有完整的技术档案和施工管理资料；

（三）有工程使用的主要建筑材料、建筑构配件和设备的进场试验报告；

（四）有勘察、设计、施工、监理等单位分别签署的质量合格文件；

（五）有施工单位签署的工程保修书。

第五十条 对于规定要求需进行飞行校验的通信、导航、监视、助航等设施设备，运输机场建设项目法人必须按有关规定办理飞行校验手续，并取得飞行校验结果报告。

第五十一条 对于规定要求需进行试飞的新建运输机场工程或飞行程序

有重大变更的改建、扩建运输机场工程，在竣工验收和飞行校验合格后，运输机场建设项目法人必须按有关规定办理试飞手续，并取得试飞总结报告。

第五十二条 运输机场专业工程应当履行行业验收程序。

第五十三条 运输机场专业工程行业验收应当具备下列条件：

（一）竣工验收合格；

（二）已完成飞行校验；

（三）试飞合格；

（四）民航专业弱电系统经第三方检测符合设计要求；

（五）涉及机场安全及正常运行的项目存在的问题已整改完成；

（六）环保、消防等专项验收合格、准许使用或同意备案；

（七）民航专业工程质量监督机构已出具同意提交行业验收的工程质量监督报告。

第五十四条 运输机场建设项目法人在申请运输机场专业工程行业验收时，应当报送以下材料：

（一）竣工验收报告。内容包括：

1. 工程项目建设过程及竣工验收工作概况；

2. 工程项目内容、规模、技术方案和措施、完成的主要工程量和安装的设备等；

3. 资金到位及投资完成情况；

4. 竣工验收整改意见及整改工作完成情况；

5. 竣工验收结论；

6. 工程竣工项目一览表。

（二）飞行校验结果报告；

（三）试飞总结报告；

（四）运输机场专业工程设计、施工、监理、质监等单位的工作报告；

（五）环保、消防等主管部门的验收合格意见、准许使用意见或备案文件；

（六）运输机场专业工程有关项目的检测、联合试运转情况；

（七）有关批准文件。

第五十五条 运输机场专业工程行业验收应当履行以下程序：

（一）A 类工程、B 类工程的行业验收由运输机场建设项目法人向所在地民航地区管理局提出申请。

（二）对于具备行业验收条件的运输机场工程，民航管理部门在受理运输机场建设项目法人的申请后20 日内组织完成行业验收工作，并出具行业验收意见。

第五十六条 运输机场专业工程行业验收的内容包括：

(一)工程项目是否符合批准的建设规模、标准；

(二)工程质量是否符合国家和行业现行的有关标准及规范；

(三)工程主要设备的安装、调试、检测及联合试运转情况；

(四)航站楼工艺流程是否符合有关规定、满足使用需要；

(五)工程是否满足机场运行安全和生产使用需要；

(六)运输机场工程档案收集、整理和归档情况；

(七)有中央政府直接投资、资本金注入或以资金补助方式投资的工程的概算执行情况。

第五十七条 非运输机场专业工程应当按国家有关规定履行验收程序。

第五十八条 运输机场建设项目法人应当按国家、民航及地方人民政府有关规定及时移交运输机场工程档案资料。

第五十九条 未经行业验收合格的运输机场专业工程，不得投入使用。

第六十条 运输机场建设项目法人应当在运输机场工程竣工后三个月内完成竣工财务决算的编制工作，并按有关规定及时上报。

第八章 运输机场工程建设信息

第六十一条 运输机场工程实行工程建设信息报告制度。新建运输机场工程建设信息报告期为自出具场址审查意见之日起，至投入使用止；改建、扩建运输机场工程建设信息报告期为自批准立项之日起，至投入使用止。

第六十二条 运输机场建设项目法人应当指定项目信息员对其实施工程的建设信息及时进行收集、统计和整理，形成电子文本。电子文本通过中国民用航空安全信息网民航建设项目管理系统，按照本规定第六十一条、第六十三条规定的时间报所在地民航地区管理局。

第六十三条 运输机场工程建设信息在开工建设前每季度报告一次，开工建设后每月报告一次。报告日期为次月的5日之前。

第六十四条 民航地区管理局负责审核本地区的运输机场工程建设信息，并将审核后的工程建设信息电子文本通过中国民用航空安全信息网民航建设项目管理系统，于每月10日前报民航局。

第六十五条 运输机场工程建设信息应当包括以下内容：

(一)项目概况，包括：项目基本信息、机场总体规划情况、项目审批情况、工程规模、主要建设内容和技术方案、资金来源、总体实施计划、建设单位基本信息、其他情况；

（二）当前动态，包括：形象进度、资金到位及投资完成情况、工程质量情况、配套工程进展情况、其他情况；

（三）存在的主要问题。

运输机场工程建设信息具体内容及格式应符合中国民用航空安全信息网民航建设项目管理系统的要求。

第六十六条 当发生工程质量事故和安全事故时，运输机场建设项目法人必须按国家有关规定及时上报。

第九章 空管工程建设管理

第六十七条 本章的规定适用于项目法人为民航局空管局、地区空管局或者空管分局（站）的空管建设工程。

第六十八条 空管工程预可行性研究、可行性研究应当按照国家及民航局的有关规定执行。

第六十九条 空管工程初步设计应当由项目法人委托具有相应资质的单位编制。

第七十条 空管工程初步设计应当符合以下基本要求：

（一）项目内容、规模及标准等符合经审批机关批准的可行性研究报告；

（二）符合《民航建设工程概算编制办法》等国家和行业现行的有关技术标准及规范。

第七十一条 空管工程在相应的通信、导航、监视、气象等的台（站）址得到批复后方可报审初步设计。

第七十二条 空管工程初步设计概算不得超出批准的可行性研究报告中的总投资。

如实际情况确实需要部分超出的，必须说明超出原因并落实超出部分的资金来源；当超出幅度在10%以上时，应当按有关规定重新报批可行性研究报告。

第七十三条 空管工程的初步设计应当按照有关法律、行政法规的规定进行审批。

第七十四条 空管工程初步设计的审批工作，按照民航局和民航地区管理局的有关规定执行。

第七十五条 项目法人报批空管工程初步设计时应当报送以下资料：

（一）审批申请文件；

（二）初步设计文件、资料清单、设计说明书（设计总说明书和各专业设计

说明书)、设计图纸、主要工程量表、主要设备及材料表、工程概算书等;

(三)初步设计项目、规模及汇总概算与批准的可行性研究报告项目、规模及投资对照表及其说明,有关附件等;

(四)有关批准文件。包括:预可行性研究报告,可行性研究报告,环境评价,土地预审,通信、导航、监视、气象台(站)址等的批准文件;

(五)相应的工程勘察、地震评估、环境评价以及工程试验等报告书。

第七十六条 空管工程初步设计审批应当履行以下程序:

(一)空管工程初步设计由项目法人向民航管理部门提出审批申请,并同时提交初步设计文件一式2至10份(视工程技术复杂程度由民航管理部门确定)和相应的电子版本(光盘)一式2份。

(二)民航管理部门组织对初步设计文件进行审查,并提出审查意见。

初步设计文件应当经过专家评审。技术复杂的工程项目应当由具有相应资质的评审单位进行专家评审。空管工程项目法人应当与具有相应资质的评审单位依法签订技术服务合同,明确双方的权利义务;技术简单的工程项目可以由民航管理部门选择专家征求评审意见。评审单位或者专家在完成评审工作后应当提出评审报告。申请人应当组织设计单位根据各方意见对初步设计进行修改、补充和完善,并向民航管理部门提交初步设计补充材料和相应的电子版本(光盘)一式2份。专家评审期间不计入审查期限。

(三)民航管理部门在收到评审报告后20日内予以批准。

第七十七条 空管工程初步设计未经批准的,不得实施。

第七十八条 空管工程初步设计一经批准,应严格遵照执行,不得擅自修改、变更。

如确有必要对已批准的初步设计进行变更或概算调整,应严格执行《民航建设工程设计变更及概算调整管理办法》。

第七十九条 空管工程施工图设计应当由项目法人委托具有相应资质的单位编制。

第八十条 空管工程施工图设计应当符合以下基本要求:

(一)符合经民航管理部门批准的初步设计;

(二)符合国家和行业现行的有关技术标准和规范。

第八十一条 空管工程中的土建部分应由项目法人按照国家有关规定委托具有相应资质的单位进行施工图审查,并将审查报告报工程质量监督机构备案。

上述工程未经施工图审查合格的,不得实施。

第八十二条 空管工程施工图设计的审查内容主要包括:

（一）建筑物和构筑物的稳定性、安全性审查，包括地基基础和主体结构体系是否安全、可靠；

（二）是否满足安全与正常使用的要求；

（三）是否符合国家和行业现行的有关强制性标准、规范；

（四）是否符合批准的初步设计文件。

第八十三条 审查报告应当包括以下内容：

（一）审查工作概况；

（二）审查依据和采用的标准及规范；

（三）审查意见；

（四）与项目法人、设计单位协商的情况；

（五）有关问题及建议；

（六）审查结论意见。

第八十四条 空管工程的建设实施应当执行国家规定的市场准入、招标投标、监理、质量监督等制度。

第八十五条 空管工程的招标活动按照国家有关法律、法规执行。

第八十六条 承担空管工程建设的施工单位应当具有相应的资质等级。

第八十七条 空管工程的监理单位应当具有相应的资质等级。

第八十八条 空管工程项目法人应在工程开工前向工程质量监督机构申报质量监督手续。

第八十九条 机场工程配套的空管工程可与机场工程采用建设集中管理模式，统一组建工程建设指挥部，统一开展整体工程项目申报、用地预审、规划选址、环境影响评价、节能评估、征地拆迁、招投标等工作，统一组织工程建设。

第九十条 空管工程竣工后，项目法人应当组织勘察、设计、施工、监理等有关单位进行竣工验收。

工程质量监督机构应当对竣工验收进行监督。

第九十一条 空管工程竣工验收应当具备下列条件：

（一）完成建设工程设计和合同约定的各项内容；

（二）有完整的技术档案和施工管理资料；

（三）有工程使用的主要建筑材料、建筑构配件和设备的进场试验报告；

（四）有勘察、设计、施工、监理等单位分别签署的质量合格文件；

（五）有施工单位签署的工程保修书。

第九十二条 对于规定要求需进行飞行校验的通信、导航、监视等设施设备，项目法人必须按有关规定办理飞行校验手续，并取得飞行校验结果报告。

第九十三条 空管工程经过民航管理部门验收后，方可投入使用。

第九十四条 项目法人向民航管理部门申请验收空管工程应当具备下列条件:

(一)竣工验收合格;

(二)已完成飞行校验;

(三)主要工艺设备经检测符合设计要求;

(四)涉及安全及正常使用的项目存在的问题已整改完成;

(五)环保、消防等专项验收合格、准许使用或同意备案;

(六)工程质量监督机构已出具同意提交验收的工程质量监督报告。

第九十五条 项目法人向民航管理部门申请验收空管工程,应当报送以下材料:

(一)竣工验收报告。内容包括:

1. 工程项目建设过程及竣工验收工作概况;

2. 工程项目内容、规模、技术方案和措施、完成的主要工程量和安装设备等;

3. 资金到位及投资完成情况;

4. 竣工验收整改意见及整改工作完成情况;

5. 竣工验收结论;

6. 工程竣工项目一览表。

(二)飞行校验结果报告;

(三)空管工程设计、施工、监理、质监等单位的工作报告;

(四)环保、消防等主管部门的验收合格意见、准许使用意见或备案文件;

(五)主要工艺设备的检测情况;

(六)有关批准文件。

第九十六条 下列空管工程由民航局组织验收:

(一)民航局空管局为项目法人的建设工程;

(二)批准的可行性研究报告总投资 2 亿元(含)以上的民航地区空管局或空管分局(站)为项目法人的建设工程。

第九十七条 其他空管工程由所在地民航地区管理局组织验收。

第九十八条 民航管理部门验收空管工程应当履行以下程序:

(一)由项目法人向民航管理部门提出验收申请;

(二)对于具备验收条件的空管工程,民航管理部门在收到项目法人的申请后 20 日内组织完成验收工作,并出具验收意见。

第九十九条 民航管理部门验收空管工程的内容包括:

(一)工程项目是否符合批准的建设规模、标准;

（二）工程质量是否符合国家和行业现行的有关标准及规范；

（三）主要工艺设备的安装、调试、检测情况；

（四）工程是否满足运行安全和生产使用需要；

（五）工程档案收集、整理和归档情况；

（六）工程概算执行情况。

第一百条 项目法人应当按国家、民航有关规定及时移交空管工程档案资料。

第一百零一条 未经验收合格的空管工程，不得投入使用。

第一百零二条 空管工程项目法人应在空管工程竣工后三个月内完成竣工财务决算的编制工作，并上报主管部门。

第一百零三条 空管工程实行工程建设信息报告制度。工程建设信息报告期为自批准立项之日起，至投入使用止。

第一百零四条 项目法人应当指定项目信息员对其实施工程的建设信息及时进行收集、统计和整理，形成电子文本。

民航地区空管局、空管分局（站）的空管工程建设信息电子文本通过中国民用航空安全信息网民航建设项目管理系统，按照本规定第一百零三条、第一百零五条规定的时间报民航局空管局。

第一百零五条 空管工程建设信息在开工建设前每季度报告一次，开工建设后每月报告一次。报告日期为次月的5日之前。

第一百零六条 民航局空管局负责审核空管工程建设信息，并将审核后的工程建设信息电子文本通过中国民用航空安全信息网民航建设项目管理系统，于每月10日前报民航局。

第一百零七条 空管工程建设信息应当包括以下内容：

（一）项目概况，包括：项目基本信息、项目审批情况、工程规模、主要建设内容和技术方案、资金来源、总体实施计划、建设单位基本信息、其他情况；

（二）当前动态，包括：形象进度、资金到位及投资完成情况、工程质量情况、招标工作情况、配套工程进展情况、其他情况；

（三）存在的主要问题。

空管工程建设信息具体内容及格式应符合中国民用航空安全信息网民航建设项目管理系统的要求。

第一百零八条 当发生工程质量事故和安全事故时，项目法人必须按照国家有关规定及时上报。

第十章 法律责任

第一百零九条 违反本规定第七条、第十三条、第二十七条、第三十六条、第六十九条、第七十九条，将选址、总体规划、初步设计及施工图设计发包给不具有相应资质等级的单位承担的，由民航管理部门责令其改正，并处以警告；情节严重的，处以1万元以上3万元以下罚款。

第一百一十条 违反本规定第二十二条，任何单位在运输机场内进行不符合运输机场总体规划的建设活动的，由民航管理部门责令其改正，处以10万元以上50万元以下的罚款。

第一百一十一条 违反本规定第三十四条，运输机场专业工程初步设计未按照本规定要求经过批准，就擅自组织实施的，由民航管理部门责令其改正，并处以10万元以上50万元以下的罚款。

违反本规定第三十四条，运输机场工程初步设计未按照本规定要求获得行业意见，就擅自组织实施的，由民航管理部门责令其改正，并处以1万元以上3万元以下的罚款。

违反本规定第七十七条，空管工程初步设计未经批准、擅自组织实施的，由民航管理部门责令其改正，并处以1万元以上3万元以下的罚款。

第一百一十二条 违反本规定第四十四条、第四十五条、第八十六条、第八十七条，项目法人将运输机场工程或空管工程的施工和监理发包给不具有相应资质等级的单位承担的，由民航管理部门责令其改正，并处以1万元以上3万元以下的罚款。

第一百一十三条 违反本规定第四十七条，在运输机场开放使用的情况下，未经批准在飞行区及与飞行区临近的航站区内进行施工的，由民航管理部门责令其改正，并处以10万元以上50万元以下的罚款。

第一百一十四条 违反本规定第五十九条，运输机场专业工程未经行业验收合格投入使用的，由民航管理部门责令其改正，并处以10万元以上50万元以下的罚款。

第一百一十五条 违反本规定第六十一条、第六十二条、第六十三条、第一百零三条、第一百零四条、第一百零五条，项目法人未履行建设项目信息管理义务的，由民航管理部门责令其改正，并处以警告；情节严重的，处以1万元以上3万元以下的罚款。

第一百一十六条 违反本规定第九十三条，空管工程未经民航管理部门验收即投入使用的，由民航管理部门责令其改正，处以1万元以上3万元以下的罚款。

第一百一十七条 民航管理部门工作人员在运输机场建设管理工作中滥用职权、玩忽职守、徇私舞弊的，由有关行政主管部门给予行政处分；构成犯罪的，依法追究刑事责任。

第十一章 附 则

第一百一十八条 本规定对运输机场和空管工程建设未作出明确要求的，均按国家有关建设管理规定执行。

第一百一十九条 本规定自2016年5月22日起施行。2004年颁布的《民用机场建设管理规定》（民航总局令第129号）同时废止。

交通运输部关于修改《通用航空经营许可管理规定》的决定

（2018年11月16日交通运输部令2018年第36号公布 自2019年1月1日起施行 国司备字[2018001628]）

交通运输部决定对《通用航空经营许可管理规定》（交通运输部令2016年第31号）作如下修改：

一、删去第八条第七项。

二、删去第十条第六项、第八项和第十项。

三、删去第十四条。

四、删去第十九条第四项。

五、删去第二十一条第三项和第四项。

六、将附录中"空中游览"的解释修改为："使用民用航空器载运游客进行以观赏、游览为目的的飞行活动。"

本决定自2019年1月1日起施行。

《通用航空经营许可管理规定》根据本决定作相应修改并对条文序号作相应调整，重新公布。

通用航空经营许可管理规定

（2016 年 4 月 7 日交通运输部发布　根据 2018 年 11 月 16 日交通运输部《关于修改〈通用航空经营许可管理规定〉的决定》修订）

第一章　总　　则

第一条　为了规范对通用航空的行业管理，促进通用航空安全、有序、健康发展，根据《中华人民共和国民用航空法》《中华人民共和国行政许可法》和国家有关法律、行政法规，制定本规定。

第二条　本规定适用于中华人民共和国境内（港澳台地区除外）从事经营性通用航空活动的通用航空企业的经营许可及相应的监督管理。

第三条　从事通用航空经营活动，应当取得通用航空经营许可。

取得通用航空经营许可的企业，应当遵守国家法律、行政法规和规章的规定，在批准的经营范围内依法开展经营活动。

第四条　中国民用航空局（以下简称民航局）对通用航空经营许可及相应监督管理工作实施统一管理。中国民用航空地区管理局（以下简称民航地区管理局）负责实施辖区内的通用航空经营许可管理工作。

第五条　实施通用航空经营许可管理遵循下列基本原则：

（一）促进通用航空事业发展，维护社会公共利益，保护消费者合法权益；

（二）符合通用航空发展政策；

（三）符合科学规划、市场引导、协调发展的要求；

（四）保障飞行及作业安全。

第六条　开展以下经营项目的企业应当取得通用航空经营许可：

（一）甲类　通用航空包机飞行、石油服务、直升机引航、医疗救护、商用驾驶员执照培训；

（二）乙类　空中游览、直升机机外载荷飞行、人工降水、航空探矿、航空摄影、海洋监测、渔业飞行、城市消防、空中巡查、电力作业、航空器代管、跳伞飞行服务；

（三）丙类　私用驾驶员执照培训、航空护林、航空喷洒（撒）、空中拍照、空中广告、科学实验、气象探测；

（四）丁类　使用具有标准适航证的载人自由气球、飞艇开展空中游览；使用具有特殊适航证的航空器开展航空表演飞行、个人娱乐飞行、运动驾驶员执照培训、航空喷洒(撒)、电力作业等经营项目。

其他需经许可的经营项目,由民航局确定。

抢险救灾不受上述项目的划分限制,按照民航局的有关规定执行。

第七条 民航局、民航地区管理局对从事经营性通用航空保障业务的企业实施监督管理。

第二章 经营许可条件和程序

第八条 取得通用航空经营许可,应当具备下列基本条件:

(一)从事通用航空经营活动的主体应当为企业法人,主营业务为通用航空经营项目;企业的法定代表人为中国籍公民;

(二)企业名称应当体现通用航空行业和经营特点;

(三)购买或租赁不少于两架民用航空器,航空器应当在中华人民共和国登记,符合适航标准;

(四)有与民用航空器相适应,经过专业训练,取得相应执照或训练合格证的航空人员;

(五)设立经营、运行及安全管理机构并配备与经营项目相适应的专业人员;

(六)企业高级管理人员应当完成通用航空法规标准培训,主管飞行、作业质量的负责人还应当在最近六年内具有累计三年以上相关专业领域工作经验;

(七)有符合相关法律、法规和标准要求,经检测合格的作业设施、设备;

(八)具备充分的赔偿责任承担能力,按规定投保地面第三人责任险等保险;

(九)民航局认为必要的其他条件。

第九条 具有下列情形之一的,民航地区管理局不予受理通用航空经营许可申请:

(一)不符合本规定第五条的;

(二)申请人因隐瞒有关情况或者提供虚假材料不予受理或者不予许可,一年内再次申请的;

(三)申请人因使用欺骗、贿赂等不正当手段被撤销通用航空经营许可证后,三年内再次申请的;

(四)申请人收到不予许可决定后,基于同样事实和材料再次提出经营许可申请的;

（五）法律、法规规定的不予受理的其他情形。

第十条 申请人应当向企业住所地民航地区管理局提出通用航空经营许可的申请，按规定的格式提交以下申请材料并确保其真实、完整、有效：

（一）通用航空经营许可申请书；

（二）企业章程；

（三）法定代表人以及经营负责人、主管飞行和作业技术质量负责人的任职文件、资历表、身份证明、无犯罪记录声明；公司董事、监事、经理的委派、选举或者聘用的证明文件；

（四）航空器购租合同，航空器的所有权、占有权证明文件；

（五）民用航空器国籍登记证、适航证以及按照民航规章要求装配的机载无线电台的执照；

（六）航空人员执照以及与申请人签订的有效劳动合同；

（七）具备充分赔偿责任承担能力的证明材料，包括地面第三人责任险的投保文件等；

（八）企业及法定代表人（负责人）的通讯地址、联系方式，企业办公场所所有权或使用权证明材料；

（九）有外商投资的，申请人应当按国家及民航外商投资有关规定提交外商投资项目核准或备案文件、外商投资企业批准证书；

（十）申请材料全部真实、有效的声明文件。

第十一条 有下列情形之一的人员，不得担任通用航空企业法定代表人（负责人）：

（一）未履行《安全生产法》规定的安全生产管理职责，导致发生生产安全事故，受刑事处罚或者撤职处分，执行期满未逾五年的；

（二）因贪污、贿赂、侵占财产、挪用财产或者破坏社会主义市场经济秩序，被判处刑罚，执行期满未逾五年的；

（三）担任因违法被吊销营业执照、责令关闭的公司、企业的法定代表人，并负有个人责任的，自该公司、企业被吊销营业执照之日起未逾三年的；

（四）法律、法规规定不得担任企业法定代表人（负责人）的其他情形。

对重大、特别重大生产安全事故负有责任的，终身不得担任通用航空企业法定代表人（负责人）。

第十二条 民航地区管理局应当自受理之日起二十日内作出是否准予许可的决定。二十日内不能作出决定的，经民航地区管理局负责人批准，可以延长十日，并应当将延长期限的理由告知申请人。准予许可的，应当自作出决定之日起十日内向申请人颁发通用航空经营许可证（以下简称经营许可证）；不予许可的，应当自作出决定之日起十日内书面通知申请人，说明理由，并告知申请人享有依法申请行政复议或者提起行政诉讼的权利。

民航地区管理局应当将颁发经营许可证的相关审核材料报送民航局备案，民航局定期公告通用航空经营许可情况。

第十三条 通用航空经营许可证应当载明：

（一）许可证编号；

（二）企业名称；

（三）企业住所；

（四）基地机场（起降场地）；

（五）企业类型；

（六）法定代表人；

（七）经营范围；

（八）有效期限；

（九）颁发日期；

（十）许可机关印章。

第三章　经营许可证的管理

第十四条 通用航空经营许可证所载的事项需变更的，通用航空经营许可证持有人（以下简称许可证持有人）应当自变更事项发生之日起十五日内向住所地民航地区管理局提出变更申请。

第十五条 通用航空经营许可证有效期限为三年。

许可证持有人应当于经营许可证有效期届满三十日前，以书面形式向民航地区管理局提出换证申请，并提交相关申请材料。

民航地区管理局接到申请材料后，应当自受理之日起二十日内作出是否准予换证的决定。准予换证的，应当自作出决定之日起十日内向申请人颁发新的经营许可证，许可证持有人领取新的经营许可证时，应当交回原经营许可证；不符合条件的，应当自作出决定之日起十日内书面通知申请人、说明理由，告知申请人享有依法申请行政复议或者提起行政诉讼的权利。

第十六条 民航地区管理局应当将经营许可证的变更、换发、注销等情形的相关审核材料及时报民航局备案，民航局定期公告。

第十七条 经营许可证不得涂改、出借、买卖或者转让。

发生遗失、损毁、灭失等情况的，许可证持有人应当自发生之日起十五日内向住所地民航地区管理局申请补发，并在相关媒体发布公告。

第四章 监督检查

第十八条 许可证持有人开展经营活动时,应当履行下列义务:

(一)遵守国家法律法规和规章的要求,采取有效措施确保飞行安全;

(二)持续符合经营许可条件;

(三)在经营许可证载明的经营范围内进行经营活动;

(四)开展经营活动前,应当将经营活动信息向所在地民航地区管理局备案;跨地区开展经营活动前还应当将经营活动信息向活动所在地区的民航地区管理局备案,并接受监督管理;

(五)履行飞行活动的申报手续,在规定的空域内活动;

(六)按照国家标准和民航行业标准开展作业与服务;

(七)采取符合规定的环境保护措施;

(八)向民航局和民航地区管理局及时、真实、完整地报送安全生产经营情况、行业统计数据以及申领民航财政补贴所需信息;

(九)向民航局和民航地区管理局及时报备对企业运营产生重大影响的相关信息,如股权结构变更、机队构成调整等;

(十)公布服务合同样本及价格,明确与通用航空用户、机上乘客的权利义务关系;

(十一)确保持续具备赔偿责任承担能力,确保开展经营活动期间所投保的地面第三人责任险等强制保险足额、有效,鼓励投保航空器机身险、机上人员险等补充险种;

(十二)按照国家及民航有关规定,对参与飞行活动的人员进行有效的监督管理,并登记、保留相关人员资料;

(十三)未经监护人同意,不得允许未成年人参加飞行活动;

(十四)民航局规定的其他要求。

第十九条 许可证持有人拟设立分公司开展通用航空经营活动的,应当及时向住所地以及分公司所在地民航地区管理局备案。

第二十条 许可证持有人办理分公司备案应当提交如下材料:

(一)分公司情况说明,包括航空器、航空人员等情况,分公司运营管理、安全管理等组织机构设立情况等;

(二)分公司负责人的书面任职文件、资质和身份证明;

(三)分公司及负责人的通讯地址和联系方式;

(四)民航局规定的其他资料。

第二十一条 许可证持有人应当按照有关规定完成国家下达的抢险救灾任务。

第二十二条 民航局建立健全通用航空经营许可及相应监督管理工作的监督检查制度,及时纠正通用航空经营许可和相应监督管理过程中的违法行为。

第二十三条 有下列情形之一的,民航局、民航地区管理局依法撤销已作出的行政许可决定:

(一)工作人员滥用职权、玩忽职守,违规审核通用航空经营许可申请的;

(二)超越法定职权颁发通用航空经营许可证的;

(三)违反法定程序颁发通用航空经营许可证的;

(四)向不具备申请资格或者不符合规定条件的申请人颁发通用航空经营许可证的;

(五)申请人以欺骗、贿赂等不正当手段取得通用航空经营许可证的;

(六)依法可以撤销通用航空经营许可的其他情形。

第二十四条 民航地区管理局建立健全本地区通用航空经营活动的监督检查制度,对本辖区内的通用航空经营活动实施监督检查,依法查处违法开展的通用航空经营活动。

对跨地区违法开展经营活动的许可证持有人,违法事实发生地民航地区管理局进行查处后,应当将违法事实、处理结果抄告其住所地民航地区管理局。

第二十五条 民航地区管理局应当每年组织不少于一次的对本地区许可证持有人的生产经营情况和生产经营场所的年度检查,并向其出具年度检查意见。检查过程中,民航地区管理局有权依法查阅或者要求许可证持有人提供有关材料。

民航地区管理局应当对其他地区许可证持有人在本地区设立的分公司进行年度检查,向其出具年度检查意见并抄送许可证持有人住所地民航地区管理局。许可证持有人住所地民航地区管理局汇总后形成对相关许可证持有人的年检结论。

第二十六条 许可证持有人应当配合民航局、民航地区管理局执法人员的监督检查,如实、完整地提供有关情况和材料,不得隐瞒或者提供虚假信息。

第二十七条 依据年度检查意见,许可证持有人需进行整改的,民航地区管理局应责令其限期改正或者依法采取有效措施督促其改正。

需要整改的,许可证持有人应当在年度检查意见所规定的期限内完成整改工作,并在完成整改工作后十日内向民航地区管理局书面反馈整改情况。

第二十八条　许可证持有人的年度检查结论分为合格、不合格两类。民航地区管理局应当将年度检查结论书面告知被检查人，同时报民航局备案。民航局汇总后定期公告许可证持有人的年度检查情况。

第二十九条　许可证持有人在年检周期内未发生违法违规行为，能够履行本规定设定义务的，其年检结论为合格。

第三十条　有以下情形之一的，许可证持有人的年检结论为不合格：

（一）有违反本规定行为，情节严重，且对安全运行、市场秩序等产生重大影响的；

（二）拒不接受年检或故意隐瞒、提供虚假情况的；

（三）未能在期限内完成整改或整改期限需超过一年的。

第三十一条　对年度检查结论为不合格的经营许可证持有人，民航局暂停其享受当年民航财政补贴和其他扶持政策的资格。

第三十二条　许可证持有人有下列情形之一的，民航地区管理局应不予办理换证：

（一）许可证逾期后提交换证申请的；

（二）连续三年的年度检查结论均为不合格的；

（三）许可证有效期内不能持续符合经营许可条件的。

第三十三条　许可证持有人有下列情形之一的，民航地区管理局应当依法办理经营许可证的注销手续：

（一）经营许可证有效期届满未换证的；

（二）法定代表人死亡或者丧失行为能力，未申请变更的；

（三）因破产、解散等原因被终止法人资格的；

（四）经营许可证依法被撤销或吊销的；

（五）经营许可证所载明的经营项目均被撤回的；

（六）自行申请注销的；

（七）法律、法规规定的应当注销的其他情形。

第三十四条　任何组织或个人有权向民航局、民航地区管理局举报违法开展的通用航空经营活动；民航局、民航地区管理局应当依法予以核实、处理。

第五章　法律责任

第三十五条　违反本规定第三条第一款，未取得通用航空经营许可证擅自从事通用航空经营活动或经营许可证失效后仍从事通用航空经营活动的，民航局或民航地区管理局责令其止违法活动，没收违法所得，并处二万元以下的罚款;规模较大,社会危害严重的,并处二万元以上二十万元以下的罚款;存在重大安全隐患、威胁公共安全,没收其用于从事无照经营活动的工具、设备等财物,并处五万元以上五十万元以下的罚款。

第三十六条 违反本规定第三条第二款、第十八条第(三)项,超出经营许可证载明的经营范围从事通用航空经营活动的,民航局或民航地区管理局责令该许可证持有人停止违法活动,没收其违法所得,并处二万元以下的罚款;规模较大,社会危害严重的,并处二万元以上二十万元以下罚款;存在重大安全隐患、威胁公共安全的,吊销经营许可证,没收其用于从事无照经营活动的工具、设备等财物,并处五万元以上五十万元以下的罚款,通报工商行政管理部门。

第三十七条 申请人隐瞒有关情况或者提供虚假材料申请经营许可的,民航地区管理局不予受理或者不予许可,并给予警告。

申请人以欺骗、贿赂等不正当手段取得经营许可的,由民航地区管理局撤销该经营许可,并处三万元以下的罚款。

第三十八条 违反本规定第十四条,许可证持有人未按规定及时办理经营许可证变更手续的,由民航局或民航地区管理局给予警告,并处一万元以下的罚款。

第三十九条 违反本规定第十七条,许可证持有人涂改、出借、买卖、转让经营许可证的,由民航局或民航地区管理局责令整改,并处一万元以下的罚款;有违法所得的,处违法所得一倍以上三倍以下但不超过三万元的罚款。

第四十条 违反本规定第十八条第(八)或(十一)项,作业飞行未保护环境的,或者未按规定投保地面第三人责任险或取得相应责任担保的,由民航局或民航地区管理局责令整改,并处一万元以下的罚款;情节严重的,责处一万至三万元的罚款;情节特别严重的,吊销经营许可证,并处三万元的罚款,通报工商行政管理部门。

第四十一条 违反本规定第十九条,许可证持有人未按规定办理分公司备案的,由民航局或民航地区管理局责令整改,并处一万元以下的罚款;情节严重的,处一万元以上三万元以下的罚款。

第四十二条 违反本规定第二十六条,拒绝接受民航局、民航地区管理局监督检查,或故意隐瞒、提供虚假情况的,由民航局或民航地区管理局责令整改,并处三万元以下罚款。

第四十三条 许可证持有人不再具备安全生产条件的,民航局或民航地区管理局应及时撤销该许可证持有人的经营许可证,通报工商行政管理部门。构成犯罪的,依法追究刑事责任。

第六章　附　　则

第四十四条　外商投资从事经营性通用航空活动的，除适用本规定外，还应当符合相关规定。

境外通用航空企业在中华人民共和国境内开展经营活动的管理办法，由民航局另行规定。

使用民用无人驾驶航空器进行经营性通用航空活动的管理办法，由民航局另行规定。

第四十五条　本规定自2016年6月1日起施行。民航总局2007年2月14日发布的《通用航空经营许可管理规定》（中国民用航空总局令第176号）同时废止。

附录

本规定术语解释

通用航空包机飞行　通用航空企业使用三十座以下的民用航空器（初级类航空器除外），按照与用户所签订文本合同中确定的时间、始发地和目的地，为其提供的不定期载客及货邮运输服务。此类服务不对社会公众发售机票，不提前公布航班时刻，根据需要决定飞行频次。

石油服务　使用民用航空器在石油勘探开发的作业地至后勤保障基地间开展的人员物资运输以及空中吊装、空中消防灭火、搜寻救援等飞行服务活动。

直升机引航　使用民用直升机在轮船和港口之间运送引水员的飞行活动。

医疗救护　使用装有专用医疗救护设备的民用航空器，为紧急施救患者而进行的飞行活动。

商用、私用、运动驾驶员执照培训　使用民用航空器，以掌握飞行驾驶技术，获得商用驾驶员执照、私用驾驶员执照或运动驾驶员执照为目的而开展的飞行活动，包括正常教学飞行、教官带飞、学员在教官的指导下单飞，但不包括熟练飞行。

空中游览　使用民用航空器载运游客进行以观赏、游览为目的的飞行活动。

直升机机外载荷飞行　以民用直升机为起吊平台进行的吊装、吊运等飞行活动。

人工降水 在云中降水条件不足情况下，使用民用航空器向云层中喷撒催化剂以促进降水的飞行活动；或利用飞机向地表覆盖的冰雪喷撒吸热物质，提高冰雪温度，以促使冰雪融化的飞行活动。

航空探矿 航空地球物理勘探的简称，是指使用装有或搭载专用探测仪器的民用航空器，通过从空中测量地球各种物理场（磁场、电磁场、重力场、放射性场等）的变化，了解地下地质情况和矿藏分布状况的飞行活动。

航空摄影 使用民用航空器作为运载工具，通过搭载航空摄影仪、多光谱扫描仪、成像光谱仪和微波仪器（微波辐射计、散射计、合成孔径侧视雷达）等传感器对地观测，获取地球地表反射、辐射以及散射电磁波特性信息，用于测制各种比例尺的地形图、资源调查等的飞行活动。

海洋监测 使用装有或搭载专用仪器的民用航空器对领海和专属经济区内海洋资源使用、海洋污染情况进行的空中监测、调查、取证等飞行活动。

渔业飞行 使用装有或搭载专用仪器的民用航空器对渔业资源分布、使用情况进行的监测、调查、取证等飞行活动。

城市消防 使用民用直升机开展对城市高层建筑物的空中喷液灭火和人员救援等的飞行活动。

空中巡查 使用装有或搭载专用仪器的民用航空器，对预先设计的区域和目标进行的空中观察、监测等飞行活动。

电力作业 使用民用航空器为电力建设、输电线路维护提供的飞行服务活动，包括输电线路基础施工、组装输电铁塔、施放导引绳、输电线路清洗、输电线路带电维修等项目。

航空器代管 通用航空企业为航空器所有人开展飞行活动提供的航空器管理及航空专业服务。

跳伞飞行服务 使用民用航空器运载跳伞人员到达指定空域的飞行服务活动。

航空护林 使用民用航空器并配备专用仪器设备、专业人员，以保护森林资源为目的实施的森林消防飞行活动，包括巡护飞行、索降灭火、机降灭火、喷液灭火、吊桶灭火等。

航空喷洒（撒） 使用民用航空器并配备专业喷洒（撒）设备或装置，将液体或固体干物料，按特定技术要求从空中向地面目标喷雾或撒播的飞行活动。

空中拍照 以民用航空器为搭载平台，使用摄影、摄像、照相机等专业设备，为影视制作、新闻报道、比赛转播等拍摄空中影像资料的飞行活动。

空中广告 使用民用航空器在空中开展的广告宣传飞行活动，包括机

(艇)身广告、飞机拖曳广告、空中喷烟广告等。

科学实验　使用民用航空器为搭载平台，为开展各类科学实验提供空中环境的飞行活动。

气象探测　以民用航空器为搭载平台，装备相关专业设备对大气物理、大气化学和气象现象进行探察、测量的飞行活动。

航空表演飞行　使用民用航空器，以展示飞机性能、飞行技艺，普及航空知识和满足观众观赏为目的开展的飞行活动。

个人娱乐飞行　飞行驾驶执照拥有者为保持和提高飞行技术、体验飞行乐趣，从通用航空企业租用航空器开展的飞行活动。

企业高级管理人员　通用航空企业的法定代表人、总经理、副总经理、上市公司董事会秘书、主管飞行、经营、作业质量的负责人和其他对通用航空企业具有重大影响的工作人员。

国家统计局关于修改《统计执法监督检查办法》的决定

（2018年11月20日国家统计局令第24号公布　自公布之日起施行　国司备字［2018001688］）

国家统计局决定对《统计执法监督检查办法》作如下修改：

一、将第十三条第二款改为：“按照国家有关规定，实施统计执法监督检查全过程记录制度。”

二、将第二十四条、第二十五条合并，修改为：“统计执法监督检查机构应当在调查结束后，及时向所属人民政府统计机构提交监督检查报告，报告检查中发现的问题并提出处理建议。处理建议包括：

（一）发现有统计违法行为，符合立案查处条件的，予以立案查处；

（二）发现统计违法事实不清、证据不足或者程序错误的，应当及时补充或者重新调查；

（三）按照违法行为性质、情节，提请上一级或者移交下级人民政府统计机构立案查处；

（四）未发现统计违法行为或者统计违法事实轻微，依法不应追究法律责任的，不予处理。”

三、删除第二十六条。

四、将第二十八条第三款改为："市级、县级统计局和国家统计局市级、县级调查队，发现本行政区域内统计造假、弄虚作假违法行为的，应当及时报告省级统计机构依法查处；依法负责查处本行政区域内其他统计违法案件。"

五、删除第三十条第二款。

六、将第三十二条改为："立案查处的案件，一般案件执法检查人员不得少于2人，重大案件应当按规定组成执法检查组。"

七、将第三十四条改为："调查结束后，执法检查组或者执法检查人员应当及时形成监督检查报告，报送所属人民政府统计机构负责人。

监督检查报告内容包括：立案依据、检查情况、违法事实、法律依据、违法性质、法律责任、酌定情形、处理意见等。"

八、将第三十六条第六项改为："（六）涉嫌犯罪的，移送司法机关、监察机关处理。"

九、在第四十六条增加一款，作为第一款："立案查处和执法检查的典型、严重统计违法案件，应当按照有关规定予以曝光。"

本决定自公布之日起施行。

《统计执法监督检查办法》根据本决定作相应修改，重新公布。

统计执法监督检查办法

（2017年7月5日国家统计局令第21号公布　根据2018年11月20日《国家统计局关于修改〈统计执法监督检查办法〉的决定》修订）

第一章　总　则

第一条　为了规范统计执法监督检查工作，保护公民、法人和其他组织的合法权益，保障和提高统计数据质量，根据《中华人民共和国统计法》《中华人民共和国行政处罚法》和《中华人民共和国统计法实施条例》等法律、行政法规，制定本办法。

第二条　本办法适用于县级以上人民政府统计机构对执行统计法律法规规章情况的监督检查和对统计违法行为的查处。

第三条　国家统计局统计执法监督局在国家统计局领导下，具体负责对全国统计执法监督检查工作的组织管理，指导监督地方统计机构和国家调查队统计执法监督检查机构工作，检查各地方、各部门统计法执行情况，查处重大统计违法行为。

省级及市级统计执法监督检查机构在所属统计局或者国家调查队领导下，具体负责指导监督本地区、本系统统计执法监督检查工作，对本地区、本系统统计法执行情况的检查和查处统计违法行为。县级统计执法监督检查机构或者执法检查人员在所属统计局或者国家调查队领导下，依据法定分工负责本地区、本系统统计执法监督检查工作。

地方统计机构和国家调查队应当建立统计执法监督检查沟通协作机制。

第四条 县级以上人民政府有关部门在同级人民政府统计机构的组织指导下，负责监督本部门统计调查中执行统计法情况，对本部门统计调查中发生的统计违法行为，移交同级人民政府统计机构予以处理。

第五条 各级人民政府统计机构应当建立行政执法监督检查责任制和问责制，切实保障统计执法监督检查所需的人员、经费和其他工作条件。

第六条 统计执法监督检查应当贯彻有法必依、执法必严、违法必究的方针，坚持预防、查处和整改相结合，坚持教育与处罚相结合，坚持实事求是、客观公正、统一规范、文明执法、高效廉洁原则。

统计执法监督检查中，与执法监督检查对象有利害关系以及其他可能影响公正性的人员，应当回避。

第七条 县级以上人民政府统计机构应当畅通统计违法举报渠道，公布统计违法举报电话、通信地址、网络专栏、电子邮箱等，认真受理、核实、办理统计违法举报。

第八条 县级以上人民政府统计机构应当建立统计违法行为查处情况报告制度，定期向上一级统计机构报告统计违法举报、统计执法监督检查和统计违法行为查处情况。

第二章 统计执法监督检查机构和执法检查人员

第九条 县级以上人民政府统计机构健全统计执法监督检查队伍，完善统计执法监督检查机制，建立统计执法骨干人才库，确保在库人员服从设库机构的调用。

第十条 统计执法监督检查机构和执法检查人员的主要职责是：

（一）起草制定统计法律法规规章和规范性文件；

（二）宣传、贯彻统计法律法规规章；

（三）组织、指导、监督、管理统计执法监督检查工作；

（四）依法查处统计违法行为，防范和惩治统计造假、弄虚作假；

（五）组织实施统计执法“双随机”抽查，受理、办理、督办统计违法举报；

（六）建立完善统计信用制度，建立实施对统计造假、弄虚作假的联合惩戒机制；

（七）监督查处涉外统计调查活动和民间统计调查活动中的违法行为；

（八）法律、法规和规章规定的其他职责。

第十一条 执法检查人员应当参加培训，经考试合格，取得由国家统计局统一颁发的统计执法证。

经县级以上人民政府统计机构批准，可以聘用专业技术人员参与统计执法监督检查。

第十二条 统计执法监督检查机构应当加强对所属执法检查人员的法律法规、统计业务知识、职业道德教育和执法监督检查技能培训，健全管理、考核和奖惩制度。

第三章 统计执法监督检查

第十三条 县级以上人民政府统计机构和有关部门应当建立统计执法监督检查工作机制和相关制度，综合运用“双随机”抽查、专项检查、重点检查、实地核查等方式，组织开展本地区、本部门、本单位统计执法监督检查工作。

按照国家有关规定，实施统计执法监督检查全过程记录制度。

第十四条 统计执法监督检查事项包括：

（一）地方各级人民政府、政府统计机构和有关部门以及各单位及其负责人遵守、执行统计法律法规规章和国家统计规则、政令情况；

（二）地方各级人民政府、政府统计机构和有关部门建立防范和惩治统计造假、弄虚作假责任制和问责制情况；

（三）统计机构和统计人员依法独立行使统计调查、统计报告、统计监督职权情况；

（四）国家机关、企业事业单位和其他组织以及个体工商户和个人等统计调查对象遵守统计法律法规规章、统计调查制度情况；

（五）依法开展涉外统计调查和民间统计调查情况；

（六）法律法规规章规定的其他事项。

第十五条 县级以上人民政府统计机构对接到的举报应当严格按照规定予以受理，经审核可能存在统计违法行为的，应当采取立案查处、执法检查办理，市级以上人民政府统计机构也可以按照规定将举报转交下级统计机构办理。

第十六条 县级以上人民政府统计机构在组织实施统计执法监督检查前应当拟定检查方案，明确检查的依据、时间、范围、内容和组织形式等。

第十七条 统计执法监督检查机构或者执法检查人员组织实施执法监督检查前，应报所属人民政府统计机构负责人批准。

第十八条 实施统计执法监督检查，应当提前通知检查对象，告知实施检查的人民政府统计机构名称，检查的依据、范围、内容、方式和时间，对检查对象的具体要求等。

第十九条 统计执法监督检查机构进行执法监督检查时，执法检查人员不得少于2名，并应当出示国家统计局统一颁发的统计执法证，告知检查对象和有关单位相关权利、义务以及相应法律责任。未出示统计执法证的，有关单位和个人有权拒绝接受检查。

第二十条 县级以上人民政府统计机构调查统计违法行为或者核查统计数据时，依据《统计法》第三十五条的规定，行使统计执法监督检查职权。

第二十一条 检查对象和有关单位应当按照统计法律法规规定，积极配合执法监督检查工作，为检查工作提供必要的条件保障。有关人员应当如实回答询问、反映情况，提供相关证明和资料，核实笔录，并在有关证明、资料和笔录上签字，涉及单位的加盖公章。拒绝签字或者盖章的，由执法检查人员现场记录原因并录音录像。

有关地方、部门、单位应当及时通知相关人员按照要求接受检查。

第二十二条 统计执法监督检查机构在执法监督检查过程中，应当及时按规定制作执法文书，如实记录执法检查人员询问情况和检查对象反映的情况以及提供的证明和资料，由执法检查人员在有关笔录上签名。

第二十三条 县级以上人民政府统计机构和执法检查人员对在执法监督检查过程中知悉的国家秘密、商业秘密、个人信息资料和能够识别或者推断单个调查对象身份的资料，负有保密义务。

第二十四条 统计执法监督检查机构应当在调查结束后，及时向所属人民政府统计机构提交监督检查报告，报告检查中发现的问题并提出处理建议。处理建议包括：

（一）发现有统计违法行为，符合立案查处条件的，予以立案查处；

（二）发现统计违法事实不清、证据不足或者程序错误的，应当及时补充或者重新调查；

（三）按照违法行为性质、情节，提请上一级或者移交下级人民政府统计机构立案查处；

（四）未发现统计违法行为或者统计违法事实轻微，依法不应追究法律责任的，不予处理。

第四章　统计违法行为的处罚

第二十五条　查处统计违法案件应当做到事实清楚，证据确凿，定性准确，处理恰当，适用法律正确，符合法定程序。

第二十六条　国家统计局负责查处情节严重或影响恶劣的统计造假、弄虚作假案件，对国家重大统计部署贯彻不力的案件，重大国情国力调查中发生的严重统计造假、弄虚作假案件，其他重大统计违法案件。

省级统计局依法负责查处本行政区域内统计造假、弄虚作假案件，违反国家统计调查制度以及重要的地方统计调查制度的案件。但是国家调查总队组织实施的统计调查中发生的统计造假、弄虚作假案件，违反国家统计调查制度案件，由组织实施统计调查的国家调查总队进行查处。

市级、县级统计局和国家统计局市级、县级调查队，发现本行政区域内统计造假、弄虚作假违法行为的，应当及时报告省级统计机构依法查处；依法负责查处本行政区域内其他统计违法案件。

第二十七条　统计执法监督检查机构具体负责查处统计违法行为，统计执法队接受所属统计机构委托开展有关执法检查工作。

第二十八条　对下列统计违法行为，县级以上人民政府统计机构应当依法立案：

（一）各地方、各部门、各单位及其负责人违反统计法律法规规章的；

（二）县级以上人民政府统计机构及其工作人员违反统计法律法规规章的；

（三）国家机关、企业事业单位和其他组织以及个体工商户等调查对象违反统计法律法规规章的；

（四）违反国家统计规则、政令的；

（五）违反涉外统计调查和民间统计调查有关法律法规规章的；

（六）其他按照法律法规规章规定应当立案的。

第二十九条　立案查处的统计违法行为，应当同时具备下列条件：

（一）有明确的行为人；

（二）有违反本办法第二十八条所列行为，依法应当追究法律责任；

（三）属于人民政府统计机构职责权限和管辖范围。

统计执法监督检查机构按照前款规定的条件，对拟立案的有关材料进行初步审查后，填写《立案审批表》，报送所属人民政府统计机构负责人批准后，予以立案。

第三十条 立案查处的案件，一般案件执法检查人员不得少于2人，重大案件应当按规定组成执法检查组。

第三十一条 执法检查人员应当合法、客观、全面地收集证据。收集证据过程中，执法检查人员应当及时制作《现场检查笔录》《调查笔录》等文书，并整理制作《证据登记表》。

案件证据应当与本案件有关联，包括书证、物证、电子数据、视听资料、证人证言、当事人陈述、鉴定结论和勘验笔录等以及其他可证明违法事实的材料。

第三十二条 调查结束后，执法检查组或者执法检查人员应当及时形成监督检查报告，报送所属人民政府统计机构负责人。

监督检查报告内容包括：立案依据、检查情况、违法事实、法律依据、违法性质、法律责任、酌定情形、处理意见等。

第三十三条 统计执法监督检查机构应当及时组织召开会议，对案件进行讨论审理，确定统计违法行为性质和处理决定，报统计机构负责人审查。对情节复杂或者重大违法行为给予较重的行政处罚，应当集体讨论决定。

在审理过程中发现统计违法事实不清、证据不足或者程序错误的，应当责成统计执法监督检查机构或者执法检查人员及时补充或者重新调查。

第三十四条 统计违法案件审理终结，应当分别以下情况作出处理：

（一）违反统计法律法规规章证据不足，或者统计违法事实情节轻微，依法不应追究法律责任的，即行销案；

（二）违反统计法律法规规章事实清楚、证据确凿的，依法作出处理；

（三）违反统计法律法规规章和国家统计规则、政令，应当给予处分的，移送任免机关或者纪检监察机关处理；

（四）违反统计法律法规规章和国家统计规则、政令，被认定为统计严重失信的，按照国家有关规定进行公示和惩戒；

（五）涉嫌违反其他法律法规规定的，移交有关行政机关处理；

（六）涉嫌犯罪的，移送司法机关、监察机关处理。

第三十五条 统计违法事实清楚、证据确凿，依法决定予以行政处罚的，应当在作出行政处罚决定前，制作《统计行政处罚决定告知书》，向处罚对象告知给予行政处罚的事实、理由、依据和处罚对象依法享有的权利。处罚对象对处罚决定进行陈述、申辩，提出不同意见时，统计执法监督检查机构应当认真听取。处罚对象提出新的事实、理由和证据，统计执法监督检查机构应当进行复核，复核成立的，予以采纳。

第三十六条 县级以上人民政府统计机构作出对法人或者其他组织5万元以上罚款,对个体工商户作出2000元以上罚款的行政处罚决定前,应当告知处罚对象有要求举行听证的权利。处罚对象要求听证的,作出处罚决定的统计机构应当依法组织听证。

处罚对象应当在收到《统计行政处罚决定告知书》3日内向作出处罚决定的统计机构提出听证要求,作出处罚决定的统计机构应当在听证的7日前通知处罚对象举行听证的时间和地点。

听证由统计机构指定的非本案执法检查人员主持,处罚对象认为主持人与本案有直接利害关系的,有权申请回避。举行听证时,执法检查人员提出处罚对象违法的事实、证据和处罚建议,处罚对象进行申辩和质证。听证应当制作笔录,笔录应当交处罚对象审核无误后签字或者盖章。

听证结束后,统计机构依照本办法第三十四条作出处罚决定。

第三十七条 统计违法行为应当给予行政处罚的,依法作出处罚决定,制作《统计行政处罚决定书》。《统计行政处罚决定书》应当载明下列事项:

(一)处罚对象的名称或者姓名、地址;

(二)违反统计法律法规规章的事实和证据;

(三)统计行政处罚的种类和依据;

(四)统计行政处罚的履行方式和期限;

(五)不服统计行政处罚决定,申请行政复议或者提起行政诉讼的途径和期限;

(六)作出统计行政处罚决定的统计机构名称和作出决定的日期。

统计行政处罚决定书必须盖有作出统计行政处罚决定的统计机构的印章。

第三十八条 县级以上人民政府统计机构应当在《统计行政处罚决定书》作出后7日内送达处罚对象。处罚对象应当在送达回执上签字盖章,并注明签收日期。处罚对象拒绝接收的,应当在其他人员见证下,由送达人员、见证人员在送达回执上签字并注明理由,将《统计行政处罚决定书》留置;处罚对象不能接收的,应当在其他人员见证下,由送达人员、见证人员在送达回执上签字并注明理由。

邮寄送达的,应当通过中国邮政挂号寄送。

第三十九条 统计行政处罚决定作出后,处罚对象应当在统计行政处罚决定的期限内予以履行。处罚对象对统计行政处罚决定不服,申请行政复议或者提起行政诉讼的,统计行政处罚不停止执行。

统计执法监督检查机构应当及时掌握统计行政处罚的执行情况。

第四十条 立案查处的统计违法行为,应当在立案后3个月内处理完毕;因特殊情况需要延长办理期限的,应当按规定报经批准,但延长期限不得超过3个月。

第四十一条 统计违法事实清楚并有法定依据,对法人或者其他组织予以警告或者警告并处1000元以下罚款行政处罚的,可以适用简易处罚程序,当场作出统计行政处罚决定。

第四十二条 统计违法行为处理决定执行后,应当及时结案。

结案应当撰写结案报告,报送所属人民政府统计机构负责人同意,予以结案。

第四十三条 县级以上人民政府统计机构在查处统计违法案件时,认为对有关国家工作人员应当给予处分处理的,应当按照有关规定提出处分处理建议,并将案件材料和处分处理建议移送具有管辖权的任免机关或者纪检机关、监察机关、组织(人事)部门。

第四十四条 立案查处和执法检查的典型、严重统计违法案件,应当按照有关规定予以曝光。

对具有严重统计造假弄虚作假情形的,应当依法认定为统计上严重失信,按照有关规定予以公示和惩戒。

第五章 法律责任

第四十五条 县级以上人民政府统计机构负责人、执法检查人员及其相关人员在统计执法监督检查中有下列行为之一的,由统计机构予以通报,由任免机关或者纪检监察机关给予处分:

(一)包庇、纵容统计违法行为;

(二)瞒案不报,压案不查;

(三)未按规定受理、核查、处理统计违法举报;

(四)未按法定权限、程序和要求开展统计执法监督检查,造成不良后果;

(五)违反保密规定,泄露举报人或者案情;

(六)滥用职权,徇私舞弊;

(七)其他违纪违法行为。

第四十六条 县级以上人民政府统计机构负责人、执法检查人员及其相关人员在统计执法监督检查中,违反有关纪律的,依纪依法给予处分。

第四十七条 县级以上人民政府统计机构负责人、执法检查人员及其相关人员泄露在检查过程中知悉的国家秘密、商业秘密、个人信息资料和能够识别或者推断单个调查对象身份的资料，依纪依法给予处分。

第六章　附　　则

第四十八条　本办法自公布之日起施行。

公安部关于修改《公安机关办理行政案件程序规定》的决定

（2018年11月25日公安部令第149号公布　自2019年1月1日起施行　国司备字[2018001687]）

公安部决定对《公安机关办理行政案件程序规定》作如下修改：

一、将第九条改为第十条，增加二款作为第二款、第三款：

“违法行为地包括违法行为发生地和违法结果发生地。违法行为发生地，包括违法行为的实施地以及开始地、途经地、结束地等与违法行为有关的地点；违法行为有连续、持续或者继续状态的，违法行为连续、持续或者继续实施的地方都属于违法行为发生地。违法结果发生地，包括违法对象被侵害地、违法所得的实际取得地、藏匿地、转移地、使用地、销售地。

“居住地包括户籍所在地、经常居住地。经常居住地是指公民离开户籍所在地最后连续居住一年以上的地方，但在医院住院就医的除外。”

二、增加三条，作为第十一条、第十二条、第十三条：

“第十一条　针对或者利用网络实施的违法行为，用于实施违法行为的网站服务器所在地、网络接入地以及网站建立者或者管理者所在地，被侵害的网络及其运营者所在地，违法过程中违法行为人、被侵害人使用的网络及其运营者所在地，被侵害人被侵害时所在地，以及被侵害人财产遭受损失地公安机关可以管辖。

“第十二条　行驶中的客车上发生的行政案件，由案发后客车最初停靠地公安机关管辖；必要时，始发地、途经地、到达地公安机关也可以管辖。

“第十三条　行政案件由县级公安机关及其公安派出所、依法具有独立执法主体资格的公安机关业务部门以及出入境边防检查站按照法律、行政法规、规章授权和管辖分工办理，但法律、行政法规、规章规定由设区的市级以上公安机关办理的除外。”

三、将第十二条改为第十六条,第一款修改为:"铁路公安机关管辖列车上,火车站工作区域内,铁路系统的机关、厂、段、所、队等单位内发生的行政案件,以及在铁路线上放置障碍物或者损毁、移动铁路设施等可能影响铁路运输安全、盗窃铁路设施的行政案件。对倒卖、伪造、变造火车票案件,由最初受理的铁路或者地方公安机关管辖。必要时,可以移送主要违法行为发生地的铁路或者地方公安机关管辖。"

四、删去第十三条。

五、将第二十二条改为第二十五条,其中的"由作出回避决定的公安机关根据案件情况决定"修改为"由作出回避决定的公安机关根据是否影响案件依法公正处理等情况决定"。

六、将第二十五条改为第二十八条,第二款修改为:"需要向有关单位和个人调取证据的,经公安机关办案部门负责人批准,开具调取证据通知书,明确调取的证据和提供时限。被调取人应当在通知书上盖章或者签名,被调取人拒绝的,公安机关应当注明。必要时,公安机关应当采用录音、录像等方式固定证据内容及取证过程。"

增加一款作为第三款:"需要向有关单位紧急调取证据的,公安机关可以在电话告知人民警察身份的同时,将调取证据通知书连同办案人民警察的人民警察证复印件通过传真、互联网通讯工具等方式送达有关单位。"

七、将第二十八条改为第三十一条,其中的"书证的副本、复制件,视听资料、电子数据的复制件,物证的照片、录像"修改为"物证的照片、录像,书证的副本、复制件,视听资料的复制件"。

八、增加一条,作为第三十二条:"收集电子数据,能够扣押电子数据原始存储介质的,应当扣押。

"无法扣押原始存储介质的,可以提取电子数据。提取电子数据,应当制作笔录,并附电子数据清单,由办案人民警察、电子数据持有人签名。持有人无法或者拒绝签名的,应当在笔录中注明。

"由于客观原因无法或者不宜依照前两款规定收集电子数据的,可以采取打印、拍照或者录像等方式固定相关证据,并附有关原因、过程等情况的文字说明,由办案人民警察、电子数据持有人签名。持有人无法或者拒绝签名的,应当注明情况。"

九、将第三十一条改为第八条、第六十四条改为第八十条。

十、将第三十三条改为第三十六条,第三款修改为:"无法直接送达的,委托其他公安机关代为送达,或者邮寄送达。经受送达人同意,可以采用传真、互联网通讯工具等能够确认其收悉的方式送达。"

十一、将第六章的章名修改为“简易程序和快速办理”，第三十四条至第三十六条作为第六章第一节，节名为“简易程序”。

十二、增加一节，作为第六章第二节：

“第二节　快速办理

“第四十条　对不适用简易程序，但事实清楚，违法嫌疑人自愿认错认罚，且对违法事实和法律适用没有异议的行政案件，公安机关可以通过简化取证方式和审核审批手续等措施快速办理。

“第四十一条　行政案件具有下列情形之一的，不适用快速办理：

“（一）违法嫌疑人系盲、聋、哑人，未成年人或者疑似精神病人的；

“（二）依法应当适用听证程序的；

“（三）可能作出十日以上行政拘留处罚的；

“（四）其他不宜快速办理的。

“第四十二条　快速办理行政案件前，公安机关应当书面告知违法嫌疑人快速办理的相关规定，征得其同意，并由其签名确认。

“第四十三条　对符合快速办理条件的行政案件，违法嫌疑人在自行书写材料或者询问笔录中承认违法事实、认错认罚，并有视音频记录、电子数据、检查笔录等关键证据能够相互印证的，公安机关可以不再开展其他调查取证工作。

“第四十四条　对适用快速办理的行政案件，可以由专兼职法制员或者办案部门负责人审核后，报公安机关负责人审批。

“第四十五条　对快速办理的行政案件，公安机关可以根据不同案件类型，使用简明扼要的格式询问笔录，尽量减少需要文字记录的内容。

“被询问人自行书写材料的，办案单位可以提供样式供其参考。

“使用执法记录仪等设备对询问过程录音录像的，可以替代书面询问笔录，必要时，对视听资料的关键内容和相应时间段等作文字说明。

“第四十六条　对快速办理的行政案件，公安机关可以根据违法行为人认错悔改、纠正违法行为、赔偿损失以及被侵害人谅解情况等情节，依法对违法行为人从轻、减轻处罚或者不予行政处罚。

“对快速办理的行政案件，公安机关可以采用口头方式履行处罚前告知程序，由办案人民警察在案卷材料中注明告知情况，并由被告知人签名确认。

“第四十七条　对快速办理的行政案件，公安机关应当在违法嫌疑人到案后四十八小时内作出处理决定。

“第四十八条　公安机关快速办理行政案件时，发现不适宜快速办理的，转为一般案件办理。快速办理阶段依法收集的证据，可以作为定案的根据。”

十三、将第四十条改为第五十二条，修改为："公安机关进行询问、辨认、检查、勘验，实施行政强制措施等调查取证工作时，人民警察不得少于二人，并表明执法身份。

"接报案、受案登记、接受证据、信息采集、调解、送达文书等工作，可以由一名人民警察带领警务辅助人员进行，但应当全程录音录像。"

十四、将第四十二条改为第五十四条，修改为："办理行政案件时，可以依法采取下列行政强制措施：

"（一）对物品、设施、场所采取扣押、扣留、查封、先行登记保存、抽样取证、封存文件资料等强制措施，对恐怖活动嫌疑人的存款、汇款、债券、股票、基金份额等财产还可以采取冻结措施；

"（二）对违法嫌疑人采取保护性约束措施、继续盘问、强制传唤、强制检测、拘留审查、限制活动范围，对恐怖活动嫌疑人采取约束措施等强制措施。"

十五、将第四十三条改为第五十五条，第二款修改为："勘验、检查时实施行政强制措施，制作勘验、检查笔录的，不再制作现场笔录。"

增加一款作为第三款："实施行政强制措施的全程录音录像，已经具备本条第一款第二项、第三项规定的实质要素的，可以替代书面现场笔录，但应当对视听资料的关键内容和相应时间段等作文字说明。"

十六、增加一条，作为第五十九条："对恐怖活动嫌疑人实施约束措施，应当遵守下列规定：

"（一）实施前须经县级以上公安机关负责人批准；

"（二）告知嫌疑人采取约束措施的理由、依据以及其依法享有的权利、救济途径；

"（三）听取嫌疑人的陈述和申辩；

"（四）出具决定书。

"公安机关可以采取电子监控、不定期检查等方式对被约束人遵守约束措施的情况进行监督。

"约束措施的期限不得超过三个月。对不需要继续采取约束措施的，应当及时解除并通知被约束人。"

十七、将第四十七条改为二条，作为第六十条、第六十一条，修改为：

"第六十条　县级公安机关及其公安派出所、依法具有独立执法主体资格的公安机关业务部门以及出入境边防检查站对报案、控告、举报、群众扭送或者违法嫌疑人投案，以及其他国家机关移送的案件，应当及时受理并按照规定进行网上接报案登记。对重复报案、案件正在办理或者已经办结的，应当向报案人、控告人、举报人、扭送人、投案人作出解释，不再登记。

“第六十一条　公安机关应当对报案、控告、举报、群众扭送或者违法嫌疑人投案分别作出下列处理，并将处理情况在接报案登记中注明：

“（一）对属于本单位管辖范围内的案件，应当立即调查处理，制作受案登记表和受案回执，并将受案回执交报案人、控告人、举报人、扭送人；

“（二）对属于公安机关职责范围，但不属于本单位管辖的，应当在二十四小时内移送有管辖权的单位处理，并告知报案人、控告人、举报人、扭送人、投案人；

“（三）对不属于公安机关职责范围的事项，在接报案时能够当场判断的，应当立即口头告知报案人、控告人、举报人、扭送人、投案人向其他主管机关报案或者投案，报案人、控告人、举报人、扭送人、投案人对口头告知内容有异议或者不能当场判断的，应当书面告知，但因没有联系方式、身份不明等客观原因无法书面告知的除外。

“在日常执法执勤中发现的违法行为，适用前款规定。”

十八、将第五十三条第一款、第六十六条第二款、第六十八条第一款中的“工作证件”修改为“人民警察证”。

十九、将第五十三条改为第六十七条，删去第三款中的“消防安全管理”。

二十、将第五十七条改为第七十一条，第一款修改为：“在公安机关询问违法嫌疑人，应当在办案场所进行。”

二十一、将第五十九条改为第七十三条，删去第一款中的“劳动教养”。

二十二、将第六十六条改为第七十九条，将第一款中的“询问被侵害人、其他证人或者其他与案件有关的人”修改为“询问被侵害人或者其他证人”。

二十三、增加一条，作为第八十三条：“对违法嫌疑人，可以依法提取或者采集肖像、指纹等人体生物识别信息；涉嫌酒后驾驶机动车、吸毒、从事恐怖活动等违法行为的，可以依照《中华人民共和国道路交通安全法》《中华人民共和国禁毒法》《中华人民共和国反恐怖主义法》等规定提取或者采集血液、尿液、毛发、脱落细胞等生物样本。人身安全检查和当场检查时已经提取、采集的信息，不再提取、采集。”

二十四、将第七十一条改为第八十六条，增加一款作为第二款：“检查时的全程录音录像可以替代书面检查笔录，但应当对视听资料的关键内容和相应时间段等作文字说明。”

二十五、增加一条，作为第九十二条：“对电子数据涉及的专门性问题难以确定的，由司法鉴定机构出具鉴定意见，或者由公安部指定的机构出具报告。”

二十六、将第九十一条改为第一百零七条，第一款第三项中的“其他法律、法规规定”修改为“《中华人民共和国反恐怖主义法》等法律、法规规定”。

二十七、将第九十二条改为第一百零八条,第一款第三项中的"法律、法规规定"修改为"《中华人民共和国反恐怖主义法》等法律、法规规定"。

删去第二款。

二十八、将第九十五条改为第一百一十一条,删去第三款中的"电子数据存储介质"。

增加一款作为第四款:"对扣押的电子数据原始存储介质,应当封存,保证在不解除封存状态的情况下,无法增加、删除、修改电子数据,并在证据保全清单中记录封存状态。"

二十九、增加二条,作为第一百一十三条、第一百一十四条:

"第一百一十三条　公安机关对恐怖活动嫌疑人的存款、汇款、债券、股票、基金份额等财产采取冻结措施的,应当经县级以上公安机关负责人批准,向金融机构交付冻结通知书。

"作出冻结决定的公安机关应当在三日内向恐怖活动嫌疑人交付冻结决定书。冻结决定书应当载明下列事项:

"(一)恐怖活动嫌疑人的姓名或者名称、地址;

"(二)冻结的理由、依据和期限;

"(三)冻结的账号和数额;

"(四)申请行政复议或者提起行政诉讼的途径和期限;

"(五)公安机关的名称、印章和日期。

"第一百一十四条　自被冻结之日起二个月内,公安机关应当作出处理决定或者解除冻结;情况复杂的,经上一级公安机关负责人批准,可以延长一个月。

"延长冻结的决定应当及时书面告知恐怖活动嫌疑人,并说明理由。"

三十、将第九十七条改为第一百一十五条,修改为:"有下列情形之一的,公安机关应当立即退还财物,并由当事人签名确认;不涉及财物退还的,应当书面通知当事人解除证据保全:

"(一)当事人没有违法行为的;

"(二)被采取证据保全的场所、设施、物品、财产与违法行为无关的;

"(三)已经作出处理决定,不再需要采取证据保全措施的;

"(四)采取证据保全措施的期限已经届满的;

"(五)其他不再需要采取证据保全措施的。

"作出解除冻结决定的,应当及时通知金融机构。"

三十一、增加一节,作为第七章第八节:

"第八节　办案协作

“第一百一十七条　办理行政案件需要异地公安机关协作的，应当制作办案协作函件。负责协作的公安机关接到请求协作的函件后，应当办理。

“第一百一十八条　需要到异地执行传唤的，办案人民警察应当持传唤证、办案协作函件和人民警察证，与协作地公安机关联系，在协作地公安机关的协作下进行传唤。协作地公安机关应当协助将违法嫌疑人传唤到其所在市、县内的指定地点或者到其住处、单位进行询问。

“第一百一十九条　需要异地办理检查、查询，查封、扣押或者冻结与案件有关的财物、文件的，应当持相关的法律文书、办案协作函件和人民警察证，与协作地公安机关联系，协作地公安机关应当协助执行。

“在紧急情况下，可以将办案协作函件和相关的法律文书传真或者通过执法办案信息系统发送至协作地公安机关，协作地公安机关应当及时采取措施。办案地公安机关应当立即派员前往协作地办理。

“第一百二十条　需要进行远程视频询问、处罚前告知的，应当由协作地公安机关事先核实被询问、告知人的身份。办案地公安机关应当制作询问、告知笔录并传输至协作地公安机关。询问、告知笔录经被询问、告知人确认并逐页签名或者捺指印后，由协作地公安机关协作人员签名或者盖章，并将原件或者电子签名笔录提供给办案地公安机关。办案地公安机关负责询问、告知的人民警察应当在首页注明收到日期，并签名或者盖章。询问、告知过程应当全程录音录像。

“第一百二十一条　办案地公安机关可以委托异地公安机关代为询问、向有关单位和个人调取电子数据、接收自行书写材料、进行辨认、履行处罚前告知程序、送达法律文书等工作。

“委托代为询问、辨认、处罚前告知的，办案地公安机关应当列出明确具体的询问、辨认、告知提纲，提供被辨认对象的照片和陪衬照片。

“委托代为向有关单位和个人调取电子数据的，办案地公安机关应当将办案协作函件和相关法律文书传真或者通过执法办案信息系统发送至协作地公安机关，由协作地公安机关办案部门审核确认后办理。

“第一百二十二条　协作地公安机关依照办案地公安机关的要求，依法履行办案协作职责所产生的法律责任，由办案地公安机关承担。”

三十二、将第一百三十八条改为第一百六十二条，第二款中的“不与正在执行的行政拘留合并执行”修改为“与正在执行的行政拘留合并执行”。

三十三、将第一百三十九条改为第一百六十三条，第一款中的“询问查证和继续盘问时间不予折抵”修改为“询问查证、继续盘问和采取约束措施的时间不予折抵”。

三十四、将第一百四十一条改为第一百六十五条，第三款中的“因违反治安管理行为人逃跑等客观原因”修改为“因违反治安管理行为人不明或者逃跑等客观原因”。

三十五、将第一百四十三条改为第一百六十七条，增加一款作为第三款：“依照本规定第一百七十二条第一款第三项作出不予行政处罚决定的，可以不履行本条第一款规定的告知程序。”

三十六、增加一条，作为第一百七十一条：“法制员或者办案部门指定的人员、办案部门负责人、法制部门的人员可以作为行政案件审核人员。

“初次从事行政处罚决定审核的人员，应当通过国家统一法律职业资格考试取得法律职业资格。”

三十七、将第一百四十七条改为第一百七十二条，增加一款作为第二款：“对已经依照前款第三项作出不予行政处罚决定的案件，又发现新的证据的，应当依法及时调查；违法行为能够认定的，依法重新作出处理决定，并撤销原不予行政处罚决定。”

第二款改为第三款，其中的“在作出处罚决定之日起二日内”修改为“在作出不予行政处罚或者处罚决定之日起二日内”。

三十八、将第一百五十三条改为第一百七十八条，第三款修改为：“对情节轻微、事实清楚、因果关系明确，不涉及医疗费用、物品损失或者双方当事人对医疗费用和物品损失的赔付无争议，符合治安调解条件，双方当事人同意当场调解并当场履行的治安案件，可以当场调解，并制作调解协议书。当事人基本情况、主要违法事实和协议内容在现场录音录像中明确记录的，不再制作调解协议书。”

三十九、将第一百五十八条改为第一百八十三条，删去其中的“调解应当制作笔录”。

四十、将第一百六十一条改为第一百八十六条，修改为：“对符合本规定第一百七十八条规定的治安案件，当事人申请人民调解或者自行和解，达成协议并履行后，双方当事人书面申请并经公安机关认可的，公安机关不予治安管理处罚，但公安机关已依法作出处理决定的除外。”

四十一、将第一百六十三条改为第一百八十八条，第一款、第二款修改为：“县级以上公安机关应当指定一个内设部门作为涉案财物管理部门，负责对涉案财物实行统一管理，并设立或者指定专门保管场所，对涉案财物进行集中保管。涉案财物集中保管的范围，由地方公安机关根据本地区实际情况确定。

“对价值较低、易于保管，或者需要作为证据继续使用，以及需要先行返还被侵害人的涉案财物，可以由办案部门设置专门的场所进行保管。办案部门应当指定不承担办案工作的民警负责本部门涉案财物的接收、保管、移交等管理工作;严禁由办案人员自行保管涉案财物。”

四十二、将第一百六十五条改为第一百九十条,第一款中的“对查封、先行登记保存的涉案财物”修改为“对查封、冻结、先行登记保存的涉案财物”。

第三款修改为:“对情况紧急,需要在提取涉案财物后的二十四小时内进行鉴定、辨认、检验、检查等工作的,经办案部门负责人批准,可以在完成上述工作后的二十四小时内移交。”

第四款修改为:“在提取涉案财物后的二十四小时内已将涉案财物处理完毕的,不再移交,但应当将处理涉案财物的相关手续附卷保存。”

第五款中的“因询问、鉴定、辨认、检验等办案需要”修改为“因询问、鉴定、辨认、检验、检查等办案需要”。

四十三、增加一条,作为第一百九十二条:“有关违法行为查证属实后,对有证据证明权属明确且无争议的被侵害人合法财物及其孳息,凡返还不损害其他被侵害人或者利害关系人的利益,不影响案件正常办理的,应当在登记、拍照或者录像和估价后,及时发还被侵害人。办案人民警察应当在案卷材料中注明返还的理由,并将原物照片、清单和被侵害人的领取手续附卷。”

四十四、将第一百六十八条改为第一百九十四条,第二款修改为:“前款第六项所列的工具,除非有证据表明属于他人合法所有,可以直接认定为违法行为人本人所有。对明显无价值的,可以不作出收缴决定,但应当在证据保全文书中注明处理情况。”

四十五、将第一百七十七条改为第二百零三条,删去第一款中的“消防安全”。

四十六、将第一百九十五条改为第二百二十一条,修改为:“对同时被决定行政拘留和社区戒毒或者强制隔离戒毒的人员,应当先执行行政拘留,由拘留所给予必要的戒毒治疗,强制隔离戒毒期限连续计算。

“拘留所不具备戒毒治疗条件的,行政拘留决定机关可以直接将被行政拘留人送公安机关管理的强制隔离戒毒所代为执行行政拘留,强制隔离戒毒期限连续计算。”

四十七、将第二百三十二条改为第二百五十八条,第一款第二项修改为:“(二)按照本规定第十章的规定达成调解、和解协议并已履行的”。

四十八、将第二百三十七条改为第二百六十三条,增加一款作为第三款:“公安机关可以使用电子签名、电子指纹捺印技术制作电子笔录等材料,可以使用电子印章制作法律文书。对案件当事人进行电子签名、电子指纹捺印的过程,公安机关应当同步录音录像。”

四十九、第四十一条、第五十三条、第五十六条、第七十四条、第一百六十一条、第一百九十二条、第一百九十三条、第二百零三条中引用的条文序号根据本决定作相应调整。

《公安机关办理行政案件程序规定》的有关章节及条文序号根据本决定作相应调整。

本决定自2019年1月1日起施行。

《公安机关办理行政案件程序规定》根据本决定作相应修改，重新公布。

道路机动车辆生产企业及产品准入管理办法

（2018年11月27日工业和信息化部令第50号公布　自2019年6月1日起施行　国司备字[2018001583]）

第一章　总　则

第一条　为了规范道路机动车辆生产企业及产品准入管理，维护公民生命、财产安全和公共安全，促进汽车产业发展，根据《中华人民共和国行政许可法》《中华人民共和国道路交通安全法》《国务院对确需保留的行政审批项目设定行政许可的决定》等法律法规，制定本办法。

第二条　国家对从事道路机动车辆生产的企业及其生产的在境内使用的道路机动车辆产品实行分类准入管理。

道路机动车辆生产企业及产品分为乘用车类、货车类、客车类、专用车类、摩托车类、挂车类六类。客车类道路机动车辆生产企业及产品分为整车类和改装类。

本办法所称道路机动车辆，是指由动力装置驱动或牵引，上道路行驶的供人员乘用或用于运送物品以及进行工程专项作业的轮式车辆，不包括汽车列车、无轨电车、有轨电车、轮式专用机械车、拖拉机及拖拉机运输机组。

第三条　工业和信息化部负责全国道路机动车辆生产企业及产品准入和监督管理工作。

省、自治区、直辖市人民政府工业和信息化主管部门依照本办法规定配合工业和信息化部实施本行政区域内道路机动车辆生产企业及产品准入和监督管理有关工作。

第四条 道路机动车辆生产企业应当按照道路机动车辆生产企业及产品准入的内容组织生产，承担道路机动车辆产品质量和生产一致性责任。

第二章 申请和受理

第五条 申请道路机动车辆生产企业准入的，应当具备下列条件：

（一）具有法人资格；

（二）按照国家有关投资管理规定完成投资项目手续并建设完成；

（三）有与从事生产活动相适应的场所、资金和人员等；

（四）有与从事生产活动相适应的产品设计开发能力、生产能力、生产一致性保证能力、售后服务保障能力等；

（五）法律、行政法规、规章规定的其他条件。

第六条 申请道路机动车辆产品准入的，应当具备下列条件：

（一）取得道路机动车辆生产企业准入；

（二）生产的道路机动车辆产品能够满足安全、环保、节能、防盗等技术标准以及工业和信息化部制定发布的安全技术条件；

（三）法律、行政法规、规章规定的其他条件。

第七条 申请道路机动车辆生产企业准入的，应当向工业和信息化部提交下列材料：

（一）道路机动车辆生产企业准入申请书（示范文本由工业和信息化部制作并公布）；

（二）根据国家有关投资管理规定办理完成投资项目手续的文件；

（三）加盖企业公章的企业章程及营业执照副本复印件；

（四）企业法定代表人签署的依法开展道路机动车辆产品生产承诺书。

第八条 申请道路机动车辆产品准入的，应当向工业和信息化部提交下列材料：

（一）道路机动车辆产品及类别、特点、技术功能等情况说明；

（二）道路机动车辆产品主要技术参数，包括表征道路机动车辆产品基本特征的参数，与道路机动车辆产品安全、环保、节能、防盗性能相关的参数和图片等；

（三）道路机动车辆产品检验资料，包括检验项目统计表、样车情况说明、检验检测机构出具的检验报告等（列入强制性产品认证目录的道路机动车辆产品零部件检验报告可以由强制性产品认证证书替代）；

（四）合法使用道路机动车辆产品商标的说明材料（仅在首次申请包含该

商标的道路机动车辆产品准入时提供)、道路机动车辆产品依法进行环保信息公开情况等其他资料。

第九条 道路机动车辆生产企业有权自主选择依法取得相关资质认定的检验检测机构开展道路机动车辆产品检验;开展整车检验的,应当选择取得国家级产品质量监督检验中心资质的检验检测机构。

送检的道路机动车辆产品应当由申请人制造,相关技术参数应与申请准入的道路机动车辆产品一致。

第十条 工业和信息化部收到道路机动车辆生产企业及产品准入申请后,应当依法进行审查,对于申请材料不齐全或者不符合规定形式的,当场或者在五个工作日内一次性告知申请人需要补正的全部内容;对于申请材料齐全、符合规定形式的,应当予以受理。

第三章 审查和决定

第十一条 工业和信息化部委托技术服务机构组织专家对道路机动车辆生产企业及产品准入申请进行技术审查。

第十二条 技术服务机构应当客观、公正实施技术审查,如实向工业和信息化部报告审查结果。

第十三条 技术服务机构不得泄露因审查活动知悉的商业秘密,开展技术审查不得向申请准入的企业收取任何费用。

第十四条 工业和信息化部应当对符合准入条件的道路机动车辆生产企业及产品予以公示,公示期为五个工作日。

公示期内社会公众提出异议的,工业和信息化部可以委托技术服务机构组织专家进行复核。

第十五条 工业和信息化部应当自受理准入申请之日起二十个工作日内作出准入或者不予准入的决定。决定准入的,应当以公告形式向社会发布;决定不予准入的,应当书面通知申请人并说明理由。二十个工作日内不能作出决定的,经工业和信息化部负责人批准,可以延长十个工作日,并将延长期限的理由告知申请人。

技术审查、复核所需时间不计算在前款规定的期限内,所需时间应当书面告知申请人。

第十六条 道路机动车辆生产企业取得相关准入后方可生产、销售相应的道路机动车辆产品。

道路机动车辆生产企业应当持续保持准入条件。

第十七条 道路机动车辆生产企业变更法定代表人、企业名称、注册地址、注册商标、股权结构的,应当在依法完成变更登记手续后及时报工业和信息化部备案。

报送备案应当提交变更情形的说明、变更前后加盖企业公章的营业执照副本复印件等材料,涉及办理投资项目手续的还应当提交相关的投资项目文件。

第十八条 道路机动车辆生产企业变更道路机动车辆产品技术参数的,应当符合相关技术标准及道路机动车辆同一型号命名等技术规范要求,并在道路机动车辆产品投入生产前报工业和信息化部备案。

报送备案应当提交申请变更道路机动车辆产品型号、名称、类别,变更的原因及内容,符合安全、环保、节能、防盗等相关技术标准、技术条件的声明,以及相关检验项目统计表、检验报告等。

第十九条 道路机动车辆生产企业变更生产地址的,应当按照本办法第七条的规定向工业和信息化部提交有关材料。工业和信息化部应当依照本办法的规定进行审查。

第二十条 工业和信息化部对符合本办法规定条件的变更事项以公告形式发布。

第二十一条 道路机动车辆生产企业按照本办法规定变更企业名称、注册地址、生产地址、注册商标、道路机动车辆产品技术参数等的,可以在工业和信息化部发布变更公告后的六个月内继续销售按照原准入事项生产的库存道路机动车辆产品,但国家政策、标准另有规定的除外。

第二十二条 依法取得的道路机动车辆生产企业及产品准入,不得出租、出借、买卖或者以其他形式非法转让。

第二十三条 道路机动车辆生产企业应当建立道路机动车辆产品出厂合格证明(以下简称合格证)管理制度,规范合格证制作、发放、传送、追溯、备案等工作,实时填报、传送合格证电子信息,在道路机动车辆产品检验合格准予出厂后随车配发合格证。

合格证载明的信息应当与获得准入的道路机动车辆产品技术参数,以及道路机动车辆产品实际的技术参数一致。合格证不得涂改、复制、买卖、伪造和抵押。

第四章 特别规定

第二十四条 鼓励道路机动车辆生产企业进行技术创新。因采用新技术、新工艺、新材料等原因，不能满足本办法规定的准入条件的，企业在申请道路机动车辆生产企业及产品准入时可以提出相关准入条件豁免申请。

工业和信息化部应当评估其必要性、充分性，根据技术审查和评估结果，作出是否准入的决定。决定准入的，工业和信息化部可以设置准入有效期、实施区域等限制性措施。

第二十五条 鼓励道路机动车辆生产企业实施企业集团化管理。

符合规定条件的企业集团可以试点开展道路机动车辆产品自我检验；成员企业可以委托企业集团内部取得同类别道路机动车辆生产企业准入的其他企业生产其取得准入的道路机动车辆产品；工业和信息化部可以简化其成员企业的准入审查要求。

第二十六条 工业和信息化部推行道路机动车辆产品系族管理，鼓励道路机动车辆生产企业按照系族提出道路机动车辆产品准入申请。

第二十七条 工业和信息化部优化平板、仓栅、厢式、自卸货车管理。

货车类道路机动车辆生产企业可以委托上装生产企业完成平板、仓栅、厢式、自卸货车产品的上装生产作业。货车类道路机动车辆生产企业对采用本企业生产的底盘进行上装生产的平板、仓栅、厢式、自卸货车产品进行统一道路机动车辆产品准入申请，承担产品质量和生产一致性责任。

第二十八条 鼓励道路机动车辆生产企业之间开展研发和产能合作，允许符合规定条件的道路机动车辆生产企业委托加工生产。

鼓励道路机动车辆研发设计企业与生产企业合作，允许符合规定条件的研发设计企业借用生产企业的生产能力申请道路机动车辆生产企业及产品准入。

第二十九条 特别规定事项的具体管理办法由工业和信息化部另行制定。

第五章 监督检查

第三十条 工业和信息化部应当加强对道路机动车辆生产企业及产品准入的监督管理，建立和完善以随机抽查为重点的日常监督检查制度。对于社会反映集中、问题性质严重的道路机动车辆生产企业及产品，工业和信息化部应当组织开展专项监督检查。

第三十一条 道路机动车辆生产企业应当加强自查，发现生产、销售的道路机动车辆产品存在安全、环保、节能、防盗等严重问题的，应当立即停止相关产品的生产、销售，采取措施进行整改，并及时向工业和信息化部及所在地的省、自治区、直辖市人民政府工业和信息化主管部门报告。

省、自治区、直辖市人民政府工业和信息化主管部门发现本行政区域内道路机动车辆生产企业不能保持准入条件、生产一致性发生重大变化或者有其他违法违规生产经营行为的,应当及时向工业和信息化部报告。

第三十二条 道路机动车辆生产企业不能保持准入条件,生产的道路机动车辆产品存在影响公共安全、人身健康、生命财产安全等隐患的,工业和信息化部应当责令停止生产、销售相关产品,并责令立即改正。

第三十三条 道路机动车辆生产企业买卖、伪造合格证,合格证载明的信息与获得准入的道路机动车辆产品技术参数不一致或者与道路机动车辆产品实际的技术参数不一致,或者有其他违反合格证管理规定的,工业和信息化部应当责令限期整改,视情节轻重暂停道路机动车辆生产企业合格证电子信息传送。

第三十四条 道路机动车辆生产企业不能维持正常生产经营的,工业和信息化部应当予以特别公示。特别公示前,应当书面告知道路机动车辆生产企业,并听取申辩意见。

经特别公示的道路机动车辆生产企业,工业和信息化部在公示期间不予办理准入变更。道路机动车辆生产企业申请移出特别公示的,工业和信息化部应当对其保持道路机动车辆生产企业及产品准入条件情况进行核查。

不能维持正常生产经营是指:连续两年年均乘用车产量少于2000辆、货车产量少于1000辆、客车(整车类)产量少于1000辆、客车(改装类)产量少于100辆、摩托车产量少于5000辆、通用货车挂车产量少于100辆。工业和信息化部可以根据产业发展情况调整有关产量数值。

第三十五条 道路机动车辆生产企业破产、自愿终止道路机动车辆生产,或者存在法律、行政法规规定的其他情形的,工业和信息化部应当依法撤销、注销相关的道路机动车辆生产企业及产品准入。

第三十六条 承担道路机动车辆产品检验的检验检测机构应当在完成道路机动车辆产品检验后的三个月内保证检验样品的可追溯性,六年内保证检验记录、试验图像、影像资料等数据资料的可追溯性。工业和信息化部对检验检测机构开展道路机动车辆产品准入检验情况进行检查。

第三十七条 工业和信息化部建立信用记录制度,将道路机动车辆生产企业、检验检测机构失信行为记入信用档案。

第六章 法律责任

第三十八条 隐瞒有关情况或者提供虚假材料申请道路机动车辆生产企

业及产品准入的，工业和信息化部不予受理或者不予准入，并给予警告；申请人在一年内不得再次申请道路机动车辆生产企业及产品准入。

以欺骗、贿赂等不正当手段取得道路机动车辆生产企业及产品准入的，工业和信息化部应当撤销道路机动车辆生产企业及产品准入；申请人在三年内不得再次申请道路机动车辆生产企业及产品准入。

第三十九条　违反本办法规定，未经准入擅自生产、销售道路机动车辆产品的，工业和信息化部应当依照《中华人民共和国道路交通安全法》第一百零三条第三款的规定予以处罚。

第四十条　违反本办法规定，在报送备案时隐瞒有关情况、提供虚假材料的，工业和信息化部不予备案或者撤销备案，并给予警告。

第四十一条　违反本办法规定，出租、出借、买卖或者以其他形式非法转让道路机动车辆生产企业及产品准入的，工业和信息化部给予警告，并责令立即改正。

第四十二条　道路机动车辆生产企业在监督检查中隐瞒有关情况、提供虚假资料，或者不接受工业和信息化主管部门监督检查的，工业和信息化部给予警告。

第四十三条　检验检测机构出具虚假检验报告或者检验结果存在重大失误的，工业和信息化部向检验检测机构资质管理部门进行通报。

第四十四条　工业和信息化部工作人员在道路机动车辆生产企业及产品准入管理中玩忽职守、滥用职权、徇私舞弊的，依法给予处分；构成犯罪的，依法追究刑事责任。

第七章　附　　则

第四十五条　道路机动车辆生产企业及产品准入审查要求，工业和信息化部另行制定。

第四十六条　新能源汽车生产企业及产品准入管理适用本办法，相关规章另有规定的，依照其规定执行。

第四十七条　本办法自2019年6月1日起施行。2002年11月30日公布的《摩托车生产准入管理办法》(原国家经济贸易委员会令第43号)同时废止。

交通运输部关于修改《港口工程建设管理规定》的决定

（2018 年 11 月 28 日交通运输部令 2018 年第 42 号公布　自公布之日起施行　国司备字［2018001584］）

交通运输部决定对《港口工程建设管理规定》（交通运输部令 2018 年第 2 号）作如下修改：

一、将第十四条第（一）项“申请文件原件 1 份”修改为“申请文件”；第（二）项“初步设计文件 1 份及其电子版本”修改为“初步设计文件”；第（三）项中的“备案证明 1 份”修改为“备案证明”。

二、将第十七条第一款第（一）项“申请文件原件 1 份”修改为“申请文件”；第（二）项“施工图设计文件 1 份及其电子版本”修改为“施工图设计文件”；第（三）项“经批准的初步设计文件 1 份”修改为“经批准的初步设计文件”。

三、将第三十六条第（一）项“申请文件 1 份”修改为“申请文件”；第（二）项中的“设计变更文件 1 份”修改为“设计变更文件”。

四、将第四十八条第（一）项“申请文件 1 份”修改为“申请文件”；第（二）项“竣工验收报告 1 份”修改为“竣工验收报告”。

五、增加一条，作为第七十五条：“本规定第十四条、第十七条、第三十六条、第四十八条要求提供的材料，可以是纸质文本或者电子文本。”

条文序号作相应调整。

本决定自公布之日起施行。

《港口工程建设管理规定》根据本决定作相应修改，重新公布。

港口工程建设管理规定

（2018 年 1 月 15 日交通运输部发布　根据 2018 年 11 月 28 日《交通运输部关于修改〈港口工程建设管理规定〉的决定》修订）

第一章　总　则

第一条　为了加强港口工程建设管理，规范港口工程建设活动，保证港口工程质量，根据《中华人民共和国港口法》《建设工程质量管理条例》《建设工程勘察设计管理条例》《企业投资项目核准和备案管理条例》等法律、行政法规，制定本规定。

第二条　在中华人民共和国境内从事港口工程建设活动，适用本规定。

本规定所称港口工程建设，是指在港口规划范围内，为实现港口功能进行新建、改建和扩建的码头工程（含舾装码头工程）及其同时立项的配套设施、防波堤、锚地、护岸等工程建设。

第三条　交通运输部主管全国港口工程建设的行业管理工作。

省级交通运输主管部门负责本行政区域内港口工程建设的监督管理工作。

所在地港口行政管理部门按照地方人民政府的规定具体实施本行政区域内港口工程建设的监督管理工作。

第四条　港口工程建设应当符合法规、技术标准和港口规划。

第五条　港口工程安全设施应当与主体工程同时设计、同时施工、同时投入使用。

新建、改建、扩建的码头工程应当规划、设计和建设岸基供电设施。已建成的码头应当逐步实施岸基供电设施改造。

港口工程应当按照法规和技术标准要求同时建设船舶污染物接收设施，并做好与城市公共转运、处置设施的衔接。

客运码头工程应当按照法规和技术标准要求建设客运设施，满足旅客安全、便捷出行需要。

第六条　鼓励港口工程建设采用新技术、新设备、新工艺、新材料，推行施工质量和安全标准化管理，加强施工安全风险管控，科学组织建设。

第七条　港口工程建设的项目单位（以下简称项目单位）应当通过登录国家建立的项目在线监管平台（以下简称在线平台）进行项目申报，并按照要求填写开工建设、建设进度、竣工等信息。

省级交通运输主管部门、所在地港口行政管理部门应当利用在线平台进行在线审批、在线监测、协同监管等,提高信息化管理水平。

第二章　建设程序管理

第八条　港口工程建设项目应当按照国家规定的建设程序进行。除国家另有规定外,不得擅自简化基本建设程序。

第九条　政府投资的港口工程建设项目应当执行以下建设程序:

(一)开展工程预可行性研究,编制项目建议书;

(二)根据批准的项目建议书,进行工程可行性研究,编制可行性研究报告;

(三)根据批准的可行性研究报告,编制初步设计文件;

(四)根据批准的初步设计文件,编制施工图设计文件;

(五)办理施工图设计审批手续;

(六)根据国家有关规定,依法办理开工前相关手续,具备条件后开工建设;

(七)组织工程实施;

(八)工程完工后,编制竣工材料,进行工程竣工验收的各项准备工作;

(九)组织竣工验收。

第十条　企业投资的港口工程建设项目应当执行以下建设程序:

(一)编制项目申请书或者填写备案信息,履行核准或者备案手续;

(二)根据核准的项目申请书或者备案信息,编制初步设计文件;

(三)根据批准的初步设计文件,编制施工图设计文件;

(四)办理施工图设计审批手续;

(五)根据国家有关规定,依法办理开工前相关手续,具备条件后开工建设;

(六)组织工程实施;

(七)工程完工后,编制竣工材料,进行工程竣工验收的各项准备工作;

(八)组织竣工验收。

第十一条　储存、装卸危险货物的港口工程建设项目,项目单位除执行本规定第九条、第十条的规定外,还应当按照《中华人民共和国安全生产法》《危险化学品安全管理条例》《港口危险货物安全管理规定》等要求,办理安全条件审查、安全设施设计审查手续,组织安全设施验收。

第十二条 港口工程建设项目需要使用港口岸线的，项目单位应当按照港口岸线使用的管理规定办理港口岸线使用手续。未取得岸线使用批准文件或者交通运输部关于岸线使用的意见，不得开工建设。

第十三条 交通运输部负责国家重点水运工程建设项目初步设计审批。

省级交通运输主管部门负责经省级人民政府及其投资主管部门审批、核准或者备案的港口工程建设项目初步设计审批。

所在地港口行政管理部门负责其余港口工程建设项目初步设计审批。

第十四条 项目单位应当向有审批权限的交通运输主管部门或者所在地港口行政管理部门申请初步设计审批，并提供以下材料：

（一）申请文件；

（二）初步设计文件；

（三）经批准的可行性研究报告，或者经核准的项目申请书，或者备案证明。

第十五条 编制港口工程建设项目初步设计文件，应当符合以下要求：

（一）建设方案符合港口总体规划；

（二）建设规模、标准及主要建设内容等符合项目审批、核准文件或者备案信息；

（三）设计符合有关技术标准，编制格式和内容符合水运工程设计文件编制要求。

第十六条 所在地港口行政管理部门负责港口工程建设项目施工图设计审批，对施工图设计文件中涉及公共利益、公众安全、工程建设强制性标准的内容进行审查。

第十七条 项目单位应当向所在地港口行政管理部门申请施工图设计审批，并提供以下材料：

（一）申请文件；

（二）施工图设计文件；

（三）经批准的初步设计文件。

施工图设计文件应当集中报批。对于工期长、涉及专业多的项目，可以分批报批。项目单位在首次申请施工图设计文件审批时，应当将分批安排报所在地港口行政管理部门。

第十八条 编制港口工程建设项目施工图设计文件，应当符合以下要求：

（一）建设规模、标准及主要建设内容符合经批准的初步设计文件；

（二）设计符合有关技术标准，编制格式和内容符合水运工程设计文件编制要求。

第十九条 对于技术复杂、难度较大、风险较大的港口工程建设项目,交通运输主管部门或者所在地港口行政管理部门在审批初步设计前应当委托另一设计单位进行技术审查咨询。受委托的设计单位资质等级应当不低于原初步设计文件编制单位资质等级。

所在地港口行政管理部门在审批施工图设计前可以委托另一设计单位进行技术审查咨询。受委托的设计单位资质等级应当不低于原施工图设计文件编制单位资质等级。

第二十条 技术审查咨询主要核查以下内容,并对工程设计方案和概(预)算编制提出合理化建议:

(一)工程建设规模和主要建设内容与项目审批、核准文件或者备案信息的符合性;

(二)工程设计与强制性标准的符合性;

(三)总平面布置、主要工艺流程、主要设备配置的合理性;

(四)地基基础、主体结构的合理性、安全性、稳定性、耐久性;

(五)环境保护、安全、职业病防护、消防、节能等涉及公共安全、公众利益的工程措施与强制性标准的符合性;

(六)工程概(预)算的编制依据和方法的合理性。

第二十一条 交通运输主管部门、所在地港口行政管理部门应当在法定期限内对受理的设计审批申请作出书面决定,并告知项目单位;需要延长审批时限的,应当依法按照程序办理。

第二十二条 港口工程建设项目设计文件经批准后方可使用。

第二十三条 对于建设内容简单、投资规模较小的按照备案管理的港口工程建设项目,初步设计和施工图设计可以合并设计,深度应当达到施工图设计要求。

第三章 建设实施管理

第二十四条 项目单位应当在立项审批、核准文件及其他文件规定的有效期内开工建设。在有效期内不能开工建设的,应当按照规定在有效期届满前申请延期。

第二十五条 港口工程建设项目在条件具备后方可开工建设。项目单位在开工建设前,应当完成法规规定的各项手续,登录在线平台填写项目开工基本信息,并接受省级交通运输主管部门、所在地港口行政管理部门等对项目依法负有监督管理职责的相关部门的监管。

所在地港口行政管理部门应当通过在线监测、现场核查等方式加强对项目开工建设的监管。

第二十六条 项目单位依据国家有关规定对港口工程建设项目实行全过程管理,对工程质量和安全管理负总责。

项目单位应当符合《水运建设市场监督管理办法》规定的管理能力;不具备管理能力的,应当按照规定委托符合条件的代建单位进行项目建设管理。

第二十七条 经核准的企业投资港口工程建设项目建设地点发生变更,或者建设规模、内容发生较大变更的,项目单位应当向项目核准机关提出变更申请。已备案的企业投资港口工程建设项目信息发生较大变更的,企业应当及时告知备案机关。

政府投资的港口工程建设项目投资概算超过项目批准的投资估算10%的,或者项目建设地点、建设内容及规模发生重大变化的,项目单位应当按照项目审批机关的要求重新报送可行性研究报告。

第二十八条 港口工程建设项目出现批准机关调整审批、核准文件或者重新办理备案的,项目单位应当向初步设计审批部门申请调整初步设计审批内容。

第二十九条 港口工程建设项目设计文件一经批准,应当严格遵照执行,不得擅自变更。确需对设计文件内容进行变更的,应当履行相关手续后方可实施。

第三十条 港口工程建设项目设计变更应当符合强制性标准和技术规范,满足工程安全、质量、使用功能和环境保护等要求。

第三十一条 设计变更发生下列情形之一的,由原初步设计审批部门审批:

(一)对工程总平面布置进行重大调整,主要包括水域设计水深、码头或者防波堤顶高程、陆域生产区主要布置形式、防波堤轴向或者口门尺度等;

(二)改变主要水工建筑物结构型式;

(三)改变主要装卸工艺方案;

(四)政府投资港口工程建设项目超出初步设计批准总概算但在项目批准的投资估算10%以内。

前款规定的设计变更涉及施工图设计重大修改的,还应当由原施工图设计审批部门审批。

第三十二条 设计变更发生下列情形之一的,由原施工图设计审批部门审批:

(一)对工程总平面布置进行较大调整,主要包括水域主要布置形式、陆域辅助生产区主要布置形式等；

（二）调整主要生产建筑物结构型式；

（三）调整主要装卸工艺设备配置规模。

第三十三条 审批部门在批准设计变更时，可以委托另一设计单位进行技术审查咨询。受委托的设计单位资质等级应当不低于原设计文件编制单位资质等级。

第三十四条 本规定第三十一条、第三十二条以外的设计变更，项目单位应当加强管理，制定设计变更内部管理程序，不得随意变更设计内容，或者采取肢解设计变更内容等方式规避设计变更审批手续。

第三十五条 港口工程建设项目设计变更文件应当由原设计单位编制，或者经原设计单位书面同意，也可以由其他具有相应资质的设计单位编制。编制单位对设计变更文件承担相应责任。

第三十六条 申请港口工程建设项目设计变更，应当提交以下材料：

（一）申请文件；

（二）设计变更文件，内容包括港口工程建设项目的基本情况、拟变更的主要内容以及设计变更的合理性论证；设计变更前后相应的勘察、设计图纸；工程量、概算变化对照清单和分项投资等。

第三十七条 因应急抢险等紧急情况引起本规定第三十一条、第三十二条规定的设计变更情形的，项目单位可以先行组织实施，但应当在10个工作日内书面报告设计变更审批部门，并按照要求及时履行相应的设计变更手续。

第四章 验收管理

第三十八条 港口工程建设项目应当按照法规和国家有关规定及时组织竣工验收，经竣工验收合格后方可正式投入使用。

本规定所称竣工验收，是指港口工程建设项目完工后、正式投入使用前，对工程交工验收、执行强制性标准、投资使用等情况进行全面检查验收，以及对工程建设、设计、施工、监理等工作进行综合评价。

第三十九条 港口工程建设项目合同段完工后，由项目单位组织设计、施工、监理、试验检测等单位进行交工验收，并邀请所在地港口行政管理部门参加。

第四十条 交工验收应当具备以下条件：

（一）合同约定的各项内容已建设完成，未遗留有碍船舶航行和港口作业安全的隐患；

（二）项目单位组织对工程质量的检测结果合格；

（三）监理单位对工程质量的评定（评估）合格；

（四）质量监督机构对工程交工质量核验合格；

（五）设计单位、施工单位、监理单位已完成工作总结报告。

第四十一条 交工验收的主要工作内容：

（一）检查合同执行情况，核验工程建设内容与批复的设计内容是否一致；

（二）检查施工自检报告、施工总结报告及施工资料；

（三）检查监理单位独立抽检资料、监理总结报告及质量评定资料；

（四）检查设计单位对工程设计符合性评价意见和设计总结报告；

（五）检查工程实体质量；

（六）对合同是否全面执行、工程质量是否合格作出结论，出具交工验收意见。

第四十二条 港口工程建设项目建成后，按照设计要求需要进行试运行经营的，应当按照《港口经营管理规定》取得港口经营许可后，方可进行试运行经营。

第四十三条 试运行经营期内符合竣工验收条件的港口工程建设项目，项目单位应当及时办理港口工程竣工验收手续。

试运行期间达不到设计要求的，项目单位应当立即停止试运行并进行整改。整改完成后再次申请试运行的，试运行时间应当累计计算。

第四十四条 国家重点水运工程建设项目由项目单位向省级交通运输主管部门申请竣工验收。

前款规定以外的港口工程建设项目，属于政府投资的，由项目单位向所在地港口行政管理部门申请竣工验收；属于企业投资的，由项目单位组织竣工验收。

所在地港口行政管理部门应当加强对项目单位验收活动和验收结果的监督核查。

第四十五条 省级交通运输主管部门或者所在地港口行政管理部门应当按照国家规定的程序和时限完成港口工程竣工验收。竣工验收合格的，应当签发《港口工程竣工验收证书》。

第四十六条 港口工程建设项目竣工验收的主要依据是：

（一）法规及相关技术标准、规范；

（二）项目审批、核准文件或者备案证明；

（三）项目初步设计、施工图设计、设计变更等批准文件；

（四）主要设备技术规格或者说明书；

（五）合同文件。

第四十七条 港口工程建设项目竣工验收应当具备以下条件：

（一）已按照批准的工程设计和有关合同约定的各项内容建设完成，各合同段交工验收合格；建设项目有尾留工程的，尾留工程不得影响建设项目的投产使用，尾留工程投资额可以根据实际测算投资额或者按照工程概算所列的投资额列入竣工决算报告，但不超过工程总投资的5%；

（二）主要工艺设备或者设施通过调试具备生产条件；

（三）需要试运行的，经试运行符合设计要求；

（四）环境保护设施、安全设施、职业病防护设施、消防设施已按照有关规定通过验收或者备案；航标设施以及其他辅助性设施已按照《中华人民共和国港口法》的规定，与港口工程同时建设，并保证按期投入使用；

（五）竣工档案资料齐全，并通过专项验收；

（六）竣工决算报告编制完成，按照国家有关规定需要审计的，已完成审计；

（七）廉政建设合同已履行。

第四十八条 项目单位向所在地港口行政管理部门申请竣工验收，应当提交以下材料：

（一）申请文件；

（二）竣工验收报告。

第四十九条 申请或者组织竣工验收前，项目单位应当组织编制竣工验收报告，竣工验收报告应当包括以下内容：

（一）项目单位工作报告；

（二）设计、施工、监理等单位的工作报告；

（三）质量监督机构出具的交工质量核验意见；

（四）试运行报告；

（五）竣工决算报告（按照国家有关规定需要审计的，应当包括竣工决算审计报告）；

（六）环境保护设施、安全设施、职业病防护设施、消防设施已按照有关部门规定通过验收或者备案的相关文件；

（七）有关批准文件。

第五十条 港口工程建设项目竣工验收的主要内容：

（一）检查工程执行有关部门批准文件情况；

（二）检查工程实体建设情况，核查质量监督机构出具的交工质量核验意见；

（三）检查工程合同履约情况；

（四）检查工程执行强制性标准情况；

（五）检查环境保护设施、安全设施、职业病防护设施、消防设施、档案等验收或者备案情况；

（六）检查竣工验收报告编制情况；

（七）检查廉政建设合同执行情况；

（八）对存在问题和尾留工程提出处理意见；

（九）对港口工程建设、设计、施工、监理等单位的工作作出综合评价；

（十）对工程竣工验收是否合格作出结论，出具竣工验收现场核查报告。

第五十一条 港口工程建设项目竣工验收应当成立竣工验收现场核查组对工程进行现场核查。

竣工验收现场核查组应当由验收组织部门或者单位、所在地港口行政管理部门、质量监督机构、项目单位人员和专家等组成，并应当邀请海事管理机构等其他依法对项目负有监督管理职责的相关部门参加。

工程设计、施工、监理、试验检测等单位人员应当参加现场核查。

第五十二条 竣工验收现场核查组成员应当为9人以上单数，其中专家不少于5人；竣工验收现场核查组组长由负责组织竣工验收的部门或者单位人员担任。

对于建设内容简单、投资规模较小的备案项目，竣工验收现场核查组可以由7人以上单数组成，其中专家不少于4人。

第五十三条 竣工验收专家应当具有一定的水运工程建设和管理经验，具备良好的职业道德，具有高级专业技术职称，且不得与项目单位以及勘察、设计、施工、监理、试验检测等单位有直接利害关系。

第五十四条 竣工验收现场核查组应当对照港口工程竣工验收主要内容，客观公正、实事求是地对工程进行现场核查，形成竣工验收现场核查报告。

第五十五条 竣工验收现场核查报告应当全面反映竣工验收现场核查工作开展情况和工程建设实际情况，并明确作出竣工验收合格或者不合格的核查结论。

第五十六条 竣工验收现场核查报告由竣工验收现场核查组全体成员签字。

竣工验收现场核查组成员对核查结论有不同意见的，应当以书面形式说明其不同意见和理由，竣工验收现场核查报告应当注明不同意见。竣工验收现场核查组组长应当组织全体成员对不同意见进行研究，提出竣工验收是否合格的核查结论。

竣工验收现场核查组成员拒绝在核查报告上签字，又不书面说明其不同意见和理由的，视为同意核查结论。

第五十七条 竣工验收现场核查报告明确竣工验收合格但提出整改要求的，项目单位应当进行整改，将整改情况形成书面材料存档；竣工验收现场核查报告明确竣工验收不合格的，项目单位整改后应当重新申请或者组织竣工验收。

第五十八条 港口工程建设项目竣工验收合格后15日内，由项目单位负责组织竣工验收的，项目单位应当将修改完善的竣工验收报告和竣工验收现场核查报告报所在地港口行政管理部门。由省级交通运输主管部门或者所在地港口行政管理部门负责组织竣工验收的，省级交通运输主管部门或者所在地港口行政管理部门应当按照要求将竣工验收报告和竣工验收现场核查报告报上一级交通运输主管部门。

省级交通运输主管部门、所在地港口行政管理部门应当在港口工程建设项目竣工验收后30日内向海事管理机构通报通航技术尺度等信息。

第五十九条 港口工程建设项目竣工验收合格后，项目单位应当按照要求及时登录在线平台填报竣工基本信息。

第六十条 交通运输主管部门、所在地港口行政管理部门应当通过市场检查、专项督查等方式对项目单位组织的竣工验收工作进行监督检查。上级交通运输主管部门应当对省级交通运输主管部门或者所在地港口行政管理部门组织的竣工验收工作进行监督检查。

第六十一条 对于一次设计、分期建成的港口工程建设项目，可以对已建成具有独立使用功能并符合竣工验收条件的部分港口工程建设项目进行分期竣工验收。企业投资的港口工程建设项目的分期竣工验收方案应当报所在地港口行政管理部门。

第六十二条 港口工程建设项目有尾留工程的，项目单位应当落实竣工验收现场核查报告对尾留工程的处理意见。尾留工程完工并符合交工验收条件后，项目单位应当组织尾留工程验收，验收通过后将相关资料报所在地港口行政管理部门。

第六十三条 港口工程建设项目竣工验收合格后，项目单位应当按照国家有关规定办理档案、固定资产交付使用等相关手续；需要进行港口经营的，应当按照《港口经营管理规定》的要求办理相关手续。

第五章 工程信息及档案管理

第六十四条 港口工程建设项目实行信息报送制度。

第六十五条 省级交通运输主管部门、所在地港口行政管理部门应当按照政府信息公开和报送的要求，做好工程建设项目信息的公开和报送工作。

第六十六条 项目单位应当自工程开工建设之日起按照统计制度规定每月报送工程建设信息，并登录在线平台填报项目建设动态进度基本信息。

项目单位应当指定信息员及时进行信息的收集、整理、统计和报送工作，确保信息真实、准确和完整，不得谎报、瞒报、漏报。

第六十七条 项目单位应当建立健全工程档案管理制度，保证档案资料真实、准确和完整，督促勘察、设计、施工、监理、试验检测等单位加强建设项目档案管理，按照有关规定办理工程竣工档案专项验收。

第六十八条 项目单位应当按照国家有关规定负责港口工程建设项目档案的收集、整理和归档，包括纸质技术档案资料、电子技术档案资料、影像及图片资料等。

第六十九条 港口工程建设项目勘察、设计、施工、监理、试验检测等单位应当加强资料档案的管理，按照国家有关规定建立健全工程项目档案，对各环节的文件、图片、影像等资料进行立卷归档。

第六章　法律责任

第七十条 项目单位有下列行为之一的，由所在地港口行政管理部门责令改正，处 20 万元以上 50 万元以下的罚款：

（一）施工图设计未经批准，擅自开工建设的；

（二）施工图设计经批准后，对本规定第三十一条、第三十二条规定的情形擅自作出变更或者采取肢解变更内容等方式规避审批并开工建设的。

第七十一条 项目单位有下列行为之一的，由所在地港口行政管理部门责令停止使用，处工程合同价款 2% 以上 4% 以下的罚款：

（一）未组织竣工验收或者验收不合格，擅自交付使用的；

（二）对不符合竣工验收条件和要求的项目按照合格项目验收的。

第七十二条 项目单位违反本规定未按时报送项目建设信息的，由所在地港口行政管理部门责令限期整改；省级交通运输主管部门或者所在地港口行政管理部门违反本规定未按时报送相关信息的，由其上级交通运输主管部门责令限期整改。

第七十三条 交通运输主管部门、所在地港口行政管理部门在办理设计审批、设计变更、竣工验收等手续中存在滥用职权、玩忽职守、徇私舞弊等行为的，由有关行政主管部门对直接责任人给予行政处分；构成犯罪的，由司法机关依法追究刑事责任。

第七章　附　　则

第七十四条　本规定所称国家重点水运工程建设项目,是指国务院投资主管部门审批、核准或者交通运输部审批的港口工程建设项目。

第七十五条　本规定第十四条、第十七条、第三十六条、第四十八条要求提供的材料,可以是纸质文本或者电子文本。

第七十六条　港口公用航道工程按照交通运输部关于航道工程建设管理的有关规定执行。

第七十七条　本规定自2018年3月1日起施行。2007年4月24日以交通部令2007年第5号发布的《港口建设管理规定》、2005年4月12日以交通部令2005年第2号发布的《港口工程竣工验收办法》、2014年9月5日以交通运输部令2014年第12号发布的《关于修改〈港口工程竣工验收办法〉的决定》、2016年4月19日以交通运输部令2016年第44号发布的《关于修改〈港口工程竣工验收办法〉的决定》同时废止。

附件:

1:××工程竣工验收报告

2:××工程竣工验收现场核查报告

3:港口工程建设项目竣工验收证书

附件 1

××工程竣工验收报告

编写单位：

编写日期：

一、项目单位工作报告

第一章　工程概况

1. 建设依据：行政主管部门有关审批、核准或者备案证明文件。注明文件文号、名称和时间等。

2. 地理位置：概括描述相对位置并注明经纬度。

3. 自然条件：地形、地质、水文和气象等主要特征。

4. 审批、核准或者备案的建设规模、标准、能力和总投资。

5. 工程建设实际内容，包括泊位数量、等级、吞吐能力，码头前沿设计底高程，以及进出港口的航道等级，防波堤长度、顶高程，锚地面积、性质、底高程，护岸长度、顶高程等。

6. 项目单位、主要设计、施工（含设备制造、安装）、监理单位、质量监督机构等名称。

7. 开、完工日期。

第二章　招投标及合同管理

概述招标、投标情况，合同的签订及执行情况。

第三章　工程建设情况

详细叙述各单项工程的工程总量、开工和完工时间、主要设计变更内容、工程中采用的主要施工工艺等；工程事故的处理；对各单项工程中的主要单位工程应当着重说明其结构特点、特殊使用要求和建设情况，同时附工程建设项目一览表。

单项工程建设情况的内容按照初步设计文件编制的章节顺序编写。

第四章　工艺设备

概述主要工艺流程，机械设备和工作车船的数量及其性能参数、制造厂家和供货、安装、调试情况，同时附机械设备一览表。

第五章　环保、安全、职业病防护、消防和档案专项验收或者备案情况

概述有关环境保护、安全、职业病防护、消防等设施主要建设情况，工程档案资料归档情况，以及相关专项验收或者备案情况。

第六章　交工验收和工程质量

概述交工验收情况。根据质量监督机构出具的交工质量核验意见，综述工程质量评定情况以及存在问题的处理情况。

第七章　工程建设强制性标准执行情况

概述工程建设、设计、施工、监理各方执行工程建设强制性标准的情况。

第八章　竣工决算

概述竣工决算情况，按照国家有关规定需要进行审计的，应当概述竣工决算审计报告主要结论。

第九章　问题和建议

如实反映工程建设存在的主要问题并提出建议意见。

二、设计单位工作报告

概述主要设计单位的设计范围和内容，设计组织与服务，主要设计变更内容、理由及批准情况，工程建设强制性标准执行情况，技术创新与关键技术的处理，设计符合性评价意见，总结设计经验，存在的主要问题与建议等。

三、施工单位工作报告

概述主要施工单位的施工范围和内容，质量管理体系、质量控制和施工组织形式，主要施工工艺，施工管理措施，工程建设强制性标准执行情况，施工技术创新与关键技术的处理，安全生产风险管理情况，总结施工经验，存在的主要问题与建议等。

四、监理单位工作报告

概述主要监理单位的监理范围和内容，监理依据，监理组织机构，监理工作质量管理体系，监理主要工作开展情况，工程建设强制性标准执行情况，施工中主要问题的处理情况，对工程质量、安全、投资、进度、环境保护工作评价，对施工单位质量管理体系的评价，总结监理经验，存在的主要问题与建议等。

五、交工质量核验意见

提供质量监督机构出具的交工质量核验意见。

六、试运行报告

概述建设项目生产准备工作情况和试运行情况。

七、竣工决算报告

按照规定编制竣工决算报告。按照国家有关规定需要审计的，应当包括竣工决算审计报告。

八、专项验收或者备案文件

环境保护、安全、职业病防护、消防、工程档案等按照有关规定通过验收或者备案的相关文件。

九、有关批准文件

主要包括：工程审批、核准、备案等立项文件或者证明，初步设计、施工图设计、设计变更批准文件；环境保护、安全、职业病防护、消防等审批（审查、评估、评价）等各类批准文件。

附件：主要包括港区形势图、总平面布置图及能够反映工程特点的部分图片

附件2

××工程竣工验收现场核查报告

竣工验收现场核查组

年　　月　　日

前　言

概述现场核查组组成,工作开展情况等。

第一章　工程概况

概述工程建设规模、主要建设内容和投资、工程建设依据,主要工程参建单位,工程开工、完工日期等。

第二章　竣工验收现场核查工作情况

1. 检查工程执行有关部门批准文件情况;
2. 检查工程实体质量;
3. 检查工程合同履约情况;
4. 检查工程执行强制性标准情况;
5. 检查环境保护设施、安全设施、职业病防护设施、消防设施、档案等验收或者备案情况;
6. 检查竣工验收报告编制情况;
7. 检查廉政建设合同执行情况。

第三章　竣工验收现场核查结论

1. 对港口工程建设、设计、施工、监理等单位的工作作出综合评价;
2. 对工程竣工验收是否合格作出结论;
3. 现场核查发现的问题及处理意见;
4. 对尾留工程提出处理意见;
5. 验收核查组成员对竣工验收的不同意见,现场研究情况,表决情况。

附件:验收组成员签字表

附件3

港口工程建设项目竣工验收证书

编号：

项目单位：

工程名称：

建设依据：

建设规模及主要建设内容：

（章）

年　　月　　日

填表说明

一、本证书由组织竣工验收的省级交通运输主管部门或者所在地港口行政管理部门签发。

二、建设依据主要填写项目立项文件(审批、核准或备案)、初步设计文件和施工图设计批复文件,格式为“批复部门+批文名称+文号+批复日期”

三、建设规模和内容按竣工验收现场核查核定的内容填写,具体要求如下:

(一)码头工程:泊位类别数量、等级、长度、年吞吐能力,码头前沿设计底高程,以及进出港航道等级等。

(二)防波堤工程:防波堤长度、顶高程等。

(三)锚地工程:锚地面积、性质、底高程等。

(四)护岸工程:护岸长度、顶高程等。

四、本证书一式三份,双面打印,签发部门留存一份、项目单位留存两份。

交通运输部关于修改《航道建设管理规定》的决定

（2018 年 11 月 28 日交通运输部令 2018 年第 44 号公布　自公布之日起施行　国司备字[2018001586]）

交通运输部决定对《航道建设管理规定》（交通部令 2007 年第 3 号）作如下修改：

一、将第十三条第（二）项“项目建议书一式 5 份及其电子文件”修改为“项目建议书”；第（三）项“工程预可行性研究报告一式 5 份及其电子文件”修改为“工程预可行性研究报告”。

二、将第十五条第（二）项“工程可行性研究报告一式 5 份及其电子文件”修改为“工程可行性研究报告”。

三、将第十七条第一款第（一）项“项目申请报告一式 5 份及其电子文件”修改为“项目申请报告”。

四、将第十九条第（二）项“初步设计文件一式 5 份及其电子文件”修改为“初步设计文件”；第（三）项“经批准的可行性研究报告或者经核准的项目申请报告复印件”修改为“经批准的可行性研究报告或者经核准的项目申请报告”。

五、将第二十三条第一款第（二）项“施工图设计文件一式 5 份及其电子文件”修改为“施工图设计文件”；第（三）项“经批准的初步设计文件复印件”修改为“经批准的初步设计文件”。

六、增加一条，作为第六十条：“本规定第十三条、第十五条、第十七条、第十九条、第二十三条、第二十七条要求提供的材料，可以是纸质文本或者电子文本。”

条文序号和个别文字作相应调整。

本决定自公布之日起施行。

《航道建设管理规定》根据本决定作相应修改，重新公布。

航道建设管理规定

（2007年4月11日交通部发布　根据2018年11月28日《交通运输部关于修改〈航道建设管理规定〉的决定》修订）

第一章　总　　则

第一条　为促进航道事业持续、健康发展，加强航道建设监督管理，维护航道建设市场秩序，根据《中华人民共和国航道管理条例》《建设工程质量管理条例》和《建设工程勘察设计管理条例》，制定本规定。

第二条　在中华人民共和国境内从事航道建设活动适用本规定。

本规定所称航道建设活动包括航道整治、航道疏浚和航运枢纽、过船建筑物等航道设施及其他航道附属设施的新建、扩建和改建活动。

第三条　航道建设实行统一领导，分级管理制度。

交通运输部负责全国航道建设的行业管理。具体负责由国家发展改革委批准或核准航道建设项目的项目建议书和可行性研究报告的审核工作，按权限批准项目建议书、可行性研究报告；具体负责国家发展改革委批准或核准以及交通运输部批准可行性研究报告的航道建设项目的设计文件审批、开工备案、竣工验收以及招标投标等项目实施过程中的监督管理工作。

省级交通运输主管部门负责本行政区域内航道建设的监督管理。具体负责经省级人民政府有关部门批准的航道建设项目的前期工作和设计文件审批、招标投标、开工备案、竣工验收等项目实施过程中的监督管理工作；负责经省级人民政府核准的航道建设项目的设计文件审批、开工备案和竣工验收工作。

设区的市和县级交通运输主管部门按照省级人民政府的有关规定负责本行政区域内航道建设项目的监督管理。

第四条　航道建设监督管理的职责包括：

（一）监督国家有关航道建设工作方针、政策和法律、法规、规章、技术标准的执行；

（二）监督航道建设项目建设程序的实施；

（三）监督航道建设市场秩序；

（四）监督航道工程质量和工程安全；

（五）监督航道建设资金的使用；

（六）监督廉政建设情况；

（七）指导、检查下级管理部门的监督管理工作；

（八）依法查处航道建设违法行为；

（九）法律、行政法规规定的其他职责。

第五条 县级以上交通运输主管部门应当依照有关法律、法规以及本规定对航道建设实施监督管理。

有关单位和个人应当接受县级以上交通运输主管部门依法进行的航道建设监督检查，并给与支持及配合，不得拒绝或者阻碍。

第六条 航道建设项目应当按照国家有关规定实行招标投标制度、工程监理制度、合同管理制度和廉政监察制度。

第七条 航道建设应当符合航道规划，并考虑行洪安全、水上交通安全和环境保护的要求。

航道建设项目单位应当依法选择勘察、设计、施工、咨询、监理单位，依法采购与工程建设有关的重要设备和材料，办理开工备案，组织项目实施，组织项目交工验收，准备项目竣工验收工作。

第二章 建设程序管理

第八条 航道建设应当按照国家有关建设程序的规定进行。政府投资航道建设项目实行审批制，企业投资航道建设项目实行核准制和备案制。

第九条 政府投资的航道建设项目，按照以下建设程序执行：

（一）根据规划，开展预可行性研究，编制项目建议书；

（二）根据批准的项目建议书，进行工程可行性研究，编制可行性研究报告；

（三）根据批准的可行性研究报告，编制初步设计文件；

（四）根据批准的初步设计文件，编制施工图设计文件；

（五）根据批准的设计文件，组织项目监理、施工招标；

（六）根据国家有关规定，进行施工前准备工作，并向交通运输主管部门办理开工备案；

（七）开工备案后组织工程实施；

（八）工程完工后，编制竣工资料，办理工程竣工前的各项工作；

（九）交通运输主管部门组织竣工验收，办理固定资产移交手续。

第十条 企业投资的航道建设项目，按照以下建设程序执行：

（一）依法确定建设项目投资人；

（二）根据规划与需要，编制工程可行性研究报告；

（三）投资人组织编制项目申请报告，按照规定履行核准或者备案手续；

（四）根据核准、备案的项目申请报告，编制初步设计文件；

（五）根据批准的初步设计文件，编制施工图设计文件；

（六）根据批准的设计文件，组织项目监理、施工招标；

（七）根据国家有关规定，进行施工前准备工作，并向交通运输主管部门办理开工备案；

（八）开工备案后组织工程实施；

（九）工程完工后，编制竣工资料，办理工程竣工前的各项工作；

（十）交通运输主管部门组织竣工验收，办理固定资产移交手续。

第十一条 县级以上交通运输主管部门应当按照职责权限负责组织和监督航道建设项目的实施，除国家另有规定外，不得擅自简化建设程序。

县级以上交通运输主管部门发现开工备案文件存在不符合法律、行政法规以及规章规定内容的，应当在收到备案文件7日内提出处理意见，及时行使监督管理职责。

第十二条 编制航道建设项目建议书，应当符合以下基本要求：

（一）开展航道建设项目工程预可行性研究；

（二）建设方案应符合航道规划；

（三）符合有关编制水运工程预可行性研究和项目建议书的深度要求；

（四）符合国家和行业的有关规定。

第十三条 申请航道建设项目建议书审批，应当提供以下材料：

（一）行政许可申请书；

（二）项目建议书；

（三）工程预可行性研究报告；

（四）审批部门根据项目需要要求提供的其他材料。

第十四条 编制航道建设项目可行性研究报告，应当符合以下基本要求：

（一）符合航道规划；

（二）符合经批准的项目建议书；

（三）符合有关编制水运工程可行性研究报告的深度要求；

（四）符合国家和行业的有关规定和技术标准、规范。

第十五条 申请航道建设项目可行性研究报告审批，应当提供以下材料：

（一）行政许可申请书；

（二）工程可行性研究报告；

（三）有关规定所要求的相关单位的许可、承诺、证明或者评估意见；

（四）根据项目需要要求提供的其他材料。

第十六条 编制项目申请报告，应当包括以下内容：

（一）项目申报单位情况；

（二）拟建设项目情况；

（三）建设用地与相关规划；

（四）资源利用和能源耗用分析；

（五）生态环境影响分析；

（六）经济和社会效果分析。

第十七条 申请航道建设项目核准，应当提供以下材料：

（一）项目申请报告；

（二）城市规划行政主管部门出具的城市规划意见；

（三）国土资源行政主管部门出具的项目用地预审意见；

（四）环境保护行政主管部门出具的环境影响评价文件的审批意见；

（五）法律法规要求提交的其他材料。

申请航道建设项目备案，应当按照省级人民政府制定的建设项目备案管理实施办法履行备案手续。

第十八条 编制航道建设项目初步设计文件，应当符合以下基本要求：

（一）建设方案符合航道规划要求；

（二）建设规模、标准及内容等符合经批准的可行性研究报告或者经核准的项目申请报告；

（三）符合国家和行业的有关技术标准；

（四）符合有关编制水运工程初步设计文件的要求。

第十九条 申请航道建设项目初步设计文件审批，应当提供以下材料：

（一）行政许可申请书；

（二）初步设计文件；

（三）经批准的可行性研究报告或者经核准的项目申请报告；

（四）审批部门根据项目需要要求提供的其他材料。

第二十条 由交通运输部负责审批的初步设计文件，应当向航道建设项目所在地省级交通运输主管部门提出申请，但是位于长江干线的航道建设项目应当向长江航务管理局或者长江口航道管理局提出申请，并报送相关材料。

省级交通运输主管部门、长江航务管理局、长江口航道管理局应当在收到上述申请材料后进行符合性审查，提出初步意见，并在收到申请材料之日起7日内将有关材料和处理意见报送交通运输部。

由省级交通运输主管部门负责审批的初步设计文件，应当向省级交通运输主管部门提出申请,并报送相关材料。

列入国家高等级航道且总投资在1亿元(含1亿元)以上的航道建设项目,省级交通运输主管部门在审批前应当征求交通运输部意见。

省级交通运输主管部门批准的初步设计文件,应当在批准后30日内报交通运输部备案。

第二十一条 审批部门对符合要求的初步设计文件,应当作出予以批准的决定;对不符合要求的初步设计文件,应当作出不予批准的决定,并说明理由,提出对设计方案的优化建议。

审批部门在审批前,应当委托不低于原初步设计单位资质等级的另一设计单位,对初步设计文件进行技术审查咨询。

第二十二条 编制航道建设项目施工图设计文件,应当符合以下基本要求:

(一)符合经批准的初步设计文件;

(二)符合国家和行业有关技术标准;

(三)符合编制有关水运工程施工图设计文件的深度要求;

(四)施工图预算不得突破已批准的初步设计概算。

第二十三条 申请航道建设项目施工图设计文件审批,应当提交以下材料:

(一)行政许可申请书;

(二)施工图设计文件;

(三)经批准的初步设计文件;

(四)审批部门根据项目需要要求提供的其他材料。

航道建设项目的施工图设计文件应当集中报审。对于工期长、涉及专业多、需分期实施的航道工程项目,可以分期报审。但一个单位工程的施工图设计必须一次报审。

第二十四条 省级交通运输主管部门负责其管辖区域内航道建设项目的施工图审批工作;但是位于长江干线的航道建设项目施工图审批工作由交通运输部负责。

审批部门对符合要求的施工图设计文件,应当作出予以批准的决定;对不符合要求的施工图设计文件,应当作出不予批准的决定并说明理由。

审批部门在审批前应当委托不低于原施工图编制单位资质等级的另一设计单位,对施工图设计文件中关于结构安全、稳定、耐久性的内容进行审查。

第二十五条 航道建设项目初步设计文件和施工图设计文件一经批准,应当严格遵照执行,不得擅自修改、变更,不得以肢解设计变更内容的方式规避设计变更审批。

如确有必要对已批准的设计文件作如下重大变更的，应当经原审批部门批准后方可修改：

（一）改变主体工程建设位置；

（二）改变工程总平面布置；

（三）改变主要建筑物结构型式；

（四）改变主要工艺及设备配置；

（五）工程造价超过已批准的概算。

第二十六条 航道建设项目设计变更文件应当由原设计单位编制。经原设计单位书面同意，也可以由其他具有相应资质的设计单位编制。由编制单位对设计变更文件承担相应责任。

第二十七条 申请航道建设项目设计变更审批，应当向审批部门提交以下材料：

（一）行政许可申请书；

（二）设计变更说明书，内容包括该航道建设工程的基本情况、拟变更的主要内容以及设计变更的合理性论证等；

（三）设计变更前后相应的勘察、设计图纸；

（四）工程量、造价变化对照清单和分项概（预）算；

（五）审批部门根据项目需要要求提供的其他材料。

第二十八条 对因紧急抢险造成的航道建设项目设计变更，项目单位可以先行处理，事后按照本规定办理设计变更审批手续，并附相关证明材料。

第二十九条 航道建设项目完工后，应当按照交通运输部颁布的有关航运建设项目竣工验收的规定进行竣工验收。

航道建设项目经竣工验收合格后，方可交付使用。

第三章　建设市场管理

第三十条 县级以上交通运输主管部门依据职责，负责对航道建设市场的监督管理，查处航道建设市场中的违法行为，对航道建设投资人、从业单位和从业人员逐步建立信用管理体系，记录航道建设市场信用情况，并向社会公布。

第三十一条 航道建设市场依法实行准入管理。航道建设工程咨询、评估、勘察、设计、施工、监理等从业单位和从业人员应当依法取得有关部门许可的相应资质后，方可进入航道建设市场。航道建设项目单位以及其委托的项目建设管理单位、项目建设管理机构、主要负责人员，应当具备满足拟建项目管理需要的技术和管理能力，符合交通运输部有关规定的要求。

航道建设市场应当开放，任何单位和个人不得对航道建设市场实行地方保护，不得限制符合市场准入条件的从业单位和从业人员依法进入航道建设市场。

第三十二条 航道建设项目单位必须按照《中华人民共和国招标投标法》和交通运输部颁布的有关勘察、设计、施工、施工监理招标投标管理工作的规定，依法对建设项目勘察、设计、施工、监理以及重要设备、材料的采购等进行招标。

第三十三条 航道建设项目评标专家应当从交通运输部和省级交通运输主管部门两级专家库的相关专业名单中确定。

第三十四条 航道建设项目评标结果应当在与发布招标公告相同的媒介上至少公示7天。公示的主要内容包括评标结果、举报受理方式等。

第三十五条 航道建设从业单位应当在其核定业务范围内承揽工程，禁止无证或者越级承揽工程。

航道建设从业单位必须按照合同规定履行其义务，不得随意压缩建设工期，禁止转包和违法分包。

航道建设从业单位从事航道建设活动，必须遵守有关法律、法规、规章和技术标准，不得损害社会公共利益和他人合法权益。

第四章 工程质量和安全管理

第三十六条 县级以上交通运输主管部门应当加强对航道建设工程质量和安全的监督管理，对航道建设从业单位的质量与安全生产管理机构的建立、规章制度的落实情况进行监督检查。

第三十七条 航道建设工程实行政府监督、法人负责、社会监理、企业自检的质量管理制度。

航道建设从业单位应当建立健全质量管理的各项规章制度，严格执行有关航道建设质量管理的法律、法规、规章和标准。

第三十八条 航道建设从业单位应当严格执行有关安全生产的法律、法规、规章和标准，建立健全安全生产的制度，明确安全责任，落实安全措施，履行安全管理的职责。

第三十九条 航道建设项目在实施过程中，监理单位应当依照法律、法规、规章、技术标准、设计文件、合同文件和监理规范的要求，采用旁站、巡视和平行检验形式对工程实施监理，对不符合工程质量与安全要求的工程应当责令施工单位返工。

第四十条 工程质量和安全监督管理机构应当认真履行职责，加强对工程质量和安全的监督检查。任何单位和个人不得非法干预或者阻挠监督管理机构的监督检查工作。

第四十一条 航道建设从业单位应当对工程质量和安全负责。工程实施中应当加强对职工的教育与培训，落实质量和安全责任制，保证工程质量和工程安全。

第四十二条 县级以上交通运输主管部门应当建立工程质量和安全事故举报制度。任何单位和个人发现工程质量事故、质量缺陷和影响工程质量的行为以及安全事故和安全隐患，应当向有关主管部门或者工程质量、安全监督管理机构举报。

第四十三条 航道建设项目发生工程质量事故，项目单位和从业单位应当在 24 小时内按照项目隶属关系向交通运输主管部门和有关质量监督管理机构报告，不得拖延和隐瞒。

第四十四条 工程质量事故的调查处理以及生产安全事故的报告、应急救援和调查处理按照国家有关规定执行。

第五章 政府投资项目的建设资金管理

第四十五条 对于使用政府投资的航道建设项目，县级以上交通运输主管部门应当加强对航道建设资金筹集、使用和管理工作的监督检查。

航道建设项目单位必须按照有关法律、法规、规章的规定，合理安排和使用航道建设资金。

第四十六条 县级以上交通运输主管部门根据权限履行下列航道建设资金管理的有关职责：

（一）制定航道建设资金管理制度；

（二）按规定审核、汇总、编报、批复年度航道建设资金使用计划；

（三）监督建设项目资金筹集和到位情况，以及工程概（预）算、年度投资计划执行情况，及时纠正违法问题，对重大问题提出意见并报上级交通运输主管部门；

（四）收集、汇总、报送航道建设资金管理信息，加强航道建设项目投资效益的分析工作；

（五）督促项目单位及时编报工程竣工决算，并及时按规定办理固定资产交付使用手续,规范资产管理。

第四十七条 对政府投资的航道建设项目,需要动用工程预留费的,按照水运建设工程概(预)算编制的有关规定执行。

第六章 工程信息及档案管理

第四十八条 航道建设实行建设项目信息报告制度。

航道建设项目单位应当每月向省级交通运输主管部门报送工程建设信息。

省级交通运输主管部门应当按照其管辖范围,每季度汇总工程建设信息,并于每季度结束后10日内报送交通运输部。

第四十九条 工程信息应当包括以下内容:

(一)项目概况,包括项目审批情况、建设规模、主要建设内容、资金构成、总体实施计划及其他情况;

(二)招投标工作情况;

(三)建设动态状况,包括工程进度、资金到位及投资完成情况、工程质量情况、安全生产情况及其他情况;

(四)其他需要报送的情况。

第五十条 项目单位应及时做好航道建设项目档案资料的搜集、整理、归档工作,并按照有关规定办理工程竣工档案专项预验收。

第七章 法律责任

第五十一条 违反本规定,越权审批、核准或者擅自简化建设程序的,责令其限期改正,并予以警告;造成严重后果的,对全部或者部分使用政府投资的航道建设项目,可暂停项目执行或者暂缓资金拨付,对直接责任人依法给予行政处分。

第五十二条 违反本规定,对全部或者部分使用政府投资的航道建设项目,项目单位侵占、挪用航道建设资金或者非法扩大建设成本的,责令其限期整改,可给予警告处罚;情节严重的,可暂停项目执行或者暂缓资金拨付,对直接责任人依法给予行政处分。

第五十三条 违反本规定,项目单位对工程质量事故、生产安全事故隐瞒不报、谎报或者拖延报告期限的,给予警告处罚,对直接责任人依法给予行政处分。

第五十四条 违反本规定,航道建设从业单位不遵守航道建设基本程序要求的,应当按照《中华人民共和国航道管理条例》《建设工程勘察设计管理条例》《建设工程质量管理条例》的有关规定予以处罚。

第五十五条 违反本规定,航道建设从业单位忽视工程质量和安全管理,造成质量或者安全事故的,应当按照《安全生产法》《建设工程安全管理条例》的有关规定予以处罚。

第五十六条 违反本规定,拒绝或者阻碍航道建设监督检查工作的,责令其改正;构成犯罪的,依法追究刑事责任。

第五十七条 航道建设从业单位有关人员,具有行贿、索贿、受贿行为,损害国家、单位合法权益,构成犯罪的,依法追究刑事责任。

第五十八条 交通运输主管部门工作人员玩忽职守、滥用职权、徇私舞弊的,依法给予行政处分;构成犯罪的,依法追究刑事责任。

第八章 附 则

第五十九条 本规定所称"航运枢纽"是指以航运开发为主,兼有防洪、发电、灌溉等其他功能的拦河通航建筑物。

第六十条 本规定第十三条、第十五条、第十七条、第十九条、第二十三条、第二十七条要求提供的材料,可以是纸质文本或者电子文本。

第六十一条 在国际、国界河流上从事航道建设活动适用本规定,但本规定与我国缔结的政府间协议不一致的,按照有关协议执行。

第六十二条 本规定自2007年5月1日起施行。

渔业捕捞许可管理规定

(2018年12月3日农业农村部令2018年第1号公布 自2019年1月1日起施行 国司备字[2018001544])

第一章 总 则

第一条 为了保护、合理利用渔业资源,控制捕捞强度,维护渔业生产秩序,保障渔业生产者的合法权益,根据《中华人民共和国渔业法》,制定本规定。

第二条 中华人民共和国的公民、法人和其他组织从事渔业捕捞活动,以及外国人、外国渔业船舶在中华人民共和国领域及管辖的其他水域从事渔业捕捞活动，应当遵守本规定。

中华人民共和国缔结的条约、协定另有规定的，按条约、协定执行。

第三条 国家对捕捞业实行船网工具控制指标管理，实行捕捞许可证制度和捕捞限额制度。

国家根据渔业资源变化与环境状况，确定船网工具控制指标，控制捕捞能力总量和渔业捕捞许可证数量。渔业捕捞许可证的批准发放，应当遵循公开、公平、公正原则，数量不得超过船网工具控制指标范围。

第四条 渔业捕捞许可证、船网工具指标等证书文件的审批实行签发人负责制，相关证书文件经签发人签字并加盖公章后方为有效。

签发人对其审批签发证书文件的真实性及合法性负责。

第五条 农业农村部主管全国渔业捕捞许可管理和捕捞能力总量控制工作。

县级以上地方人民政府渔业主管部门及其所属的渔政监督管理机构负责本行政区域内的渔业捕捞许可管理和捕捞能力总量控制的组织、实施工作。

第六条 县级以上人民政府渔业主管部门应当在其办公场所和网上办理平台，公布船网工具指标、渔业捕捞许可证审批的条件、程序、期限以及需要提交的全部材料目录和申请书示范文本等事项。

县级以上人民政府渔业主管部门应当按照本规定自受理船网工具指标或渔业捕捞许可证申请之日起 20 个工作日内审查完毕或者作出是否批准的决定。不予受理申请或者不予批准的，应当书面通知申请人并说明理由。

第七条 县级以上人民政府渔业主管部门应当加强渔船和捕捞许可管理信息系统建设，建立健全渔船动态管理数据库。海洋渔船船网工具指标和捕捞许可证的申请、审核审批及制发证书文件等应当通过全国统一的渔船动态管理系统进行。

申请人应当提供的户口簿、营业执照、渔业船舶检验证书、渔业船舶登记证等法定证照、权属证明在全国渔船动态管理系统或者部门间核查能够查询到有效信息的，可以不再提供纸质材料。

第二章 船网工具指标

第八条 海洋渔船按船长分为以下三类：

（一）海洋大型渔船：船长大于或者等于 24 米；

（二）海洋中型渔船：船长大于或者等于 12 米且小于 24 米；

（三）海洋小型渔船：船长小于 12 米。

内陆渔船的分类标准由各省、自治区、直辖市人民政府渔业主管部门制定。

第九条 国内海洋大中型捕捞渔船的船网工具控制指标由农业农村部确定并报国务院批准后，向有关省、自治区、直辖市下达。国内海洋小型捕捞渔船的船网工具控制指标由省、自治区、直辖市人民政府依据其渔业资源与环境承载能力、资源利用状况、渔民传统作业情况等确定，报农业农村部批准后下达。

县级以上地方人民政府渔业主管部门应当控制本行政区域内海洋捕捞渔船的数量、功率，不得超过国家或省、自治区、直辖市人民政府下达的船网工具控制指标，具体办法由省、自治区、直辖市人民政府规定。

内陆水域捕捞业的船网工具控制指标和管理，按照省、自治区、直辖市人民政府的规定执行。

第十条 制造、更新改造、购置、进口海洋捕捞渔船，应当经有审批权的人民政府渔业主管部门在国家或者省、自治区、直辖市下达的船网工具控制指标内批准，并取得渔业船网工具指标批准书。

第十一条 申请海洋捕捞渔船船网工具指标，应当向户籍所在地、法人或非法人组织登记地县级以上人民政府渔业主管部门提出，提交渔业船网工具指标申请书、申请人户口簿或者营业执照，以及申请人所属渔业组织出具的意见，并按以下情况提供资料：

（一）制造海洋捕捞渔船的，提供经确认符合船机桨匹配要求的渔船建造设计图纸。

国内海洋捕捞渔船淘汰后申请制造渔船的，还应当提供渔船拆解所在地县级以上地方人民政府渔业主管部门与渔船定点拆解厂（点）共同出具的渔业船舶拆解、销毁或处理证明和现场监督管理的影像资料，以及原发证机关出具的渔业船舶证书注销证明。

国内海洋捕捞渔船因海损事故造成渔船灭失后申请制造渔船的，还应当提供船籍港登记机关出具的灭失证明和原发证机关出具的渔业船舶证书注销证明。

（二）购置海洋捕捞渔船的提供：

1. 被购置渔船的渔业船舶检验证书、渔业船舶国籍证书和所有权登记证书；

2. 被购置渔船的渔业捕捞许可证注销证明；

3. 渔业船网工具指标转移证明；

4. 渔船交易合同；

5. 出售方户口簿或者营业执照。

（三）更新改造海洋捕捞渔船的提供：

1. 渔业船舶检验证书、渔业船舶国籍证书和所有权登记证书；

2. 渔业捕捞许可证注销证明。

申请增加国内渔船主机功率的，还应当提供用于主机功率增加部分的被淘汰渔船的拆解、销毁或处理证明和现场监督管理的影像资料或者灭失证明，及其原发证机关出具的渔业船舶证书注销证明，并提供经确认符合船机桨匹配要求的渔船建造设计图纸。

（四）进口海洋捕捞渔船的，提供进口理由、旧渔业船舶进口技术评定书。

（五）申请制造、购置、更新改造、进口远洋渔船的，除分别按照第一项、第二项、第三项、第四项规定提供相应资料外，应当提供远洋渔业项目可行性研究报告；到他国管辖海域作业的远洋渔船，还应当提供与外方的合作协议或有关当局同意入渔的证明。但是，申请购置和更新改造的远洋渔船，不需提供渔业捕捞许可证注销证明。

（六）购置并制造、购置并更新改造、进口并更新改造海洋捕捞渔船的，同时按照制造、更新改造和进口海洋捕捞渔船的要求提供相关材料。

第十二条 下列海洋捕捞渔船的船网工具指标，向省级人民政府渔业主管部门申请。省级人民政府渔业主管部门应当按照规定进行审查，并将审查意见和申请人的全部申请材料报农业农村部审批：

（一）远洋渔船；

（二）因特殊需要，超过国家下达的省、自治区、直辖市渔业船网工具控制指标的渔船；

（三）其他依法应由农业农村部审批的渔船。

第十三条 除第十二条规定情况外，制造或者更新改造国内海洋大中型捕捞渔船的船网工具指标，由省级人民政府渔业主管部门审批。

跨省、自治区、直辖市购置国内海洋捕捞渔船的，由买入地省级人民政府渔业主管部门审批。

其他国内渔船的船网工具指标的申请、审批，由省、自治区、直辖市人民政府规定。

第十四条 制造、更新改造国内海洋捕捞渔船的，应当在本省、自治区、直辖市渔业船网工具控制指标范围内，通过淘汰旧捕捞渔船解决，船数和功率数应当分别不超过淘汰渔船的船数和功率数。国内海洋大中型捕捞渔船和小型捕捞渔船的船网工具指标不得相互转换。

购置国内海洋捕捞渔船的船网工具指标随船转移。国内海洋大中型捕捞渔船不得跨海区买卖，国内海洋小型和内陆捕捞渔船不得跨省、自治区、直辖市买卖。

国内现有海洋捕捞渔船经审批转为远洋捕捞作业的，其船网工具指标予以保留。因渔船发生重大改造，导致渔船主尺度、主机功率和作业类型发生变更的除外。

专业远洋渔船不计入省、自治区、直辖市的船网工具控制指标，由农业农村部统一管理，不得在我国管辖水域作业。

第十五条 渔船灭失、拆解、销毁的，原船舶所有人可自渔船灭失、拆解、销毁之日起12个月内，按本规定申请办理渔船制造或更新改造手续；逾期未申请的，视为自行放弃，由渔业主管部门收回船网工具指标。渔船灭失依法需要调查处理的，调查处理所需时间不计算在此规定期限内。

第十六条 申请人应当凭渔业船网工具指标批准书办理渔船制造、更新改造、购置或进口手续，并申请渔船检验、登记，办理渔业捕捞许可证。审批机关应当同时在渔业船网工具指标批准书上记载办理情况。

制造、更新改造、进口渔船的渔业船网工具指标批准书的有效期为18个月，购置渔船的渔业船网工具指标批准书的有效期为6个月。因特殊原因在规定期限内无法办理完毕相关手续的，可在有效期届满前3个月内申请有效期延展一次，延展期不得超过原船网工具指标批准书核准的有效期。

船网工具指标批准书有效期届满未依法延续的，审批机关应当予以注销并收回船网工具指标。

第十七条 渔业船网工具指标批准书在有效期内遗失或者灭失的，船舶所有人应当在1个月内向原审批机关说明遗失或者灭失的时间、地点和原因等情况，由原审批机关在其官方网站上发布声明，自公告声明发布之日起15日后，船舶所有人可向原审批机关申请补发渔业船网工具指标批准书。补发的渔业船网工具指标批准书有效期限不变。

第十八条 因继承、赠与、法院判决、拍卖等发生海洋渔船所有权转移的，参照购置海洋捕捞渔船的规定申请办理船网工具指标和渔业捕捞许可证。依法拍卖的，竞买人应当具备规定的条件。

第十九条 有下列情形之一的，不予受理海洋渔船的渔业船网工具指标申请；已经受理的，不予批准：

（一）渔船数量或功率数超过船网工具控制指标的；

（二）从国外或香港、澳门、台湾地区进口，或以合作、合资等方式引进捕捞渔船在我国管辖水域作业的；

（三）制造拖网、单锚张纲张网、单船大型深水有囊围网（三角虎网）作业渔船的；

（四）户籍登记为一户的申请人已有两艘以上小型捕捞渔船，申请制造、购置的；

（五）除专业远洋渔船外，申请人户籍所在地、法人或非法人组织登记地为非沿海县（市）的，或者企业法定代表人户籍所在地与企业登记地不一致的；

（六）违反本规定第十四条第一款、第二款规定，以及不符合有关法律、法规、规章规定和产业发展政策的。

第三章　渔业捕捞许可证

第一节　一般规定

第二十条　在中华人民共和国管辖水域从事渔业捕捞活动，以及中国籍渔船在公海从事渔业捕捞活动，应当经审批机关批准并领取渔业捕捞许可证，按照渔业捕捞许可证核定的作业类型、场所、时限、渔具数量和规格、捕捞品种等作业。对已实行捕捞限额管理的品种或水域，应当按照规定的捕捞限额作业。

禁止在禁渔区、禁渔期、自然保护区从事渔业捕捞活动。

渔业捕捞许可证应当随船携带，徒手作业的应当随身携带，妥善保管，并接受渔业行政执法人员的检查。

第二十一条　渔业捕捞许可证分为下列八类：

（一）海洋渔业捕捞许可证，适用于许可中国籍渔船在我国管辖海域的捕捞作业；

（二）公海渔业捕捞许可证，适用于许可中国籍渔船在公海的捕捞作业。国际或区域渔业管理组织有特别规定的，应当同时遵守有关规定；

（三）内陆渔业捕捞许可证，适用于许可在内陆水域的捕捞作业；

（四）专项（特许）渔业捕捞许可证，适用于许可在特定水域、特定时间或对特定品种的捕捞作业，或者使用特定渔具或捕捞方法的捕捞作业；

（五）临时渔业捕捞许可证，适用于许可临时从事捕捞作业和非专业渔船临时从事捕捞作业；

（六）休闲渔业捕捞许可证，适用于许可从事休闲渔业的捕捞活动；

（七）外国渔业捕捞许可证，适用于许可外国船舶、外国人在我国管辖水域的捕捞作业；

（八）捕捞辅助船许可证，适用于许可为渔业捕捞生产提供服务的渔业捕捞辅助船,从事捕捞辅助活动。

第二十二条 渔业捕捞许可证核定的作业类型分为刺网、围网、拖网、张网、钓具、耙刺、陷阱、笼壶、地拉网、敷网、抄网、掩罩等共12种。核定作业类型最多不得超过两种,并应当符合渔具准用目录和技术标准,明确每种作业类型中的具体作业方式。拖网、张网不得互换且不得与其他作业类型兼作,其他作业类型不得改为拖网、张网作业。

捕捞辅助船不得从事捕捞生产作业,其携带的渔具应当捆绑、覆盖。

第二十三条 渔业捕捞许可证核定的海洋捕捞作业场所分为以下四类:

A类渔区:黄海、渤海、东海和南海等海域机动渔船底拖网禁渔区线向陆地一侧海域;

B类渔区:我国与有关国家缔结的协定确定的共同管理渔区、南沙海域、黄岩岛海域及其他特定渔业资源渔场和水产种质资源保护区;

C类渔区:渤海、黄海、东海、南海及其他我国管辖海域中除A类、B类渔区之外的海域。其中,黄渤海区为C1、东海区为C2、南海区为C3;

D类渔区:公海。

内陆水域捕捞作业场所按具体水域核定,跨行政区域的按该水域在不同行政区域的范围进行核定。

海洋捕捞作业场所要明确核定渔区的类别和范围,其中B类渔区要明确核定渔区、渔场或保护区的具体名称。公海要明确海域的名称。内陆水域作业场所要明确具体的水域名称及其范围。

第二十四条 渔业捕捞许可证的作业场所核定权限如下:

(一)农业农村部:A类、B类、C类、D类渔区和内陆水域;

(二)省级人民政府渔业主管部门:在海洋为本省、自治区、直辖市范围内的A类渔区,农业农村部授权的B类渔区、C类渔区。在内陆水域为本省、自治区、直辖市行政管辖水域;

(三)市、县级人民政府渔业主管部门:由省级人民政府渔业主管部门在其权限内规定并授权。

第二十五条 国内海洋大中型渔船捕捞许可证的作业场所应当核定在海洋B类、C类渔区,国内海洋小型渔船捕捞许可证的作业场所应当核定在海洋A类渔区。因传统作业习惯需要,经作业水域所在地审批机关批准,海洋大中型渔船捕捞许可证的作业场所可核定在海洋A类渔区。

作业场所核定在B类、C类渔区的渔船,不得跨海区界限作业,但我国与有关国家缔结的协定确定的共同管理渔区跨越海区界限的除外。作业场所核定在A类渔区或内陆水域的渔船,不得跨省、自治区、直辖市管辖水域界限作业。

第二十六条 专项(特许)渔业捕捞许可证应当与海洋渔业捕捞许可证或内陆渔业捕捞许可证同时使用,但因教学、科研等特殊需要,可单独使用专项(特许)渔业捕捞许可证。在B类渔区捕捞作业的,应当申请核发专项(特许)渔业捕捞许可证。

第二节 申请与核发

第二十七条 渔业捕捞许可证的申请人应当是船舶所有人。

徒手作业的,渔业捕捞许可证的申请人应当是作业人本人。

第二十八条 申请渔业捕捞许可证,申请人应当向户籍所在地、法人或非法人组织登记地县级以上人民政府渔业主管部门提出申请,并提交下列资料:

(一)渔业捕捞许可证申请书;

(二)船舶所有人户口簿或者营业执照;

(三)渔业船舶检验证书、渔业船舶国籍证书和所有权登记证书,徒手作业的除外;

(四)渔具和捕捞方法符合渔具准用目录和技术标准的说明。

申请海洋渔业捕捞许可证,除提供第一款规定的资料外,还应提供:

(一)申请人所属渔业组织出具的意见;

(二)首次申请和重新申请捕捞许可证的,提供渔业船网工具指标批准书;

(三)申请换发捕捞许可证的,提供原捕捞许可证。

申请公海渔业捕捞许可证,除提供第一款规定的资料外,还需提供:

(一)农业农村部远洋渔业项目批准文件;

(二)首次申请和重新申请的,提供渔业船网工具指标批准书;

(三)非专业远洋渔船需提供海洋渔业捕捞许可证暂存的凭据。

申请专项(特许)渔业捕捞许可证,除提供第一款规定的资料外,还应提供海洋渔业捕捞许可证或内陆渔业捕捞许可证。其中,申请到B类渔区作业的专项(特许)渔业捕捞许可证的,还应当依据有关管理规定提供申请材料;申请在禁渔区或者禁渔期作业的,还应当提供作业事由和计划;承担教学、科研等项目租用渔船的,还应提供项目计划、租用协议。

科研、教学单位的专业科研调查船、教学实习船申请专项(特许)渔业捕捞许可证,除提供第一款规定的资料外,还应提供科研调查、教学实习任务书或项目可行性报告。

第二十九条 下列作业渔船的渔业捕捞许可证,向船籍港所在地省级人民政府渔业主管部门申请。省级人民政府渔业主管部门应当审核并报农业农村部批准发放：

(一)到公海作业的；

(二)到我国与有关国家缔结的协定确定的共同管理渔区及南沙海域、黄岩岛海域作业的；

(三)到特定渔业资源渔场、水产种质资源保护区作业的；

(四)科研、教学单位的专业科研调查船、教学实习船从事渔业科研、教学实习活动的；

(五)其他依法应当由农业农村部批准发放的。

第三十条　下列作业的捕捞许可证，由省级人民政府渔业主管部门批准发放：

(一)海洋大型拖网、围网渔船作业的；

(二)因养殖或者其他特殊需要，捕捞农业农村部颁布的有重要经济价值的苗种或者禁捕的怀卵亲体的；

(三)因教学、科研等特殊需要，在禁渔区、禁渔期从事捕捞作业的。

第三十一条　因传统作业习惯或科研、教学及其他特殊情况，需要跨越本规定第二十五条第二款规定的界限从事捕捞作业的，由申请人所在地县级以上地方人民政府渔业主管部门审核同意后，报作业水域所在地审批机关批准发放。

在相邻交界水域作业的渔业捕捞许可证，由交界水域有关的县级以上地方人民政府渔业主管部门协商发放，或由其共同的上级人民政府渔业主管部门批准发放。

第三十二条　除本规定第二十九条、第三十条、第三十一条情况外，其他作业的渔业捕捞许可证由县级以上地方人民政府渔业主管部门审批发放。

县级以上地方人民政府渔业主管部门审批发放渔业捕捞许可证，应当优先安排当地专业渔民和渔业企业。

第三十三条　除专业远洋渔船外，申请渔业捕捞许可证，企业法定代表人户籍所在地与企业登记地不一致的；申请海洋渔业捕捞许可证，申请人户籍所在地、法人或非法人组织登记地为非沿海县(市)的，不予受理；已经受理的，不予批准。

第三节　证书使用

第三十四条　从事钓具、灯光围网作业渔船的子船与其主船(母船)使用同一本渔业捕捞许可证。

第三十五条　海洋渔业捕捞许可证和内陆渔业捕捞许可证的使用期限为

5年。其他种类渔业捕捞许可证的使用期限根据实际需要确定，但最长不超过3年。

使用达到农业农村部规定的老旧渔业船舶船龄的渔船从事捕捞作业的，发证机关核发其渔业捕捞许可证时，证书使用期限不得超过渔业船舶检验证书记载的有效期限。

第三十六条 渔业捕捞许可证使用期届满，或者在有效期内有下列情形之一的，应当按规定申请换发渔业捕捞许可证：

（一）因行政区划调整导致船名变更、船籍港变更的；

（二）作业场所、作业方式变更的；

（三）船舶所有人姓名、名称或地址变更的，但渔船所有权发生转移的除外；

（四）渔业捕捞许可证污损不能使用的。

渔业捕捞许可证使用期届满的，船舶所有人应当在使用期届满前3个月内，向原发证机关申请换发捕捞许可证。发证机关批准换发渔业捕捞许可证时，应当收回原渔业捕捞许可证，并予以注销。

第三十七条 在渔业捕捞许可证有效期内有下列情形之一的，应当重新申请渔业捕捞许可证：

（一）渔船作业类型变更的；

（二）渔船主机、主尺度、总吨位变更的；

（三）因购置渔船发生所有人变更的；

（四）国内现有捕捞渔船经审批转为远洋捕捞作业的。

有前款第一项、第二项、第三项情形的，还应当办理原渔业捕捞许可证注销手续。

第三十八条 渔业捕捞许可证遗失或者灭失的，船舶所有人应当在1个月内向原发证机关说明遗失或者灭失的时间、地点和原因等情况，由原发证机关在其官方网站上发布声明，自公告声明发布之日起15日后，船舶所有人可向原发证机关申请补发渔业捕捞许可证。补发的渔业捕捞许可证使用期限不变。

第三十九条 有下列情形之一的，渔业捕捞许可证失效，发证机关应当予以注销：

（一）渔业捕捞许可证、渔业船舶检验证书或者渔业船舶国籍证书有效期届满未依法延续的；

（二）渔船灭失、拆解或销毁的，或者因渔船损毁且渔业捕捞许可证灭失的；

（三）不再从事渔业捕捞作业的；

（四）渔业捕捞许可证依法被撤销、撤回或者吊销的；

（五）以贿赂、欺骗等不正当手段取得渔业捕捞许可证的；

（六）依法应当注销的其他情形。

有前款第一项、第三项规定情形的，发证机关应当事先告知当事人。有前款第二项规定情形的，应当由船舶所有人提供相关证明。

渔业捕捞许可证注销后12个月内未按规定重新申请办理的，视为自行放弃，由渔业主管部门收回船网工具指标，更新改造渔船注销捕捞许可证的除外。

第四十条 使用期一年以上的渔业捕捞许可证实行年审制度，每年审验一次。

渔业捕捞许可证的年审工作由发证机关负责，也可由发证机关委托申请人户籍所在地、法人或非法人组织登记地的县级以上地方人民政府渔业主管部门负责。

第四十一条 同时符合下列条件的，为年审合格，由审验人签字，注明日期，加盖公章：

（一）具有有效的渔业船舶检验证书和渔业船舶国籍证书，船舶所有人和渔船主尺度、主机功率、总吨位未发生变更，且与渔业船舶证书载明的一致；

（二）渔船作业类型、场所、时限、渔具数量与许可内容一致；

（三）按规定填写和提交渔捞日志，未超出捕捞限额指标（对实行捕捞限额管理的渔船）；

（四）按规定缴纳渔业资源增殖保护费；

（五）按规定履行行政处罚决定；

（六）其他条件符合有关规定。

年审不合格的，由渔业主管部门责令船舶所有人限期改正，可以再审验一次。再次审验合格的，渔业捕捞许可证继续有效。

第四章 监督管理

第四十二条 渔业船网工具指标批准书、渔业船网工具指标申请不予许可决定书、渔业捕捞许可证、渔业捕捞许可证注销证明、渔业船舶拆解销毁或处理证明、渔业船舶灭失证明、渔业船网工具指标转移证明等证书文件，由农业农村部规定样式并统一印制。

渔业船网工具指标申请书、渔业船网工具指标申请审核变更说明、渔业捕捞许可证申请书、渔业捕捞许可证注销申请表、渔捞日志等，由县级以上人民政府渔业主管部门按照农业农村部规定的统一格式印制。

第四十三条 县级以上人民政府渔业主管部门应当逐船建立渔业船网工具指标审批和渔业捕捞许可证核发档案。

渔业船网工具指标批准书使用和渔业捕捞许可证被注销后，其核发档案应当保存至少5年。

第四十四条 签发人实行农业农村部和省级人民政府渔业主管部门报备制度，县级以上人民政府渔业主管部门应推荐一至两人为签发人。

省级人民政府渔业主管部门负责备案公布本省、自治区、直辖市县级以上地方人民政府渔业主管部门的签发人，农业农村部负责备案公布省、自治区、直辖市渔业主管部门的签发人。

第四十五条 签发人越权、违规签发，或擅自更改渔业船网工具指标和渔业捕捞许可证书证件，或有其他玩忽职守、徇私舞弊等行为的，视情节对有关签发人给予警告、通报批评、暂停或取消签发人资格等处分；签发人及其所在单位应依法承担相应责任。

越权、违规签发或擅自更改的证书证件由其签发人所在单位的上级机关撤销，由原发证机关注销。

第四十六条 禁止涂改、伪造、变造、买卖、出租、出借或以其他形式转让渔业船网工具指标批准书和渔业捕捞许可证。

第四十七条 有下列情形之一的，为无效渔业捕捞许可证：

（一）逾期未年审或年审不合格的；

（二）证书载明的渔船主机功率与实际功率不符的；

（三）以欺骗或者涂改、伪造、变造、买卖、出租、出借等非法方式取得的；

（四）被撤销、注销的。

使用无效的渔业捕捞许可证或者在检查时不能提供渔业捕捞许可证，从事渔业捕捞活动的，视为无证捕捞。

涂改、伪造、变造、买卖、出租、出借或以其他形式转让的渔业船网工具指标批准书，为无效渔业船网工具指标批准书，由批准机关予以注销，并核销相应船网工具指标。

第四十八条 依法被没收渔船的，海洋大中型捕捞渔船的船网工具指标由农业农村部核销，其他渔船的船网工具指标由省、自治区、直辖市人民政府渔业主管部门核销。

第四十九条 依法被列入失信被执行人的，县级以上人民政府渔业主管部门应当对其渔业船网工具指标、捕捞许可证的申请按规定予以限制，并冻结失信被执行人及其渔船在全国渔船动态管理系统中的相关数据。

第五十条 海洋大中型渔船从事捕捞活动应当填写渔捞日志，渔捞日志应当记载渔船捕捞作业、进港卸载渔获物、水上收购或转运渔获物等情况。其他渔船渔捞日志的管理由省、自治区、直辖市人民政府规定。

第五十一条 国内海洋大中型渔船应当在返港后向港口所在地县级人民政府渔业主管部门或其指定的机构或渔业组织提交渔捞日志。公海捕捞作业渔船应当每月向农业农村部或其指定机构提交渔捞日志。使用电子渔捞日志的，应当每日提交。

第五十二条 船长应当对渔捞日志记录内容的真实性、正确性负责。

禁止在 A 类渔区转载渔获物。

第五十三条 未按规定提交渔捞日志或者渔捞日志填写不真实、不规范的，由县级以上人民政府渔业主管部门或其所属的渔政监督管理机构给予警告，责令改正；逾期不改正的，可以处 1000 元以上 1 万元以下罚款。

第五十四条 违反本规定的其他行为，依照《中华人民共和国渔业法》或其他有关法律法规规章进行处罚。

第五章　附　　则

第五十五条 本规定有关用语的定义如下：

渔业捕捞活动：捕捞或准备捕捞水生生物资源的行为，以及为这种行为提供支持和服务的各种活动。在尚未管理的滩涂或水域手工零星采集水产品的除外。

渔船：《中华人民共和国渔港水域交通安全管理条例》规定的渔业船舶。

船长：《渔业船舶国籍证书》中所载明的船长。

捕捞渔船：从事捕捞活动的生产船。

捕捞辅助船：渔获物运销船、冷藏加工船、渔用物资和燃料补给船等为渔业捕捞生产提供服务的船舶。

非专业渔船：从事捕捞活动的教学、科研调查船，特殊用途渔船，用于休闲捕捞活动的专业旅游观光船等船舶。

远洋渔船：在公海或他国管辖海域作业的捕捞渔船和捕捞辅助船，包括专业远洋渔船和非专业远洋渔船。专业远洋渔船，指专门用于在公海或他国管辖海域作业的捕捞渔船和捕捞辅助船；非专业远洋渔船，指具有国内有效的渔业捕捞许可证，转产到公海或他国管辖海域作业的捕捞渔船和捕捞辅助船。

船网工具控制指标：渔船的数量及其主机功率数值、网具或其他渔具的数量的最高限额。

船网工具指标：渔船的主机功率数值、网具或其他渔具的数额。

制造渔船：新建造渔船，包括旧船淘汰后再建造渔船。

更新改造渔船：通过更新主机或对船体和结构进行改造改变渔船主机功率、作业类型、主尺度或总吨位。

购置渔船：从国内买入渔船。

进口渔船：从国外和香港、澳门、台湾地区买入渔船，包括以各种方式引进渔船。

渔业组织：渔业合作组织、渔业社团（协会）、村集体经济组织、村民委员会等法人或非法人组织。

渔业船舶证书：渔业船舶检验证书、渔业船舶国籍证书、渔业捕捞许可证。

第五十六条 香港、澳门特别行政区持有广东省户籍的流动渔船的船网工具指标和捕捞许可证管理，按照农业农村部有关港澳流动渔船管理的规定执行。

第五十七条 国内捕捞辅助船的总量控制应当与本行政区域内捕捞渔船数量和规模相匹配，其船网工具指标和捕捞许可证审批按照捕捞渔船进行管理。

国内捕捞辅助船、休闲渔船和徒手作业捕捞许可管理的具体办法，由省、自治区、直辖市人民政府渔业主管部门规定。

第五十八条 我国渔船到他国管辖水域作业，应当经农业农村部批准。

中国籍渔业船舶以光船条件出租到境外申请办理光船租赁登记和非专业远洋渔船申请办理远洋渔业项目前，应当将海洋渔业捕捞许可证交回原发证机关暂存，原发证机关应当出具暂存凭据。渔业捕捞许可证暂存期不计入渔业捕捞许可证核定的使用期限，暂存期间不需要办理年审手续。渔船回国终止光船租赁和远洋渔业项目后，凭暂存凭据领回渔业捕捞许可证。

第五十九条 本规定自 2019 年 1 月 1 日起施行。原农业部 2002 年 8 月 23 日发布，2004 年 7 月 1 日、2007 年 11 月 8 日和 2013 年 12 月 31 日修订的《渔业捕捞许可管理规定》同时废止。

司法部关于修改《律师事务所管理办法》的决定

（2018年12月5日司法部令第142号公布　自2019年1月15日起施行　国司备字[2018001615]）

为了深入贯彻习近平新时代中国特色社会主义思想和党的十九大及十九届二中、三中全会精神，坚持和加强党对律师工作的全面领导，加强律师事务所党组织建设，充分发挥律师事务所党组织的战斗堡垒作用和党员律师的先锋模范作用，根据《中国共产党章程》和中央有关律师行业党建工作的决策部署，决定对《律师事务所管理办法》（司法部令第133号）作如下修改：

一、将第三条第一款修改为："律师事务所应当坚持以习近平新时代中国特色社会主义思想为指导，坚持和加强党对律师工作的全面领导，坚定维护以习近平同志为核心的党中央权威和集中统一领导，把拥护中国共产党领导、拥护社会主义法治作为从业的基本要求，增强广大律师走中国特色社会主义法治道路的自觉性和坚定性。"

二、将第四条修改为："律师事务所应当加强党的建设，充分发挥党组织的战斗堡垒作用和党员律师的先锋模范作用。

"律师事务所有三名以上正式党员的，应当根据《中国共产党章程》的规定，经上级党组织批准，成立党的基层组织，并按期进行换届。律师事务所正式党员不足三人的，应当通过联合成立党组织、上级党组织选派党建工作指导员等方式开展党的工作，并在条件具备时及时成立党的基层组织。

"律师事务所应当建立完善党组织参与律师事务所决策、管理的工作机制，为党组织开展活动、做好工作提供场地、人员和经费等支持。"

三、在第十六条第一款第十项后增加一项，作为第十一项："律师事务所党组织的设置形式、地位作用、职责权限、参与本所决策、管理的工作机制和党建工作保障措施等。"

将第十一项修改为第十二项。

四、本决定自2019年1月15日起施行。

《律师事务所管理办法》根据本决定作相应修改，重新公布。

律师事务所管理办法

（2008年7月18日司法部令第111号发布　2012年11月30日司法部令第125号第一次修订　2016年9月6日司法部令第133号第二次修订　2018年12月5日司法部令第142号第三次修订）

第一章　总　　则

第一条　为了规范律师事务所的设立，加强对律师事务所的监督和管理，根据《中华人民共和国律师法》（以下简称《律师法》）和其他有关法律、法规的规定，制定本办法。

第二条　律师事务所是律师的执业机构。律师事务所应当依法设立并取得执业许可证。

律师事务所的设立和发展，应当根据国家和地方经济社会发展的需要，实现合理分布、均衡发展。

第三条　律师事务所应当坚持以习近平新时代中国特色社会主义思想为指导，坚持和加强党对律师工作的全面领导，坚定维护以习近平同志为核心的党中央权威和集中统一领导，把拥护中国共产党领导、拥护社会主义法治作为从业的基本要求，增强广大律师走中国特色社会主义法治道路的自觉性和坚定性。

律师事务所应当依法开展业务活动，加强内部管理和对律师执业行为的监督，依法承担相应的法律责任。

任何组织和个人不得非法干预律师事务所的业务活动，不得侵害律师事务所的合法权益。

第四条　律师事务所应当加强党的建设，充分发挥党组织的战斗堡垒作用和党员律师的先锋模范作用。

律师事务所有三名以上正式党员的，应当根据《中国共产党章程》的规定，经上级党组织批准，成立党的基层组织，并按期进行换届。律师事务所正式党员不足三人的，应当通过联合成立党组织、上级党组织选派党建工作指导员等方式开展党的工作，并在条件具备时及时成立党的基层组织。

律师事务所应当建立完善党组织参与律师事务所决策、管理的工作机制，为党组织开展活动、做好工作提供场地、人员和经费等支持。

第五条　司法行政机关依照《律师法》和本办法的规定对律师事务所进行

监督、指导。

律师协会依照《律师法》、协会章程和行业规范，对律师事务所实行行业自律。

司法行政机关、律师协会应当结合监督管理职责，加强对律师行业党的建设的指导。

第六条 司法行政机关、律师协会应当建立健全律师事务所表彰奖励制度，根据有关规定设立综合性和单项表彰项目，对为维护人民群众合法权益、促进经济社会发展和国家法治建设作出突出贡献的律师事务所进行表彰奖励。

第二章 律师事务所的设立条件

第七条 律师事务所可以由律师合伙设立、律师个人设立或者由国家出资设立。

合伙律师事务所可以采用普通合伙或者特殊的普通合伙形式设立。

第八条 设立律师事务所应当具备下列基本条件：

（一）有自己的名称、住所和章程；

（二）有符合《律师法》和本办法规定的律师；

（三）设立人应当是具有一定的执业经历并能够专职执业的律师，且在申请设立前三年内未受过停止执业处罚；

（四）有符合本办法规定数额的资产。

第九条 设立普通合伙律师事务所，除应当符合本办法第八条规定的条件外，还应当具备下列条件：

（一）有书面合伙协议；

（二）有三名以上合伙人作为设立人；

（三）设立人应当是具有三年以上执业经历并能够专职执业的律师；

（四）有人民币三十万元以上的资产。

第十条 设立特殊的普通合伙律师事务所，除应当符合本办法第八条规定的条件外，还应当具备下列条件：

（一）有书面合伙协议；

（二）有二十名以上合伙人作为设立人；

（三）设立人应当是具有三年以上执业经历并能够专职执业的律师；

（四）有人民币一千万元以上的资产。

第十一条 设立个人律师事务所，除应当符合本办法第八条规定的条件外，还应当具备下列条件：

（一）设立人应当是具有五年以上执业经历并能够专职执业的律师；

（二）有人民币十万元以上的资产。

第十二条 国家出资设立的律师事务所，除符合《律师法》规定的一般条件外，应当至少有二名符合《律师法》规定并能够专职执业的律师。

需要国家出资设立律师事务所的，由当地县级司法行政机关筹建，申请设立许可前须经所在地县级人民政府有关部门核拨编制、提供经费保障。

第十三条 省、自治区、直辖市司法行政机关可以根据本地经济社会发展状况和律师业发展需要，适当调整本办法规定的普通合伙律师事务所、特殊的普通合伙律师事务所和个人律师事务所的设立资产数额，报司法部批准后实施。

第十四条 设立律师事务所，其申请的名称应当符合司法部有关律师事务所名称管理的规定，并应当在申请设立许可前按规定办理名称检索。

第十五条 律师事务所负责人人选，应当在申请设立许可时一并报审核机关核准。

合伙律师事务所的负责人，应当从本所合伙人中经全体合伙人选举产生；国家出资设立的律师事务所的负责人，由本所律师推选，经所在地县级司法行政机关同意。

个人律师事务所设立人是该所的负责人。

第十六条 律师事务所章程应当包括下列内容：

（一）律师事务所的名称和住所；

（二）律师事务所的宗旨；

（三）律师事务所的组织形式；

（四）设立资产的数额和来源；

（五）律师事务所负责人的职责以及产生、变更程序；

（六）律师事务所决策、管理机构的设置、职责；

（七）本所律师的权利与义务；

（八）律师事务所有关执业、收费、财务、分配等主要管理制度；

（九）律师事务所解散的事由、程序以及清算办法；

（十）律师事务所章程的解释、修改程序；

（十一）律师事务所党组织的设置形式、地位作用、职责权限、参与本所决策、管理的工作机制和党建工作保障措施等；

（十二）其他需要载明的事项。

设立合伙律师事务所的，其章程还应当载明合伙人的姓名、出资额及出资方式。

律师事务所章程的内容不得与有关法律、法规、规章相抵触。

律师事务所章程自省、自治区、直辖市司法行政机关作出准予设立律师事务所决定之日起生效。

第十七条 合伙协议应当载明下列内容：

（一）合伙人，包括姓名、居住地、身份证号、律师执业经历等；

（二）合伙人的出资额及出资方式；

（三）合伙人的权利、义务；

（四）合伙律师事务所负责人的职责以及产生、变更程序；

（五）合伙人会议的职责、议事规则等；

（六）合伙人收益分配及债务承担方式；

（七）合伙人入伙、退伙及除名的条件和程序；

（八）合伙人之间争议的解决方法和程序，违反合伙协议承担的责任；

（九）合伙协议的解释、修改程序；

（十）其他需要载明的事项。

合伙协议的内容不得与有关法律、法规、规章相抵触。

合伙协议由全体合伙人协商一致并签名，自省、自治区、直辖市司法行政机关作出准予设立律师事务所决定之日起生效。

第三章 律师事务所设立许可程序

第十八条 律师事务所的设立许可，由设区的市级或者直辖市的区（县）司法行政机关受理设立申请并进行初审，报省、自治区、直辖市司法行政机关进行审核，作出是否准予设立的决定。

第十九条 申请设立律师事务所，应当向所在地设区的市级或者直辖市的区（县）司法行政机关提交下列材料：

（一）设立申请书；

（二）律师事务所的名称、章程；

（三）设立人的名单、简历、身份证明、律师执业证书，律师事务所负责人人选；

（四）住所证明；

（五）资产证明。

设立合伙律师事务所，还应当提交合伙协议。

设立国家出资设立的律师事务所，应当提交所在地县级人民政府有关部门出具的核拨编制、提供经费保障的批件。

申请设立许可时,申请人应当如实填报《律师事务所设立申请登记表》。

第二十条 设区的市级或者直辖市的区(县)司法行政机关对申请人提出的设立律师事务所申请,应当根据下列情况分别作出处理:

(一)申请材料齐全、符合法定形式的,应当受理;

(二)申请材料不齐全或者不符合法定形式的,应当当场或者自收到申请材料之日起五日内一次告知申请人需要补正的全部内容。申请人按要求补正的,予以受理;逾期不告知的,自收到申请材料之日起即为受理;

(三)申请事项明显不符合法定条件或者申请人拒绝补正、无法补正有关材料的,不予受理,并向申请人书面说明理由。

第二十一条 受理申请的司法行政机关应当在决定受理之日起二十日内完成对申请材料的审查。

在审查过程中,可以征求拟设立律师事务所所在地县级司法行政机关的意见;对于需要调查核实有关情况的,可以要求申请人提供有关证明材料,也可以委托县级司法行政机关进行核实。

经审查,应当对设立律师事务所的申请是否符合法定条件、材料是否真实齐全出具审查意见,并将审查意见和全部申请材料报送省、自治区、直辖市司法行政机关。

第二十二条 省、自治区、直辖市司法行政机关应当自收到受理申请机关报送的审查意见和全部申请材料之日起十日内予以审核,作出是否准予设立律师事务所的决定。

准予设立的,应当自决定之日起十日内向申请人颁发律师事务所执业许可证。

不准予设立的,应当向申请人书面说明理由。

第二十三条 律师事务所执业许可证分为正本和副本。正本用于办公场所悬挂,副本用于接受查验。正本和副本具有同等的法律效力。

律师事务所执业许可证应当载明的内容、制作的规格、证号编制办法,由司法部规定。执业许可证由司法部统一制作。

第二十四条 律师事务所设立申请人应当在领取执业许可证后的六十日内,按照有关规定刻制印章、开立银行账户、办理税务登记,完成律师事务所开业的各项准备工作,并将刻制的律师事务所公章、财务章印模和开立的银行账户报所在地设区的市级或者直辖市的区(县)司法行政机关备案。

第二十五条 有下列情形之一的,由作出准予设立律师事务所决定的省、自治区、直辖市司法行政机关撤销原准予设立的决定,收回并注销律师事务所执业许可证：

（一）申请人以欺骗、贿赂等不正当手段取得准予设立决定的；

（二）对不符合法定条件的申请或者违反法定程序作出准予设立决定的。

第四章　律师事务所的变更和终止

第二十六条　律师事务所变更名称、负责人、章程、合伙协议的，应当经所在地设区的市级或者直辖市的区（县）司法行政机关审查后报原审核机关批准。具体办法按律师事务所设立许可程序办理。

律师事务所变更住所、合伙人的，应当自变更之日起十五日内经所在地设区的市级或者直辖市的区（县）司法行政机关报原审核机关备案。

第二十七条　律师事务所跨县、不设区的市、市辖区变更住所，需要相应变更负责对其实施日常监督管理的司法行政机关的，应当在办理备案手续后，由其所在地设区的市级司法行政机关或者直辖市司法行政机关将有关变更情况通知律师事务所迁入地的县级司法行政机关。

律师事务所拟将住所迁移其他省、自治区、直辖市的，应当按注销原律师事务所、设立新的律师事务所的程序办理。

第二十八条　律师事务所变更合伙人，包括吸收新合伙人、合伙人退伙、合伙人因法定事由或者经合伙人会议决议被除名。

新合伙人应当从专职执业的律师中产生，并具有三年以上执业经历，但司法部另有规定的除外。受到六个月以上停止执业处罚的律师，处罚期满未逾三年的，不得担任合伙人。

合伙人退伙、被除名的，律师事务所应当依照法律、本所章程和合伙协议处理相关财产权益、债务承担等事务。

因合伙人变更需要修改合伙协议的，修改后的合伙协议应当按照本办法第二十六条第一款的规定报批。

第二十九条　律师事务所变更组织形式的，应当在自行依法处理好业务衔接、人员安排、资产处置、债务承担等事务并对章程、合伙协议作出相应修改后，方可按照本办法第二十六条第一款的规定申请变更。

第三十条　律师事务所因分立、合并，需要对原律师事务所进行变更或者注销原律师事务所、设立新的律师事务所的，应当在自行依法处理好相关律师事务所的业务衔接、人员安排、资产处置、债务承担等事务后，提交分立协议或者合并协议等申请材料，按照本办法的相关规定办理。

第三十一条　律师事务所有下列情形之一的，应当终止：

（一）不能保持法定设立条件，经限期整改仍不符合条件的；

（二）执业许可证被依法吊销的；

（三）自行决定解散的；

（四）法律、行政法规规定应当终止的其他情形。

律师事务所在取得设立许可后，六个月内未开业或者无正当理由停止业务活动满一年的，视为自行停办，应当终止。

律师事务所在受到停业整顿处罚期限未满前，不得自行决定解散。

第三十二条 律师事务所在终止事由发生后，不得受理新的业务。

律师事务所在终止事由发生后，应当向社会公告，依照有关规定进行清算，依法处置资产分割、债务清偿等事务。

律师事务所应当在清算结束后十五日内向所在地设区的市级或者直辖市的区（县）司法行政机关提交注销申请书、清算报告、本所执业许可证以及其他有关材料，由其出具审查意见后连同全部注销申请材料报原审核机关审核，办理注销手续。

律师事务所拒不履行公告、清算义务的，由设区的市级或者直辖市的区（县）司法行政机关向社会公告后，可以直接报原审核机关办理注销手续。律师事务所被注销后的债权、债务由律师事务所的设立人、合伙人承担。

律师事务所被注销的，其业务档案、财务账簿、本所印章的移管、处置，按照有关规定办理。

第五章　律师事务所分所的设立、变更和终止

第三十三条 成立三年以上并具有二十名以上执业律师的合伙律师事务所，根据业务发展需要，可以在本所所在地的市、县以外的地方设立分所。设在直辖市、设区的市的合伙律师事务所也可以在本所所在城区以外的区、县设立分所。

律师事务所及其分所受到停业整顿处罚期限未满的，该所不得申请设立分所；律师事务所的分所受到吊销执业许可证处罚的，该所自分所受到处罚之日起二年内不得申请设立分所。

第三十四条 分所应当具备下列条件：

（一）有符合《律师事务所名称管理办法》规定的名称；

（二）有自己的住所；

（三）有三名以上律师事务所派驻的专职律师；

（四）有人民币三十万元以上的资产；

（五）分所负责人应当是具有三年以上的执业经历并能够专职执业，且在担任负责人前三年内未受过停止执业处罚的律师。

律师事务所到经济欠发达的市、县设立分所的，前款规定的派驻律师条件可以降至一至二名；资产条件可以降至人民币十万元。具体适用地区由省、自治区、直辖市司法行政机关确定。

省、自治区、直辖市司法行政机关根据本地经济社会发展和律师业发展状况，需要提高第一款第（三）、（四）项规定的条件的，按照本办法第十三条规定的程序办理。

第三十五条 律师事务所申请设立分所，应当提交下列材料：

（一）设立分所申请书；

（二）本所基本情况，本所设立许可机关为其出具的符合《律师法》第十九条和本办法第三十三条规定条件的证明；

（三）本所执业许可证复印件，本所章程和合伙协议；

（四）拟在分所执业的律师的名单、简历、身份证明和律师执业证书复印件；

（五）拟任分所负责人的人选及基本情况，该人选执业许可机关为其出具的符合本办法第三十四条第一款第五项规定条件的证明；

（六）分所的名称，分所住所证明和资产证明；

（七）本所制定的分所管理办法。

申请设立分所时，申请人应当如实填报《律师事务所分所设立申请登记表》。

第三十六条 律师事务所申请设立分所，由拟设立分所所在地设区的市级或者直辖市区（县）司法行政机关受理并进行初审，报省、自治区、直辖市司法行政机关审核，决定是否准予设立分所。具体程序按照本办法第二十条、第二十一条、第二十二条的规定办理。

准予设立分所的，由设立许可机关向申请人颁发律师事务所分所执业许可证。

第三十七条 分所律师除由律师事务所派驻外，可以依照《律师执业管理办法》的规定面向社会聘用律师。

派驻分所律师，参照《律师执业管理办法》有关律师变更执业机构的规定办理，由准予设立分所的省、自治区、直辖市司法行政机关予以换发执业证书，原执业证书交回原颁证机关；分所聘用律师，依照《律师执业管理办法》规定的申请律师执业许可或者变更执业机构的程序办理。

第三十八条 律师事务所决定变更分所负责人的，应当经分所所在地设区的市级或者直辖市区(县)司法行政机关报分所设立许可机关批准;变更派驻分所律师的,参照《律师执业管理办法》有关律师变更执业机构的规定办理。

分所变更住所的,应当自变更之日起十五日内,经分所所在地设区的市级或者直辖市区(县)司法行政机关报分所设立许可机关备案。

律师事务所变更名称的,应当自名称获准变更之日起三十日内,经分所所在地设区的市级或者直辖市区(县)司法行政机关向分所设立许可机关申请变更分所名称。

第三十九条 有下列情形之一的,分所应当终止:

(一)律师事务所依法终止的;

(二)律师事务所不能保持《律师法》和本办法规定设立分所的条件,经限期整改仍不符合条件的;

(三)分所不能保持本办法规定的设立条件,经限期整改仍不符合条件的;

(四)分所在取得设立许可后六个月内未开业或者无正当理由停止业务活动满一年的;

(五)律师事务所决定停办分所的;

(六)分所执业许可证被依法吊销的;

(七)法律、行政法规规定应当终止的其他情形。

分所终止的,由分所设立许可机关注销分所执业许可证。分所终止的有关事宜按照本办法第三十二条的规定办理。

第六章 律师事务所执业和管理规则

第四十条 律师事务所应当建立健全执业管理和其他各项内部管理制度,规范本所律师执业行为,履行监管职责,对本所律师遵守法律、法规、规章及行业规范,遵守职业道德和执业纪律的情况进行监督,发现问题及时予以纠正。

第四十一条 律师事务所应当保障本所律师和辅助人员享有下列权利:

(一)获得本所提供的必要工作条件和劳动保障;

(二)获得劳动报酬及享受有关福利待遇;

(三)向本所提出意见和建议;

(四)法律、法规、规章及行业规范规定的其他权利。

第四十二条 律师事务所应当监督本所律师和辅助人员履行下列义务:

(一)遵守宪法和法律,遵守职业道德和执业纪律;

(二)依法、诚信、规范执业;

（三）接受本所监督管理，遵守本所章程和规章制度，维护本所的形象和声誉；

（四）法律、法规、规章及行业规范规定的其他义务。

第四十三条 律师事务所应当建立违规律师辞退和除名制度，对违法违规执业、违反本所章程及管理制度或者年度考核不称职的律师，可以将其辞退或者经合伙人会议通过将其除名，有关处理结果报所在地县级司法行政机关和律师协会备案。

第四十四条 律师事务所应当在法定业务范围内开展业务活动，不得以独资、与他人合资或者委托持股方式兴办企业，并委派律师担任企业法定代表人、总经理职务，不得从事与法律服务无关的其他经营性活动。

第四十五条 律师事务所应当与其他律师事务所公平竞争，不得以诋毁其他律师事务所、律师或者支付介绍费等不正当手段承揽业务。

第四十六条 律师承办业务，由律师事务所统一接受委托，与委托人签订书面委托合同。

律师事务所受理业务，应当进行利益冲突审查，不得违反规定受理与本所承办业务及其委托人有利益冲突的业务。

第四十七条 律师事务所应当按照有关规定统一收取服务费用并如实入账，建立健全收费管理制度，及时查处有关违规收费的举报和投诉，不得在实行政府指导价的业务领域违反规定标准收取费用，或者违反风险代理管理规定收取费用。

律师事务所应当按照规定建立健全财务管理制度，建立和实行合理的分配制度及激励机制。

律师事务所应当依法纳税。

第四十八条 律师事务所应当依法履行法律援助义务，及时安排本所律师承办法律援助案件，为办理法律援助案件提供条件和便利，无正当理由不得拒绝接受法律援助机构指派的法律援助案件。

第四十九条 律师事务所应当建立健全重大疑难案件的请示报告、集体研究和检查督导制度，规范受理程序，指导监督律师依法办理重大疑难案件。

第五十条 律师事务所应当依法履行管理职责，教育管理本所律师依法、规范承办业务，加强对本所律师执业活动的监督管理，不得放任、纵容本所律师有下列行为：

（一）采取煽动、教唆和组织当事人或者其他人员到司法机关或者其他国家机关静坐、举牌、打横幅、喊口号、声援、围观等扰乱公共秩序、危害公共安全的非法手段，聚众滋事，制造影响，向有关部门施加压力；

(二)对本人或者其他律师正在办理的案件进行歪曲、有误导性的宣传和评论,恶意炒作案件;

(三)以串联组团、联署签名、发表公开信、组织网上聚集、声援等方式或者借个案研讨之名,制造舆论压力,攻击、诋毁司法机关和司法制度;

(四)无正当理由,拒不按照人民法院通知出庭参与诉讼,或者违反法庭规则,擅自退庭;

(五)聚众哄闹、冲击法庭,侮辱、诽谤、威胁、殴打司法工作人员或者诉讼参与人,否定国家认定的邪教组织的性质,或者有其他严重扰乱法庭秩序的行为;

(六)发表、散布否定宪法确立的根本政治制度、基本原则和危害国家安全的言论,利用网络、媒体挑动对党和政府的不满,发起、参与危害国家安全的组织或者支持、参与、实施危害国家安全的活动;以歪曲事实真相、明显违背社会公序良俗等方式,发表恶意诽谤他人的言论,或者发表严重扰乱法庭秩序的言论。

第五十一条 合伙律师事务所和国家出资设立的律师事务所应当按照规定为聘用的律师和辅助人员办理失业、养老、医疗等社会保险。

个人律师事务所聘用律师和辅助人员的,应当按前款规定为其办理社会保险。

第五十二条 律师事务所应当按照规定,建立执业风险、事业发展、社会保障等基金。

律师参加执业责任保险的具体办法另行规定。

第五十三条 律师违法执业或者因过错给当事人造成损失的,由其所在的律师事务所承担赔偿责任。律师事务所赔偿后,可以向有故意或者重大过失行为的律师追偿。

普通合伙律师事务所的合伙人对律师事务所的债务承担无限连带责任。特殊的普通合伙律师事务所一个合伙人或者数个合伙人在执业活动中因故意或者重大过失造成律师事务所债务的,应当承担无限责任或者无限连带责任,其他合伙人以其在律师事务所中的财产份额为限承担责任;合伙人在执业活动中非因故意或者重大过失造成的律师事务所债务,由全体合伙人承担无限连带责任。个人律师事务所的设立人对律师事务所的债务承担无限责任。国家出资设立的律师事务所以其全部资产对其债务承担责任。

第五十四条 律师事务所的负责人负责对律师事务所的业务活动和内部事务进行管理,对外代表律师事务所,依法承担对律师事务所违法行为的管理责任。

合伙人会议或者律师会议为合伙律师事务所或者国家出资设立的律师事务所的决策机构;个人律师事务所的重大决策应当充分听取聘用律师的意见。

律师事务所根据本所章程可以设立相关管理机构或者配备专职管理人员,协助本所负责人开展日常管理工作。

第五十五条 律师事务所应当加强对本所律师的职业道德和执业纪律教育,组织开展业务学习和经验交流活动,为律师参加业务培训和继续教育提供条件。

第五十六条 律师事务所应当建立律师表彰奖励制度,对依法、诚信、规范执业表现突出的律师予以表彰奖励。

第五十七条 律师事务所应当建立投诉查处制度,及时查处、纠正本所律师在执业活动中的违法违规行为,调处在执业中与委托人之间的纠纷;认为需要对被投诉律师给予行政处罚或者行业惩戒的,应当及时向所在地县级司法行政机关或者律师协会报告。

已担任合伙人的律师受到六个月以上停止执业处罚的,自处罚决定生效之日起至处罚期满后三年内,不得担任合伙人。

第五十八条 律师事务所应当建立律师执业年度考核制度,按照规定对本所律师的执业表现和遵守职业道德、执业纪律的情况进行考核,评定等次,实施奖惩,建立律师执业档案和诚信档案。

第五十九条 律师事务所应当于每年的一季度经所在地县级司法行政机关向设区的市级司法行政机关提交上一年度本所执业情况报告和律师执业考核结果,直辖市的律师事务所的执业情况报告和律师执业考核结果直接向所在地区(县)司法行政机关提交,接受司法行政机关的年度检查考核。具体年度检查考核办法,由司法部规定。

第六十条 律师事务所应当按照规定建立健全档案管理制度,对所承办业务的案卷和有关资料及时立卷归档,妥善保管。

第六十一条 律师事务所应当通过本所网站等,公开本所律师和辅助人员的基本信息和奖惩情况。

第六十二条 律师事务所应当妥善保管、依法使用本所执业许可证,不得变造、出借、出租。如有遗失或者损毁的,应当及时报告所在地县级司法行政机关,经所在地设区的市级或者直辖市区(县)司法行政机关向原审核机关申请补发或者换发。律师事务所执业许可证遗失的,应当在当地报刊上刊登遗失声明。

律师事务所被撤销许可、受到吊销执业许可证处罚的,由所在地县级司法行政机关收缴其执业许可证。

律师事务所受到停业整顿处罚的，应当自处罚决定生效后至处罚期限届满前，将执业许可证缴存其所在地县级司法行政机关。

第六十三条 律师事务所应当加强对分所执业和管理活动的监督，履行下列管理职责：

（一）任免分所负责人；

（二）决定派驻分所律师，核准分所聘用律师人选；

（三）审核、批准分所的内部管理制度；

（四）审核、批准分所的年度工作计划、年度工作总结；

（五）指导、监督分所的执业活动及重大法律事务的办理；

（六）指导、监督分所的财务活动，审核、批准分所的分配方案和年度财务预算、决算；

（七）决定分所重要事项的变更、分所停办和分所资产的处置；

（八）本所规定的其他由律师事务所决定的事项。

律师事务所应当依法对其分所的债务承担责任。

第七章 司法行政机关的监督管理

第六十四条 县级司法行政机关对本行政区域内的律师事务所的执业活动进行日常监督管理，履行下列职责：

（一）监督律师事务所在开展业务活动过程中遵守法律、法规、规章的情况；

（二）监督律师事务所执业和内部管理制度的建立和实施情况；

（三）监督律师事务所保持法定设立条件以及变更报批或者备案的执行情况；

（四）监督律师事务所进行清算、申请注销的情况；

（五）监督律师事务所开展律师执业年度考核和上报年度执业总结的情况；

（六）受理对律师事务所的举报和投诉；

（七）监督律师事务所履行行政处罚和实行整改的情况；

（八）司法部和省、自治区、直辖市司法行政机关规定的其他职责。

县级司法行政机关在开展日常监督管理过程中，对发现、查实的律师事务所在执业和内部管理方面存在的问题，应当对律师事务所负责人或者有关律师进行警示谈话，责令改正，并对其整改情况进行监督；对律师事务所的违法行为认为依法应当给予行政处罚的，应当向上一级司法行政机关提出处罚建议；认为需要给予行业惩戒的，移送律师协会处理。

第六十五条 设区的市级司法行政机关履行下列监督管理职责：

（一）掌握本行政区域律师事务所的执业活动和组织建设、队伍建设、制度建设的情况，制定加强律师工作的措施和办法；

（二）指导、监督下一级司法行政机关的日常监督管理工作，组织开展对律师事务所的专项监督检查工作，指导对律师事务所重大投诉案件的查处工作；

（三）对律师事务所进行表彰；

（四）依法定职权对律师事务所的违法行为实施行政处罚；对依法应当给予吊销执业许可证处罚的，向上一级司法行政机关提出处罚建议；

（五）组织开展对律师事务所的年度检查考核工作；

（六）受理、审查律师事务所设立、变更、设立分所、注销申请事项；

（七）建立律师事务所执业档案，负责有关律师事务所的许可、变更、终止及执业档案信息的公开工作；

（八）法律、法规、规章规定的其他职责。

直辖市的区（县）司法行政机关负有前款规定的有关职责。

第六十六条 省、自治区、直辖市司法行政机关履行下列监督管理职责：

（一）制定本行政区域律师事务所的发展规划和有关政策，制定律师事务所管理的规范性文件；

（二）掌握本行政区域律师事务所组织建设、队伍建设、制度建设和业务开展情况；

（三）监督、指导下级司法行政机关的监督管理工作，指导对律师事务所的专项监督检查和年度检查考核工作；

（四）组织对律师事务所的表彰活动；

（五）依法对律师事务所的严重违法行为实施吊销执业许可证的处罚，监督下一级司法行政机关的行政处罚工作，办理有关行政复议和申诉案件；

（六）办理律师事务所设立核准、变更核准或者备案、设立分所核准及执业许可证注销事项；

（七）负责本行政区域律师事务所有关重大信息的公开工作；

（八）法律、法规规定的其他职责。

第六十七条 律师事务所违反本办法有关规定的，依照《律师法》和有关法规、规章规定追究法律责任。

律师事务所违反本办法第四十四条、第四十五条、第四十七条、第四十八条、第五十条规定的，司法行政机关应当依照《律师法》第五十条相关规定予以行政处罚。

第六十八条 律师事务所管理分所的情况，应当纳入司法行政机关对该所年度检查考核的内容；律师事务所对分所及其律师疏于管理、造成严重后果的，由该所所在地司法行政机关依法实施行政处罚。

律师事务所分所及其律师，应当接受分所所在地司法行政机关的监督、指导，接受分所所在地律师协会的行业管理。

第六十九条 跨省、自治区、直辖市设立分所的，分所所在地的省、自治区、直辖市司法行政机关应当将分所设立、变更、终止以及年度考核、行政处罚等情况及时抄送设立分所的律师事务所所在的省、自治区、直辖市司法行政机关。

第七十条 各级司法行政机关及其工作人员对律师事务所实施监督管理，不得妨碍律师事务所依法执业，不得侵害律师事务所的合法权益，不得索取或者收受律师事务所及其律师的财物，不得谋取其他利益。

第七十一条 司法行政机关应当加强对实施许可和管理活动的层级监督，按照规定建立有关工作的统计、请示、报告、督办等制度。

负责律师事务所许可实施、年度检查考核或者奖励、处罚的司法行政机关，应当及时将有关许可决定、考核结果或者奖惩情况通报下级司法行政机关，并报送上一级司法行政机关。

第七十二条 司法行政机关、律师协会应当建立律师和律师事务所信息管理系统，按照有关规定向社会公开律师事务所基本信息和年度检查考核结果、奖惩情况。

第七十三条 司法行政机关应当加强对律师协会的指导、监督，支持律师协会依照《律师法》和协会章程、行业规范对律师事务所实行行业自律，建立健全行政管理与行业自律相结合的协调、协作机制。

第七十四条 各级司法行政机关应当定期将本行政区域律师事务所的组织、队伍、业务情况的统计资料、年度管理工作总结报送上一级司法行政机关。

第七十五条 人民法院、人民检察院、公安机关、国家安全机关或者其他有关部门对律师事务所的违法违规行为向司法行政机关、律师协会提出予以处罚、处分建议的，司法行政机关、律师协会应当自作出处理决定之日起7日内通报建议机关。

第七十六条 司法行政机关工作人员在律师事务所设立许可和实施监督管理活动中，滥用职权、玩忽职守，构成犯罪的，依法追究刑事责任；尚不构成犯罪的，依法给予行政处分。

第八章　附　则

第七十七条　军队法律顾问处的管理，按照国务院和中央军事委员会有关规定执行。

第七十八条　本办法自 2016 年 11 月 1 日起施行。此前司法部制定的有关律师事务所管理的规章、规范性文件与本办法相抵触的，以本办法为准。

商务部行政处罚实施办法

（2018 年 12 月 10 日商务部令 2018 年第 8 号公布　自 2019 年 1 月 11 日起施行　国司备字［2019000004］）

第一条　为了规范商务部行政处罚的实施，保障行政处罚的合法性和有效性，保护公民、法人或者其他组织的合法权益，维护公共利益和经济秩序，根据《中华人民共和国行政处罚法》，制定本办法。

第二条　公民、法人或者其他组织违反行政管理秩序的行为，依据法律、行政法规或者规章规定，应当由商务部给予行政处罚的，适用本办法。

第三条　商务部实施行政处罚应当遵循公正、公开的原则，并保障公民、法人或者其他组织的陈述权、申辩权、要求举行听证权、申请行政复议或行政诉讼的权利。

第四条　商务部实施行政处罚，应当以法律、行政法规和规章为依据，并依照法定程序实施。

第五条　行政处罚由商务部在法定职权范围内实施，商务部所属机构（包括内设机构、各特派员办事处、直属事业单位等）不得以自己的名义实施行政处罚。

没有法律、行政法规或规章的规定，商务部不得委托其他组织实施行政处罚。

第六条　商务部对行政处罚实行案件调查与案件审理分离的制度。

第七条　商务部设立行政处罚委员会，作为商务部行政处罚案件的审理机构。行政处罚委员会通过召开审理会的方式审理行政处罚案件。

商务部法制机构是商务部行政处罚委员会的办事机构，负责组织、安排行政处罚委员会的审理会，组织召开听证会，听取当事人陈述、申辩，制作相关法律文书，承担行政处罚委员会的日常工作。

第八条 商务部行政处罚案件的调查机关是案件所涉及的业务部门。必要时,该业务部门可以会同其他相关部门共同调查案件。

第九条 商务部有关部门发现公民、法人或者其他组织有违反行政管理秩序的行为时,应及时展开调查工作。

第十条 调查机关应当全面、客观、公正进行调查,收集有关证据。必要时,依照法律法规的规定,可以进行检查。

调查或检查时,执法人员不得少于两人,并应向当事人或者有关人员出示证件。相关询问或者检查应当制作笔录。

执法人员与当事人有直接利害关系的,应当回避。

第十一条 行政处罚案件调查终结后,拟作出行政处罚的,调查机关应当制作《案件调查终结报告》及证据目录,连同证据材料一并移交商务部行政处罚委员会。

《案件调查终结报告》应写明案件的事实情况、调查过程、相关证据及违反的法律规定,并对案件的处理及依据提出初步意见。

第十二条 《案件调查终结报告》及证据等材料移交行政处罚委员会后,由法制机构进行初步审查。

初次从事行政处罚审查的人员,应当通过国家统一法律职业资格考试取得法律职业资格。

第十三条 法制机构认为案件中个别事实不清的,可以要求调查机关作出解释、说明。必要时,法制机构可以直接向有关单位及人员调查、了解情况。

第十四条 法制机构经过审查,认为案件事实不清、证据不足的可以退回调查机关补充调查。

第十五条 法制机构经审查,认为案件主要事实清楚、证据充分的,应当制作《案件审查报告》。《案件审查报告》应当包括案件基本情况、违法事实、拟作出的行政处罚决定及依据。

第十六条 法制机构应当及时将《案件调查终结报告》、《案件审查报告》等材料提交行政处罚委员会,由行政处罚委员会召开审理会对案件进行审理。

第十七条 行政处罚委员会对案件的下列内容进行审理:

(一)违法事实是否清楚;

(二)证据是否确凿;

(三)是否符合法定程序;

(四)当事人陈述和申辩的理由是否成立;

(五)应当适用的法律规定;

(六)处罚种类和幅度。

第十八条 行政处罚委员会应当召开审理会，经集体讨论，充分协商，根据案件不同情况，分别提出如下处理意见：

（一）认为涉嫌构成犯罪的，交由调查机关依法移送司法机关；

（二）认为违法事实不成立的，不得给予行政处罚；

（三）违法行为轻微、依法可以不予处罚的，不予行政处罚；

（四）确有应受行政处罚的违法行为的，根据情节轻重及具体情况，确定拟作出的行政处罚种类及幅度。

第十九条 法制机构应当按照行政处罚委员会审理会的处理意见制作行政处罚告知书，书面告知当事人拟作出行政处罚的事实、理由及依据，并告知当事人依法享有陈述、申辩的权利。

拟作出 3 万元以上（不含 3 万元）罚款或责令停产停业、吊销许可证或执照的行政处罚的，应当在行政处罚告知书中告知当事人有要求举行听证的权利。

当事人要求陈述、申辩或者举行听证的，应当在收到行政处罚告知书后 3 日内向法制机构提出。

法制机构应当充分听取当事人意见，并对有关情况进行复核。

第二十条 当事人要求举行听证的，由法制机构按照《中华人民共和国行政处罚法》的规定组织听证会。

第二十一条 当事人有陈述、申辩意见，或者依当事人申请举行听证会的，法制机构经审查认为有可能影响行政处罚决定，行政处罚委员会应当召开审理会对案件进行复审。

第二十二条 法制机构应当按照行政处罚委员会审理会的处理意见制作行政处罚决定书。行政处罚决定书的内容应符合《中华人民共和国行政处罚法》第三十九条的规定，载明不服处罚决定，申请行政复议或者提起行政诉讼的途径和期限。

第二十三条 行政处罚告知书和行政处罚决定书作出后，由法制机构按照《中华人民共和国行政处罚法》第四十条等规定送达当事人。

第二十四条 当事人应当在行政处罚决定书确定的期限内履行行政处罚决定。逾期不履行行政处罚决定的，商务部可采取《中华人民共和国行政处罚法》第五十一条规定的措施，予以执行。

第二十五条 商务部在执行罚款、没收违法所得等行政处罚时，应当实行罚缴分离的制度。罚款及没收违法所得应由当事人就地上缴国库。

第二十六条 除涉及国家秘密、商业秘密和个人隐私的内容以及法律法规禁止公开的信息外，行政处罚决定书在商务部网站上公布，备公众查询。

第二十七条 本办法不适用于商务部对部机关各单位工作人员所做的行政处分及其他人事处理决定。

第二十八条 本办法由商务部负责解释。

第二十九条 本办法自2019年1月11日起施行,《商务部行政处罚实施办法(试行)》(商务部令2005年第1号)同时废止。

司法解释

最高人民法院印发《关于健全完善人民法院主审法官会议工作机制的指导意见(试行)》的通知

(2018年11月28日　法发〔2018〕21号)

各省、自治区、直辖市高级人民法院,解放军军事法院,新疆维吾尔自治区高级人民法院生产建设兵团分院:

现将《关于健全完善人民法院主审法官会议工作机制的指导意见(试行)》予以印发,请结合实际认真贯彻执行。执行中遇到的问题,请及时报告最高人民法院。

关于健全完善人民法院主审法官会议工作机制的指导意见(试行)

为全面落实司法责任制,准确适用法律,统一裁判标准,提高审判质效,结合审判实际,就健全完善人民法院主审法官会议工作机制提出如下意见。

一、人民法院应当健全完善主审法官会议工作机制,为法官审理案件准确适用法律提供指导和参考,促进裁判规则及标准统一,总结审判经验,完善审判管理。

二、主审法官会议工作机制可以在民事、刑事、行政、国家赔偿、执行等审判业务部门内部建立,也可以跨审判业务部门、审判团队建立。

三、主审法官会议由本院员额法官组成。参加会议的法官地位、权责平等。

根据会议讨论议题,可以邀请专家学者、人大代表、政协委员等其他相关专业人员参加会议并发表意见。

四、具有下列情形之一的案件，合议庭或者独任法官可以提请主审法官会议讨论：

（一）属于新类型、疑难、复杂、社会影响重大的；

（二）裁判规则、尺度有待统一或者在法律适用方面具有普遍指导意义的；

（三）拟作出的裁判结果与本院或者上级人民法院同类生效案件裁判规则、尺度不一致的；

（四）合议庭成员意见分歧较大的；

（五）持少数意见的承办法官认为需要提请讨论的；

（六）拟改判、发回重审或者提审、指令再审的；

（七）其他需要提交讨论的。

根据审判监督管理相关规定，院长、副院长、庭长可以决定将《最高人民法院关于完善人民法院司法责任制的若干意见》第二十四条规定的四类案件提交主审法官会议讨论。

五、审理案件的合议庭或者独任法官应当准备必要材料，在主审法官会议召开前送交参会人员。

六、参加会议的法官可以按照法官等级和资历由低到高的顺序依次发表意见，也可以根据案情由熟悉案件所涉专业知识的法官先发表意见，但主持人应当最后发表意见。

七、会议结束时，主持人应当总结归纳讨论情况，形成讨论意见，记入会议纪要。会议纪要应当按照规定在案卷和办案平台上全程留痕。

八、审理案件的合议庭或者独任法官独立决定是否采纳主审法官会议讨论形成的意见，并对案件最终处理结果负责。

九、院长、副院长、庭长可以按照审判监督管理权限要求合议庭或者独任法官根据主审法官会议讨论的意见对案件进行复议。经复议未采纳主审法官会议形成的多数意见的，院长、副院长、庭长应当按照规定将案件提交审判委员会讨论决定。

十、出席主审法官会议的人员应当严格遵守审判纪律，不得泄漏会议议题、案件信息和讨论情况。

十一、法官参加主审法官会议的情况可以计入工作量，作为绩效考核的加分项纳入业绩档案。

十二、各级人民法院应当加强主审法官会议工作机制的归口管理，及时整理、印发对于形成裁判规则、统一法律适用标准、交流审判经验和指导司法实践等具有重要意义的会议纪要，并在案件裁判生效后结合公布裁判文书、典型案例等形式实现资源共享。

十三、最高人民法院各审判业务部门、各巡回法庭和地方各级人民法院可以参照本意见，并根据职能定位、审判工作需要、法官人数、案件数量等实际情况制定工作细则。

最高人民法院印发《关于进一步全面落实司法责任制的实施意见》的通知

（2018年12月4日　法发〔2018〕23号）

各省、自治区、直辖市高级人民法院，解放军军事法院，新疆维吾尔自治区高级人民法院生产建设兵团分院：

为深入学习贯彻习近平新时代中国特色社会主义思想，全面贯彻党的十九大和十九届二中、三中全会精神，严格执行新修订的《中华人民共和国人民法院组织法》，确保司法责任制改革落地见效，最高人民法院制定了《关于进一步全面落实司法责任制的实施意见》。现将该实施意见印发给你们，请结合实际，认真抓好贯彻落实。执行中的情况及时报告最高人民法院。

最高人民法院关于进一步全面落实司法责任制的实施意见

为深入学习贯彻习近平新时代中国特色社会主义思想，全面贯彻党的十九大和十九届二中、三中全会精神，严格执行新修订的《中华人民共和国人民法院组织法》，确保司法责任制改革落地见效，切实解决当前部分地方改革落实不到位、配套不完善、推进不系统等突出问题，促进司法效能和司法公信力整体提升，结合人民法院工作实际，对进一步全面落实司法责任制提出如下实施意见。

一、坚定不移推进司法责任制改革

1. 深刻认识全面落实司法责任制的重大意义。全面落实司法责任制是党的十九大部署的重大改革任务，是人民法院贯彻落实习近平新时代中国特色社会主义思想，深化司法体制综合配套改革，推进审判体系和审判能力现代化的重要措施，对于确保人民法院依法独立公正行使审判权，充分发挥审判职能作用,为统筹推进“五位一体”总体布局和协调推进“四个全面”战略布局提供有力司法服务和保障,具有重要意义。各级人民法院要始终坚持以习近平新时代中国特色社会主义思想武装头脑、指导实践、推动工作,牢固树立“四个意识”,坚定“四个自信”,始终做到“两个维护”,坚决做到维护核心、绝对忠诚、听党指挥、勇于担当,始终在思想上政治上行动上同以习近平同志为核心的党中央保持高度一致,坚定不移深化司法体制改革,全面落实司法责任制,确保以习近平同志为核心的党中央关于司法体制改革的各项决策部署在人民法院不折不扣落实到位。

2. 牢牢把握全面落实司法责任制的目标导向和问题导向。全面落实司法责任制应当坚持目标导向和问题导向相统一,严格遵照法律规定、遵循司法规律,坚持司法为民、公正司法,坚持“让审理者裁判,由裁判者负责”。要着力破解司法责任制改革中存在的职能分工不明、审判责任不实、监督管理不力、裁判尺度不一、保障激励不足、配套机制不完善等突出问题,健全完善权责明晰、权责统一、监管有力、运转有序的审判权力运行体系,不断提升司法责任制改革的系统性、整体性、协同性,确保改革落到实处、见到实效。

二、完善新型审判权力运行机制,切实落实“让审理者裁判”的要求

3. 坚持一岗双责、权责一致。加强法院基层党组织建设,以提升组织力、强化政治功能为重点,深入推进人民法院基层党组织组织力提升工程,调整优化基层党组织设置,加强党支部标准化规范化建设,切实把基层党组织建设成为推进人民法院改革发展的坚强战斗堡垒。坚持抓党建带队建促审判,切实加强审判执行机构、审判执行团队的政治建设和业务建设,健全完善审判执行团队的党团组织,提升团队组织力和战斗力。各级人民法院领导干部要在严格落实主体责任上率先垂范,充分尊重独任法官、合议庭法定审判组织地位,除审判委员会讨论决定的案件外,院长、副院长、庭长不再审核签发未直接参加审理案件的裁判文书,不得以口头指示等方式变相审批案件,不得违反规定要求法官汇报案件。严格落实《人民法院落实〈领导干部干预司法活动、插手具体案件处理的记录、通报和责任追究规定〉的实施办法》《人民法院落实〈司法机关内部人员过问案件的记录和责任追究规定〉的实施办法》,法官应当将过问、干预案件情况在网上办案系统如实记录,并层报上级人民法院。

4. 加强基层人民法院审判团队建设。基层人民法院应当根据案件数量、案件类型、难易程度和人员结构等因素,适应独任制、合议制的不同需要,统筹考虑繁简分流和审判专业化分工,因地制宜地灵活组建审判团队。审判团队中法官与审判辅助人员实行双向选择与组织调配相结合,完善团队内部分工,强化审判团队作为办案单元和自我管理单元的功能,切实增强团队合力。统筹内设机构改革与审判团队建设,人员编制较少的基层人民法院可以设置综合审判庭或者不设审判庭,实行"院—综合审判庭"或者"院—审判团队"管理模式;人员编制较多的基层人民法院一般实行"院—审判庭—审判团队"的管理模式。

5. 明确司法人员岗位职责。各级人民法院应当根据法律规定和司法责任制要求,结合法院审级、案件类型、案件数量等实际情况,细化法官、法官助理、书记员等各岗位职责清单和履职指引,并嵌入办案平台。

6. 完善案件分配机制。各级人民法院应当健全随机分案为主、指定分案为辅的案件分配机制。根据审判领域类别和繁简分流安排,随机确定案件承办法官。系列性、群体性或者关联性案件原则上由同一审判组织办理。已组建专业化合议庭、专业审判团队或者速裁审判团队的,可以在合议庭或者审判团队内部随机分案。承办法官一经确定,不得擅自变更。因存在回避情形或者工作调动、身体健康、廉政风险等事由确需调整承办法官的,应当由院长、庭长按权限审批决定,调整结果应当及时通知当事人并在办案平台记载。

7. 全面推进院长、庭长办案常态化。各高级人民法院应当结合实际,科学合理、统一确定辖区内三级法院院长、庭长办案工作量。院领导办案工作量可以本院法官平均办案工作量或办理案件所属审判业务类别法官平均办案工作量为计算基数。科学统筹院领导办案类型,完善配套分案办法,健全院领导主要审理重大疑难复杂案件机制。加强对院长、庭长办案的网上公示和考核监督,充分发挥院长、庭长办案示范引领作用。担任领导职务的法官无正当理由不办案或者办案达不到要求的,应当退出员额。

8. 健全专业法官会议制度和审判委员会制度。各级人民法院应当健全专业法官会议制度,切实发挥专业法官会议统一法律适用、为审判组织提供法律咨询的功能。专业法官会议成员不以职务、等级为必要条件,参会人员地位平等。完善专业法官会议会前准备程序和议事规则,完善配套考核机制,提升专业法官会议质量。

健全专业法官会议与合议庭评议、审判委员会讨论的工作衔接机制。判决可能形成新的裁判标准或者改变上级人民法院、本院同类生效案件裁判标准的,应当提交专业法官会议或者审判委员会讨论。合议庭不采纳专业法官会议一致意见或者多数意见的,应当在办案系统中标注并说明理由,并提请庭长、院长予以监督,庭长、院长认为有必要提交审判委员会讨论的,应当按程序将案件提交审判委员会讨论。除法律规定不应当公开的情形外,审判委员会讨论案件的决定及其理由应当在裁判文书中公开。

9. 健全完善法律统一适用机制。各级人民法院应当在完善类案参考、裁判指引等工作机制基础上，建立类案及关联案件强制检索机制，确保类案裁判标准统一、法律适用统一。存在法律适用争议或者“类案不同判”可能的案件，承办法官应当制作关联案件和类案检索报告，并在合议庭评议或者专业法官会议讨论时说明。

10. 切实减轻审判事务性工作负担。审判辅助事务可以实行集约化管理，建立专门实施文书送达、财产保全、执行查控、文书上网、网络公告等事务的工作团队，提升工作效能。充分运用市场化、社会化资源，探索将通知送达、材料扫描、卷宗归档等辅助事务外包给第三方机构，将协助保全、执行送达等辅助事务委托给相关机构，提高办案效率。

三、完善新型监督管理机制和惩戒制度，切实落实“由裁判者负责”的要求

11. 健全信息化全流程审判监督管理机制。全面支持网上办案、全程留痕、智能管理，智能预警监测审判过程和结果偏离态势，推动审判监督管理由盯人盯案、层层审批向全院、全员、全过程的实时动态监管转变，确保放权与监督相统一。

12. 加强审判、执行工作标准化、规范化建设。完善刑事、民事、行政、国家赔偿、执行等领域审判、执行流程标准，推进标准化、规范化建设与信息化建设深度融合，将立案、分案、送达、庭审、合议、宣判、执行到结案、归档的每个节点均纳入审判监督管理范围，严格落实审限管理，将监督事项嵌入办案平台，实现司法活动全程留痕、违规操作自动拦截、办案风险实时提示。

13. 细化落实院长、庭长审判监督管理权责清单。院长、庭长审判监督管理权力职责一般包括：(1)配置审判资源，包括专业化合议庭、审判团队组建模式及其职责分工；(2)部署综合工作，包括审判工作的安排部署、审判或者调研任务的分配、调整；(3)审批程序性事项，包括法律授权的程序性事项审批、依照规定调整分案、变更审判组织成员的审批等；(4)监管审判质效，包括根据职责权限，对审判流程进行检查监督，对案件整体质效的检查、分析、评估，分析审判运行态势，提示纠正不当行为，督促案件审理进度，统筹安排整改措施，对存在的案件质量问题集中研判等；(5)监督“四类案件”，对《最高人民法院关于完善人民法院司法责任制的若干意见》第24条规定的“四类案件”进行个案监督；(6)进行业务指导，通过审理案件、参加专业法官会议或者审判委员会等方式加强业务指导；(7)作出综合评价，在法官考评委员会依托信息化平台对法官审判绩效进行客观评价基础上，对法官及其他工作人员绩效作出综合评价；(8)检查监督纪律作风，通过接待群众来访、处理举报投诉、日常监督管理，发现案件审理中可能存在的问题，提出改进措施等。各级人民法院要根据法律规定和司法责任制要求，分别制定院长、副院长、审判委员会专职委员、庭长、副庭长的审判监督管理权力职责清单。院长、庭长在权力职责清单范围内按程序履行监督管理职责的，不属于不当过问或者干预案件。院长、庭长应当履行监督管理职责而不履行或怠于履行的，应当追究监督管理责任。

14. 进一步完善“四类案件”识别监管制度。各高级人民法院应当细化“四类案件”监管范围、发现机制、启动程序和监管方式。立案部门负责对涉及群体性纠纷、可能影响社会稳定等案件进行初步识别；承办法官在案件审理过程中发现属于“四类案件”范围的，应当主动向庭长、分管副院长报告；审判长认为案件属于“四类案件”范围的，应当提醒承办法官将案件主动纳入监督管理；审判管理机构、监察部门等经审查发现案件属于“四类案件”范围的，应当及时报告院长。探索“四类案件”自动化识别、智能化监管，对于法官应当报告而未报告的，院长、庭长要求提交专业法官会议、审判委员会讨论而未提交的，审判管理系统自动预警并提醒院长、庭长予以监督。院长、庭长对“四类案件”可以查阅卷宗、旁听庭审、查看案件流程情况，要求独任法官、合议庭在指定期限内报告案件进展情况和评议结果、提供类案裁判文书或者检索报告。院长、庭长行使上述审判监督管理权时，应当在办案平台标注、全程留痕，对独任法官、合议庭拟作出的裁判结果有异议的，可以决定将案件提交专业法官会议、审判委员会进行讨论，不得强令独任法官、合议庭接受自己意见或者直接改变独任法官、合议庭意见。

15. 强化案件质量评查。坚持案件常规随机评查、重点评查、专项评查相结合，重点评查发回重审案件、改判案件、信访案件以及曾纳入长期未结、久押不决督办范围的案件。依托信息化平台对已上网裁判文书、庭审公开情况进行质量评查，质量评查范围应当覆盖所有法官，全面提升法官责任意识。重点从案件评查中发现违法审判线索，并依照有关程序进行调查。严格区分审判质量瑕疵责任与违法审判责任，确保法官依法裁判不受追究、违法裁判必问责任。

16. 严格落实违法审判责任追究制度。各级人民法院对法官涉嫌违反审判职责行为要认真调查，法官惩戒委员会根据调查情况审查认定法官是否违反审判职责、是否存在故意或者重大过失，并提出审查意见，相关法院根据法官惩戒委员会的意见作出惩戒决定。法官违反审判职责行为涉嫌犯罪的，应当移交纪检监察机关、检察机关依法处理。法官违反审判职责以外的其他违纪违法行为，由有关部门调查，依照法律及有关规定处理。

17. 完善司法廉政风险防控体系。各级人民法院应当认真落实党风廉政建设主体责任和监督责任，自觉接受纪律监督、法律监督、舆论监督和社会监督，不断提高公正裁判水平。各级人民法院内部应当充分发挥司法巡查、审务督察、廉政监察员等功能作用，组织人事、纪检监察、审判管理部门与审判业务部门应当加强协调配合，形成内部监督合力。全面梳理办案流程、审限管理等关键节点，分析研判每个节点可能存在的办案风险，加强审判执行活动风险监控智能预警，促进司法廉政风险早发现、早预警、早处置。

四、统筹推进司法责任制配套改革，提升司法责任制改革整体效能

18. 统筹推进法官员额和政法编制合理配置。各高级人民法院应当严格控制法官员额比例，综合考虑区域经济社会发展、人口数量、办案数量等因素，完善法官员额动态管理机制，员额分配向基层和人案矛盾突出的法院倾斜。

各高级人民法院应当配合省级编制部门，健全完善省以下地方法院编制统一管理制度，强化审判运行态势分析，加强对法官工作量的科学测算，统筹考虑各市（区、县）法院的案件数量、类型、难易程度、增幅大小和辖区面积、人口数量、自然条件、发展状况、人民法庭数量等因素，精准分析测算各市（区、县）法院所需政法编制，将编制向编制紧缺、急需补充的法院倾斜，实现编制、案件量、人员的合理匹配。

19. 完善法官员额退出机制。各高级人民法院应当针对审判绩效不达标、辞职、辞退、被开除、违纪违法、任职回避、调出、转任、退休、个人申请退出等不同情形，规范员额退出程序，明确退出员额但仍在法院工作人员的职级、待遇等问题。各级人民法院应当保障法官对退出决定进行陈述、举证、申辩、申请复议的权利。员额法官因工作需要调整到法院非员额岗位，五年内重新回到基层或者中级人民法院审判业务岗位的，经所在法院党组审议后，层报高级人民法院批准入额；五年内重新回到高级或者最高人民法院审判业务岗位的，分别经本院党组决定入额。

20. 进一步完善法官初任和逐级遴选制度。健全完善从优秀法官助理中选任法官机制，配套建立科学完备的初任法官职前培训制度。有条件的地方可以开展跨院遴选，引导审判力量向人案矛盾突出的法院流动。

21. 加强法官助理、书记员的配备和培养。建立健全符合司法职业特点的法官助理招录机制，完善法官助理统一招录、保障机制。推行法学院校学生担任实习法官助理常态化制度，探索下级人民法院法官到上级人民法院交流担任短期助理制度，多渠道拓宽法官助理来源。积极研究建立法官后备人才培养体系，认真落实法官助理、书记员职务序列改革，创新完善法官助理培养模式，符合条件的法官助理可以申请参加法官遴选。各高级人民法院应当积极争取人社、财政等部门支持，加强聘用制书记员招录工作，落实聘用制书记员管理制度改革，切实稳定聘用制书记员队伍。

22. 完善司法人员业绩考核制度。坚持客观量化和主观评价相结合，以量化考核为主，充分考虑地域、审级、专业、部门之间的差异，注重采用权重测算等科学计算方法，合理设置权重比例。暂时不具备案件权重系数测算条件的地方，可以探索简便易行的案件工作量折算办法。将法官作为合议庭其他成员时的工作量、办理涉诉信访工作量、参加专业法官会议、审判委员会的工作量、案件评查工作量等纳入业绩考核。根据各级人民法院承担职能的不同，科学设置司法人员业绩考核内容。对法官和法官助理的业绩考核，应当考虑综合调研、审判指导等工作任务量，避免简单以办案数量作为考核业绩。对审判辅助人员的绩效考核，应当以岗位职责和承担工作为基本依据，注重与所在团队绩效相结合，听取法官和所在团队的意见。绩效考核奖金的发放，不与法官职务等级以及审判辅助人员职务挂钩，主要依据责任轻重、办案质量、办案数量和办案难度等因素，向一线办案人员倾斜。

23. 进一步深化司法公开。严格执行《最高人民法院关于人民法院在互联网公布裁判文书的规定》，不断提升裁判文书公开的信息化、常态化水平，确保应当公开的裁判文书全面、及时、准确公开。积极推广使用裁判文书自动纠错及技术处理软件，着力杜绝各类低级错误和质量瑕疵，切实减轻裁判文书公开工作量，不断提升裁判文书公开水平。各级人民法院应当抓好《最高人民法院关于人民法院通过互联网公开审判流程信息的规定》的贯彻实施，及时升级完善相关信息化平台，主动对接全国审判流程信息公开统一平台，切实将审判流程信息公开各项要求落到实处。主动适应互联网时代庭审公开新要求，切实发挥中国庭审公开网统一平台优势，将人民法院庭审公开工作不断推向深入。

各级人民法院要充分认识全面落实司法责任制的重大意义，切实加强组织领导，紧密结合工作实际，认真抓好本实施意见的贯彻落实。要进一步完善改革督察机制，对全面落实司法责任制紧盯不放、动态跟踪。贯彻落实本实施意见中的重大问题，要及时按程序向最高人民法院报告。

最高人民法院关于审查知识产权纠纷行为保全案件适用法律若干问题的规定

（2018 年 11 月 26 日最高人民法院审判委员会第 1755 次会议通过　2018 年 12 月 12 日最高人民法院公告公布　自 2019 年 1 月 1 日起施行　法释〔2018〕21 号）

为正确审查知识产权纠纷行为保全案件，及时有效保护当事人的合法权益，根据《中华人民共和国民事诉讼法》《中华人民共和国专利法》《中华人民共和国商标法》《中华人民共和国著作权法》等有关法律规定，结合审判、执行工作实际，制定本规定。

第一条 本规定中的知识产权纠纷是指《民事案件案由规定》中的知识产权与竞争纠纷。

第二条 知识产权纠纷的当事人在判决、裁定或者仲裁裁决生效前，依据民事诉讼法第一百条、第一百零一条规定申请行为保全的，人民法院应当受理。

知识产权许可合同的被许可人申请诉前责令停止侵害知识产权行为的，独占许可合同的被许可人可以单独向人民法院提出申请；排他许可合同的被许可人在权利人不申请的情况下，可以单独提出申请；普通许可合同的被许可人经权利人明确授权以自己的名义起诉的，可以单独提出申请。

第三条 申请诉前行为保全，应当向被申请人住所地具有相应知识产权纠纷管辖权的人民法院或者对案件具有管辖权的人民法院提出。

当事人约定仲裁的，应当向前款规定的人民法院申请行为保全。

第四条 向人民法院申请行为保全，应当递交申请书和相应证据。申请书应当载明下列事项：

（一）申请人与被申请人的身份、送达地址、联系方式；

（二）申请采取行为保全措施的内容和期限；

（三）申请所依据的事实、理由，包括被申请人的行为将会使申请人的合法权益受到难以弥补的损害或者造成案件裁决难以执行等损害的具体说明；

（四）为行为保全提供担保的财产信息或资信证明，或者不需要提供担保的理由；

（五）其他需要载明的事项。

第五条 人民法院裁定采取行为保全措施前，应当询问申请人和被申请人，但因情况紧急或者询问可能影响保全措施执行等情形除外。

人民法院裁定采取行为保全措施或者裁定驳回申请的，应当向申请人、被申请人送达裁定书。向被申请人送达裁定书可能影响采取保全措施的，人民法院可以在采取保全措施后及时向被申请人送达裁定书，至迟不得超过五日。

当事人在仲裁过程中申请行为保全的，应当通过仲裁机构向人民法院提交申请书、仲裁案件受理通知书等相关材料。人民法院裁定采取行为保全措施或者裁定驳回申请的，应当将裁定书送达当事人，并通知仲裁机构。

第六条 有下列情况之一，不立即采取行为保全措施即足以损害申请人利益的，应当认定属于民事诉讼法第一百条、第一百零一条规定的“情况紧急”：

（一）申请人的商业秘密即将被非法披露；

（二）申请人的发表权、隐私权等人身权利即将受到侵害；

（三）诉争的知识产权即将被非法处分；

（四）申请人的知识产权在展销会等时效性较强的场合正在或者即将受到侵害；

（五）时效性较强的热播节目正在或者即将受到侵害；

（六）其他需要立即采取行为保全措施的情况。

第七条 人民法院审查行为保全申请，应当综合考量下列因素：

（一）申请人的请求是否具有事实基础和法律依据，包括请求保护的知识产权效力是否稳定；

（二）不采取行为保全措施是否会使申请人的合法权益受到难以弥补的损害或者造成案件裁决难以执行等损害；

（三）不采取行为保全措施对申请人造成的损害是否超过采取行为保全措施对被申请人造成的损害；

（四）采取行为保全措施是否损害社会公共利益；

（五）其他应当考量的因素。

第八条 人民法院审查判断申请人请求保护的知识产权效力是否稳定，应当综合考量下列因素：

（一）所涉权利的类型或者属性；

（二）所涉权利是否经过实质审查；

（三）所涉权利是否处于宣告无效或者撤销程序中以及被宣告无效或者撤销的可能性；

（四）所涉权利是否存在权属争议；

（五）其他可能导致所涉权利效力不稳定的因素。

第九条 申请人以实用新型或者外观设计专利权为依据申请行为保全的，应当提交由国务院专利行政部门作出的检索报告、专利权评价报告或者专利复审委员会维持该专利权有效的决定。申请人无正当理由拒不提交的，人民法院应当裁定驳回其申请。

第十条 在知识产权与不正当竞争纠纷行为保全案件中，有下列情形之一的，应当认定属于民事诉讼法第一百零一条规定的“难以弥补的损害”：

（一）被申请人的行为将会侵害申请人享有的商誉或者发表权、隐私权等人身性质的权利且造成无法挽回的损害；

（二）被申请人的行为将会导致侵权行为难以控制且显著增加申请人损害；

（三）被申请人的侵害行为将会导致申请人的相关市场份额明显减少；

（四）对申请人造成其他难以弥补的损害。

第十一条 申请人申请行为保全的，应当依法提供担保。

申请人提供的担保数额，应当相当于被申请人可能因执行行为保全措施所遭受的损失，包括责令停止侵权行为所涉产品的销售收益、保管费用等合理损失。

在执行行为保全措施过程中，被申请人可能因此遭受的损失超过申请人担保数额的，人民法院可以责令申请人追加相应的担保。申请人拒不追加的，可以裁定解除或者部分解除保全措施。

第十二条 人民法院采取的行为保全措施，一般不因被申请人提供担保而解除，但是申请人同意的除外。

第十三条 人民法院裁定采取行为保全措施的，应当根据申请人的请求或者案件具体情况等因素合理确定保全措施的期限。

裁定停止侵害知识产权行为的效力，一般应当维持至案件裁判生效时止。

人民法院根据申请人的请求、追加担保等情况，可以裁定继续采取保全措施。申请人请求续行保全措施的，应当在期限届满前七日内提出。

第十四条 当事人不服行为保全裁定申请复议的，人民法院应当在收到复议申请后十日内审查并作出裁定。

第十五条 人民法院采取行为保全的方法和措施，依照执行程序相关规定处理。

第十六条 有下列情形之一的，应当认定属于民事诉讼法第一百零五条规定的“申请有错误”：

（一）申请人在采取行为保全措施后三十日内不依法提起诉讼或者申请仲裁；

（二）行为保全措施因请求保护的知识产权被宣告无效等原因自始不当；

（三）申请责令被申请人停止侵害知识产权或者不正当竞争，但生效裁判认定不构成侵权或者不正当竞争；

（四）其他属于申请有错误的情形。

第十七条 当事人申请解除行为保全措施，人民法院收到申请后经审查符合《最高人民法院关于适用〈中华人民共和国民事诉讼法〉的解释》第一百六十六条规定的情形的，应当在五日内裁定解除。

申请人撤回行为保全申请或者申请解除行为保全措施的，不因此免除民事诉讼法第一百零五条规定的赔偿责任。

第十八条 被申请人依据民事诉讼法第一百零五条规定提起赔偿诉讼，申请人申请诉前行为保全后没有起诉或者当事人约定仲裁的，由采取保全措施的人民法院管辖；申请人已经起诉的，由受理起诉的人民法院管辖。

第十九条 申请人同时申请行为保全、财产保全或者证据保全的,人民法院应当依法分别审查不同类型保全申请是否符合条件,并作出裁定。

为避免被申请人实施转移财产、毁灭证据等行为致使保全目的无法实现,人民法院可以根据案件具体情况决定不同类型保全措施的执行顺序。

第二十条 申请人申请行为保全,应当依照《诉讼费用交纳办法》关于申请采取行为保全措施的规定交纳申请费。

第二十一条 本规定自2019年1月1日起施行。最高人民法院以前发布的相关司法解释与本规定不一致的,以本规定为准。

最高人民法院关于审理建设工程施工合同纠纷案件适用法律问题的解释(二)

(2018年10月29日最高人民法院审判委员会第1751次会议通过 2018年12月29日最高人民法院公告公布 自2019年2月1日起施行 法释〔2018〕20号)

为正确审理建设工程施工合同纠纷案件,依法保护当事人合法权益,维护建筑市场秩序,促进建筑市场健康发展,根据《中华人民共和国民法总则》《中华人民共和国合同法》《中华人民共和国建筑法》《中华人民共和国招标投标法》《中华人民共和国民事诉讼法》等法律规定,结合审判实践,制定本解释。

第一条 招标人和中标人另行签订的建设工程施工合同约定的工程范围、建设工期、工程质量、工程价款等实质性内容,与中标合同不一致,一方当事人请求按照中标合同确定权利义务的,人民法院应予支持。

招标人和中标人在中标合同之外就明显高于市场价格购买承建房产、无偿建设住房配套设施、让利、向建设单位捐赠财物等另行签订合同,变相降低工程价款,一方当事人以该合同背离中标合同实质性内容为由请求确认无效的,人民法院应予支持。

第二条 当事人以发包人未取得建设工程规划许可证等规划审批手续为由,请求确认建设工程施工合同无效的,人民法院应予支持,但发包人在起诉前取得建设工程规划许可证等规划审批手续的除外。

发包人能够办理审批手续而未办理,并以未办理审批手续为由请求确认建设工程施工合同无效的,人民法院不予支持。

第三条 建设工程施工合同无效,一方当事人请求对方赔偿损失的,应当就对方过错、损失大小、过错与损失之间的因果关系承担举证责任。

损失大小无法确定，一方当事人请求参照合同约定的质量标准、建设工期、工程价款支付时间等内容确定损失大小的，人民法院可以结合双方过错程度、过错与损失之间的因果关系等因素作出裁判。

第四条 缺乏资质的单位或者个人借用有资质的建筑施工企业名义签订建设工程施工合同，发包人请求出借方与借用方对建设工程质量不合格等因出借资质造成的损失承担连带赔偿责任的，人民法院应予支持。

第五条 当事人对建设工程开工日期有争议的，人民法院应当分别按照以下情形予以认定：

（一）开工日期为发包人或者监理人发出的开工通知载明的开工日期；开工通知发出后，尚不具备开工条件的，以开工条件具备的时间为开工日期；因承包人原因导致开工时间推迟的，以开工通知载明的时间为开工日期。

（二）承包人经发包人同意已经实际进场施工的，以实际进场施工时间为开工日期。

（三）发包人或者监理人未发出开工通知，亦无相关证据证明实际开工日期的，应当综合考虑开工报告、合同、施工许可证、竣工验收报告或者竣工验收备案表等载明的时间，并结合是否具备开工条件的事实，认定开工日期。

第六条 当事人约定顺延工期应当经发包人或者监理人签证等方式确认，承包人虽未取得工期顺延的确认，但能够证明在合同约定的期限内向发包人或者监理人申请过工期顺延且顺延事由符合合同约定，承包人以此为由主张工期顺延的，人民法院应予支持。

当事人约定承包人未在约定期限内提出工期顺延申请视为工期不顺延的，按照约定处理，但发包人在约定期限后同意工期顺延或者承包人提出合理抗辩的除外。

第七条 发包人在承包人提起的建设工程施工合同纠纷案件中，以建设工程质量不符合合同约定或者法律规定为由，就承包人支付违约金或者赔偿修理、返工、改建的合理费用等损失提出反诉的，人民法院可以合并审理。

第八条 有下列情形之一，承包人请求发包人返还工程质量保证金的，人民法院应予支持：

（一）当事人约定的工程质量保证金返还期限届满。

（二）当事人未约定工程质量保证金返还期限的，自建设工程通过竣工验收之日起满二年。

（三）因发包人原因建设工程未按约定期限进行竣工验收的，自承包人提交工程竣工验收报告九十日后起当事人约定的工程质量保证金返还期限届满;当事人未约定工程质量保证金返还期限的,自承包人提交工程竣工验收报告九十日后起满二年。

发包人返还工程质量保证金后,不影响承包人根据合同约定或者法律规定履行工程保修义务。

第九条 发包人将依法不属于必须招标的建设工程进行招标后,与承包人另行订立的建设工程施工合同背离中标合同的实质性内容,当事人请求以中标合同作为结算建设工程价款依据的,人民法院应予支持,但发包人与承包人因客观情况发生了在招标投标时难以预见的变化而另行订立建设工程施工合同的除外。

第十条 当事人签订的建设工程施工合同与招标文件、投标文件、中标通知书载明的工程范围、建设工期、工程质量、工程价款不一致,一方当事人请求将招标文件、投标文件、中标通知书作为结算工程价款的依据的,人民法院应予支持。

第十一条 当事人就同一建设工程订立的数份建设工程施工合同均无效,但建设工程质量合格,一方当事人请求参照实际履行的合同结算建设工程价款的,人民法院应予支持。

实际履行的合同难以确定,当事人请求参照最后签订的合同结算建设工程价款的,人民法院应予支持。

第十二条 当事人在诉讼前已经对建设工程价款结算达成协议,诉讼中一方当事人申请对工程造价进行鉴定的,人民法院不予准许。

第十三条 当事人在诉讼前共同委托有关机构、人员对建设工程造价出具咨询意见,诉讼中一方当事人不认可该咨询意见申请鉴定的,人民法院应予准许,但双方当事人明确表示受该咨询意见约束的除外。

第十四条 当事人对工程造价、质量、修复费用等专门性问题有争议,人民法院认为需要鉴定的,应当向负有举证责任的当事人释明。当事人经释明未申请鉴定,虽申请鉴定但未支付鉴定费用或者拒不提供相关材料的,应当承担举证不能的法律后果。

一审诉讼中负有举证责任的当事人未申请鉴定,虽申请鉴定但未支付鉴定费用或者拒不提供相关材料,二审诉讼中申请鉴定,人民法院认为确有必要的,应当依照民事诉讼法第一百七十条第一款第三项的规定处理。

第十五条 人民法院准许当事人的鉴定申请后,应当根据当事人申请及查明案件事实的需要,确定委托鉴定的事项、范围、鉴定期限等,并组织双方当事人对争议的鉴定材料进行质证。

第十六条 人民法院应当组织当事人对鉴定意见进行质证。鉴定人将当事人有争议且未经质证的材料作为鉴定依据的，人民法院应当组织当事人就该部分材料进行质证。经质证认为不能作为鉴定依据的，根据该材料作出的鉴定意见不得作为认定案件事实的依据。

第十七条　与发包人订立建设工程施工合同的承包人，根据合同法第二百八十六条规定请求其承建工程的价款就工程折价或者拍卖的价款优先受偿的，人民法院应予支持。

第十八条　装饰装修工程的承包人，请求装饰装修工程价款就该装饰装修工程折价或者拍卖的价款优先受偿的，人民法院应予支持，但装饰装修工程的发包人不是该建筑物的所有权人的除外。

第十九条　建设工程质量合格，承包人请求其承建工程的价款就工程折价或者拍卖的价款优先受偿的，人民法院应予支持。

第二十条　未竣工的建设工程质量合格，承包人请求其承建工程的价款就其承建工程部分折价或者拍卖的价款优先受偿的，人民法院应予支持。

第二十一条　承包人建设工程价款优先受偿的范围依照国务院有关行政主管部门关于建设工程价款范围的规定确定。

承包人就逾期支付建设工程价款的利息、违约金、损害赔偿金等主张优先受偿的，人民法院不予支持。

第二十二条　承包人行使建设工程价款优先受偿权的期限为六个月，自发包人应当给付建设工程价款之日起算。

第二十三条　发包人与承包人约定放弃或者限制建设工程价款优先受偿权，损害建筑工人利益，发包人根据该约定主张承包人不享有建设工程价款优先受偿权的，人民法院不予支持。

第二十四条　实际施工人以发包人为被告主张权利的，人民法院应当追加转包人或者违法分包人为本案第三人，在查明发包人欠付转包人或者违法分包人建设工程价款的数额后，判决发包人在欠付建设工程价款范围内对实际施工人承担责任。

第二十五条　实际施工人根据合同法第七十三条规定，以转包人或者违法分包人怠于向发包人行使到期债权，对其造成损害为由，提起代位权诉讼的，人民法院应予支持。

第二十六条　本解释自 2019 年 2 月 1 日起施行。

本解释施行后尚未审结的一审、二审案件，适用本解释。

本解释施行前已经终审、施行后当事人申请再审或者按照审判监督程序决定再审的案件，不适用本解释。

最高人民法院以前发布的司法解释与本解释不一致的，不再适用。

附：

一、2018年12月份报国务院备案并予以登记的地方性法规、自治条例、单行条例和地方政府规章目录

地方性法规

法规名称	公布日期	备案登记编号
天津市预防和治理校园欺凌若干规定	2018年11月21日	国司备字［2018001633］
天津市促进精神文明建设条例	2018年11月21日	国司备字［2018001634］
天津市预算审查监督条例	2018年11月21日	国司备字［2018001635］
天津市人民代表大会常务委员会关于市人民政府机构改革涉及地方性法规规定的行政机关职责调整问题的决定	2018年11月21日	国司备字［2018001636］
天津市人大常委会关于修改《天津市消费者权益保护条例》等四部地方性法规的决定	2018年11月21日	国司备字［2018001637］
山西省人民代表大会常务委员会关于长治市部分行政区划调整若干问题的决定	2018年9月30日	国司备字［2018001522］
吕梁市中小学校幼儿园规划建设条例	2018年10月11日	国司备字［2018001524］
吕梁市机动车和非道路移动机械排气污染防治条例	2018年10月11日	国司备字［2018001525］
晋中市餐厨废弃物管理条例	2018年10月11日	国司备字［2018001526］
晋城市文明行为促进条例	2018年9月30日	国司备字［2018001527］

续表

法规名称	公布日期	备案登记编号
上海市职业教育条例(修订)	2018 年 11 月 22 日	国司备字［2018001638］
上海市人大常委会关于修改《上海市住宅物业管理规定》的决定	2018 年 11 月 22 日	国司备字［2018001639］
上海市宗教事务条例(修订)	2018 年 11 月 22 日	国司备字［2018001640］
上海市人大常委会关于修改本市部分地方性法规的决定	2018 年 11 月 22 日	国司备字［2018001641］
上海市人民代表大会常务委员会关于本市机构改革涉及地方性法规规定的行政机关职责调整问题的决定	2018 年 11 月 22 日	国司备字［2018001642］
上海市社会救助条例	2018 年 11 月 22 日	国司备字［2018001686］
江苏省人民代表大会常务委员会议事规则	2018 年 11 月 23 日	国司备字［2018001643］
江苏省奖励和保护见义勇为人员条例	2018 年 11 月 23 日	国司备字［2018001644］
江苏省人大常委会关于修改《江苏省湖泊保护条例》等十八件地方性法规的决定	2018 年 11 月 23 日	国司备字［2018001645］
江苏省人大常委会关于废止《江苏省环境保护条例》的决定	2018 年 11 月 23 日	国司备字［2018001646］
南京市地下文物保护条例	2018 年 11 月 29 日	国司备字［2018001647］
南京市国家公祭保障条例	2018 年 11 月 29 日	国司备字［2018001648］
无锡市文明行为促进条例	2018 年 11 月 30 日	国司备字［2018001649］
徐州市人大常委会关于修改《徐州市市容和环境卫生管理条例》和《徐州市无偿献血条例》的决定	2018 年 11 月 28 日	国司备字［2018001650］

续表

法规名称	公布日期	备案登记编号
苏州市旅游条例(修订)	2018 年 11 月 28 日	国司备字［2018001651］
苏州市人大常委会关于修改《苏州市禁止猎捕陆生野生动物条例》等五件地方性法规和废止《苏州市航道管理条例》的决定	2018 年 11 月 28 日	国司备字［2018001652］
南通市烟花爆竹燃放管理条例	2018 年 11 月 28 日	国司备字［2018001653］
连云港市集中式饮用水水源保护条例	2018 年 12 月 3 日	国司备字［2018001654］
连云港市人大常委会关于修改《连云港市海洋牧场管理条例》的决定	2018 年 12 月 3 日	国司备字［2018001655］
淮安市市容管理条例	2018 年 11 月 29 日	国司备字［2018001656］
扬州市非物质文化遗产保护条例	2018 年 11 月 29 日	国司备字［2018001657］
镇江市农村公路条例	2018 年 11 月 29 日	国司备字［2018001658］
泰州市历史文化名城名镇保护条例	2018 年 12 月 4 日	国司备字［2018001659］
宿迁市社会信用条例	2018 年 11 月 28 日	国司备字［2018001660］
浙江省保障“最多跑一次”改革规定	2018 年 11 月 30 日	国司备字［2018001541］
浙江省粮食安全保障条例	2018 年 11 月 30 日	国司备字［2018001542］
浙江省实施《中华人民共和国慈善法》办法	2018 年 11 月 30 日	国司备字［2018001543］
浙江省人大常委会关于修改《浙江省土地利用总体规划条例》等八件地方性法规的决定	2018 年 11 月 30 日	国司备字［2018001695］
温州市文明行为促进条例	2018 年 12 月 13 日	国司备字［2018001696］

续表

法规名称	公布日期	备案登记编号
嘉兴市户外广告和招牌设置条例	2018 年 12 月 14 日	国司备字［2018001697］
安徽省多元化解纠纷促进条例	2018 年 11 月 26 日	国司备字［2018001669］
安徽省淮河流域水污染防治条例(修订)	2018 年 11 月 26 日	国司备字［2018001670］
安徽省实施《中华人民共和国野生动物保护法》办法(修订)	2018 年 11 月 26 日	国司备字［2018001671］
合肥市人大常委会关于修改《合肥市大气污染防治条例》的决定	2018 年 12 月 6 日	国司备字［2018001672］
淮北市电梯安全条例	2018 年 12 月 7 日	国司备字［2018001673］
蚌埠市实施《中华人民共和国大气污染防治法》办法	2018 年 12 月 10 日	国司备字［2018001674］
阜阳市燃放烟花爆竹和大盘香管理条例	2018 年 12 月 10 日	国司备字［2018001675］
滁州市扬尘污染防治条例	2018 年 12 月 7 日	国司备字［2018001676］
六安市燃放烟花爆竹管理条例	2018 年 12 月 6 日	国司备字［2018001677］
芜湖市电梯安全管理条例	2018 年 12 月 6 日	国司备字［2018001678］
安庆市危险化学品安全管理条例	2018 年 12 月 12 日	国司备字［2018001679］
福建省人大常委会关于修改《福建省拥军优属条例》的决定	2018 年 11 月 23 日	国司备字［2018001661］
福建省林业有害生物防治条例	2018 年 11 月 23 日	国司备字［2018001662］
福建省大气污染防治条例	2018 年 11 月 23 日	国司备字［2018001663］

续表

法规名称	公布日期	备案登记编号
福建省人大常委会关于修改《福建省促进散装水泥发展条例》等三部涉及“放管服”改革的地方性法规的决定	2018 年 11 月 23 日	国司备字［2018001664］
泉州市中山路骑楼建筑保护条例	2018 年 11 月 30 日	国司备字［2018001665］
南平市河岸生态地保护规定	2018 年 11 月 30 日	国司备字［2018001666］
龙岩市饮用水水源保护条例	2018 年 11 月 26 日	国司备字［2018001667］
漳州市城市公共停车管理规定	2018 年 11 月 30 日	国司备字［2018001668］
江西省实施河长制湖长制条例	2018 年 11 月 29 日	国司备字［2018001540］
宜春市生活垃圾分类管理条例	2018 年 11 月 12 日	国司备字［2018001496］
九江市城市湖泊保护条例	2018 年 12 月 1 日	国司备字［2018001538］
九江市人大常委会关于修改《九江市城区烟花爆竹燃放管理条例》的决定	2018 年 12 月 1 日	国司备字［2018001539］
河南省人大常委会关于修改部分地方性法规的决定	2018 年 9 月 30 日	国司备字［2018001489］
洛阳市集中供热条例	2018 年 10 月 22 日	国司备字［2018001490］
开封市文物保护条例	2018 年 10 月 30 日	国司备字［2018001497］
周口市淮阳龙湖保护条例	2018 年 10 月 30 日	国司备字［2018001498］
平顶山市城市绿化条例	2018 年 11 月 1 日	国司备字［2018001577］
新乡市城市市容和环境卫生管理条例	2018 年 11 月 1 日	国司备字［2018001578］

续表

法规名称	公布日期	备案登记编号
焦作市城市绿化条例	2018 年 11 月 5 日	国司备字［2018001579］
河南小秦岭国家级自然保护区条例	2018 年 10 月 26 日	国司备字［2018001580］
湖北省大气污染防治条例(修订)	2018 年 11 月 19 日	国司备字［2018001565］
湖北省人民代表大会常务委员会关于省人民政府机构改革涉及省本级地方性法规规定的行政机关职责调整问题的决定	2018 年 11 月 19 日	国司备字［2018001566］
湖北省人大常委会关于集中修改、废止省本级生态环境保护相关地方性法规的决定	2018 年 11 月 19 日	国司备字［2018001567］
湖北省公共文化服务保障条例	2018 年 11 月 19 日	国司备字［2018001574］
武汉市客运出租汽车管理条例	2018 年 11 月 15 日	国司备字［2018001561］
武汉市人大常委会关于修改《武汉市政府投资项目审计条例》的决定	2018 年 11 月 15 日	国司备字［2018001562］
武汉市人大常委会关于废止《武汉市计划生育管理办法》的决定	2018 年 11 月 15 日	国司备字［2018001563］
武汉市物业管理条例(修订)	2018 年 11 月 18 日	国司备字［2018001564］
荆州市长湖保护条例	2018 年 11 月 30 日	国司备字［2018001598］
岳阳市机动车停车条例	2018 年 10 月 19 日	国司备字［2018001568］
长沙市养犬管理条例	2018 年 10 月 15 日	国司备字［2018001569］
常德市城乡生活垃圾管理条例	2018 年 11 月 2 日	国司备字［2018001570］
益阳市农村村民住房建设管理条例	2018 年 10 月 25 日	国司备字［2018001571］

续表

法规名称	公布日期	备案登记编号
湖南省地质环境保护条例(修订)	2018 年 11 月 30 日	国司备字［2018001572］
韶关市野外用火管理条例	2018 年 10 月 16 日	国司备字［2018001599］
广东省大气污染防治条例	2018 年 11 月 29 日	国司备字［2018001682］
广东省人才发展条例	2018 年 11 月 29 日	国司备字［2018001683］
广东省养老服务条例	2018 年 11 月 29 日	国司备字［2018001684］
广东省人大常委会关于废止《广东省建设项目环境保护管理条例》等五项地方性法规的决定	2018 年 11 月 29 日	国司备字［2018001698］
广东省各级人民代表大会常务委员会规范性文件备案审查条例	2018 年 11 月 29 日	国司备字［2018001699］
广东省爱国卫生工作条例(修订)	2018 年 11 月 29 日	国司备字［2018001700］
广东省人大常委会关于修改《广东省环境保护条例》等十三项地方性法规的决定	2018 年 11 月 29 日	国司备字［2018001701］
广东省实施《中华人民共和国土壤污染防治法》办法	2018 年 11 月 29 日	国司备字［2018001703］
深圳市人大常委会关于修改《深圳市养犬管理条例》的决定	2018 年 10 月 29 日	国司备字［2018001680］
深圳市人大常委会关于修改《深圳市实施〈中华人民共和国人民防空法〉办法》的决定	2018 年 10 月 29 日	国司备字［2018001681］
阳江市漠阳江流域水质保护条例	2018 年 11 月 30 日	国司备字［2018001702］
广西壮族自治区红树林资源保护条例	2018 年 9 月 30 日	国司备字［2018001528］

续表

法规名称	公布日期	备案登记编号
广西壮族自治区人大常委会关于修改《广西壮族自治区森林和野生动物类型自然保护区管理条例》等十五件地方性法规的决定	2018 年 9 月 30 日	国司备字［2018001529］
广西壮族自治区人大常委会关于修改《广西壮族自治区人民代表大会常务委员会人事任免办法》的决定	2018 年 11 月 28 日	国司备字［2018001704］
广西壮族自治区民族教育促进条例	2018 年 11 月 28 日	国司备字［2018001705］
广西壮族自治区大气污染防治条例	2018 年 11 月 28 日	国司备字［2018001706］
广西壮族自治区乡村规划建设管理条例	2018 年 11 月 28 日	国司备字［2018001707］
北海市沿海沙滩保护条例	2018 年 10 月 12 日	国司备字［2018001530］
百色市市容和环境卫生管理条例	2018 年 10 月 19 日	国司备字［2018001531］
来宾市北之江流域水资源保护条例	2018 年 10 月 19 日	国司备字［2018001532］
海南省人民代表大会常务委员会关于省人民政府机构改革涉及地方性法规规定的行政机关职责调整问题的决定	2018 年 12 月 1 日	国司备字［2018001499］
海南经济特区道路旅游客运管理若干规定（修订）	2018 年 12 月 1 日	国司备字［2018001500］
海南省人大常委会关于修改《海南省自然保护区条例》等两件地方性法规的决定	2018 年 12 月 1 日	国司备字［2018001617］
海南省人大常委会关于废止《海南省无公害瓜果菜保护管理规定》等两件地方性法规的决定	2018 年 12 月 1 日	国司备字［2018001618］
三亚市爱国卫生管理办法	2018 年 11 月 26 日	国司备字［2018001616］

续表

法规名称	公布日期	备案登记编号
重庆市民用航空条例	2018 年 11 月 30 日	国司备字［2018001575］
重庆市植物检疫条例(修订)	2018 年 11 月 30 日	国司备字［2018001576］
云南省德宏傣族景颇族自治州民族教育条例	2018 年 10 月 8 日	国司备字［2018001534］
云南省大气污染防治条例	2018 年 11 月 29 日	国司备字［2018001535］
云南省杞麓湖保护条例	2018 年 11 月 29 日	国司备字［2018001536］
云南省人民代表大会常务委员会关于省人民政府机构改革涉及省的地方性法规规定的行政机关职责调整问题的决定	2018 年 11 月 29 日	国司备字［2018001537］
陕西省城市管理综合执法条例	2018 年 11 月 30 日	国司备字［2018001581］
陕西省企业工资集体协商条例	2018 年 11 月 30 日	国司备字［2018001582］
西安市人大常委会关于修改《西安市城市饮用水水源污染防治管理条例》等五部地方性法规的决定	2018 年 11 月 2 日	国司备字［2018001597］
西安市公共汽车客运条例	2018 年 10 月 18 日	国司备字［2018001509］
铜川市烟花爆竹燃放管理条例	2018 年 10 月 17 日	国司备字［2018001510］
渭南市住宅物业管理条例	2018 年 11 月 7 日	国司备字［2018001511］
延安市退耕还林成果保护条例	2018 年 11 月 1 日	国司备字［2018001512］
甘肃省大气污染防治条例	2018 年 11 月 29 日	国司备字［2018001533］

续表

法规名称	公布日期	备案登记编号
甘肃省实施《中华人民共和国野生动物保护法》办法(修订)	2018 年 11 月 29 日	国司备字［2019000001］
甘肃省查处生产销售假冒伪劣商品行为条例	2018 年 11 月 29 日	国司备字［2019000002］
甘肃省广告条例	2018 年 11 月 29 日	国司备字［2019000003］
白银市城市地下综合管廊管理办法	2018 年 10 月 15 日	国司备字［2018001483］
青海省大气污染防治条例	2018 年 11 月 28 日	国司备字［2018001600］
青海省燃气管理条例	2018 年 11 月 28 日	国司备字［2018001601］
青海省农村公路条例	2018 年 11 月 28 日	国司备字［2018001602］
西宁市电梯安全条例	2018 年 12 月 14 日	国司备字［2018001603］
西宁市建设绿色发展样板城市促进条例	2018 年 12 月 14 日	国司备字［2018001604］
宁夏回族自治区预算审查监督条例(修订)	2018 年 11 月 29 日	国司备字［2018001607］
宁夏回族自治区生态保护红线管理条例	2018 年 11 月 29 日	国司备字［2018001608］
宁夏回族自治区老年人权益保障条例(修订)	2018 年 11 月 29 日	国司备字［2018001609］
宁夏回族自治区湿地保护条例(修订)	2018 年 11 月 29 日	国司备字［2018001610］
宁夏回族自治区实施《中华人民共和国工会法》办法(修订)	2018 年 11 月 29 日	国司备字［2018001611］
宁夏回族自治区人民代表大会常务委员会关于自治区人民政府机构改革涉及自治区的地方性法规规定的行政机关职责调整问题的决定	2018 年 11 月 29 日	国司备字［2018001614］

续表

法规名称	公布日期	备案登记编号
吴忠市城乡容貌和环境卫生治理条例	2018 年 12 月 5 日	国司备字［2018001612］
固原市北朝隋唐墓地保护条例	2018 年 11 月 30 日	国司备字［2018001613］
新疆维吾尔自治区人民代表大会常务委员会人事任免办法（修订）	2018 年 5 月 20 日	国司备字［2018001708］
新疆维吾尔自治区人民代表大会常务委员会组成人员守则（修订）	2018 年 5 月 20 日	国司备字［2018001709］
新疆维吾尔自治区农村扶贫开发条例	2018 年 7 月 27 日	国司备字［2018001710］
新疆维吾尔自治区人大常委会关于修改《新疆维吾尔自治区实施〈中华人民共和国反恐怖主义法〉办法》的决定	2018 年 10 月 9 日	国司备字［2018001711］
新疆维吾尔自治区人大常委会关于修改《新疆维吾尔自治区去极端化条例》的决定	2018 年 10 月 9 日	国司备字［2018001712］
新疆维吾尔自治区人大常委会关于废止《新疆维吾尔自治区酒类管理条例》的决定	2018 年 9 月 21 日	国司备字［2018001713］
克拉玛依市大风灾害防御条例	2018 年 10 月 17 日	国司备字［2018001714］

自治县的单行条例

条例名称	公布日期	备案登记编号
互助土族自治县人民代表大会关于修改《互助土族自治县公路管护条例》的决定	2018 年 12 月 13 日	国司备字［2018001605］
互助土族自治县施行《中华人民共和国婚姻法》补充规定（修订）	2018 年 12 月 13 日	国司备字［2018001606］

地方政府规章

规章名称	公布日期	备案登记编号
张家口市滑雪场所安全管理办法	2018 年 10 月 15 日	国司备字［2018001515］
张家口市养犬管理规定	2018 年 10 月 29 日	国司备字［2018001516］
运城市政府规章制定程序实施办法	2018 年 12 月 10 日	国司备字［2018001591］
内蒙古自治区广播电视管理办法	2018 年 12 月 6 日	国司备字［2018001619］
呼和浩特市餐饮服务业“四化”管理实施办法（试行）	2018 年 5 月 31 日	国司备字［2018001386］
辽宁省地图管理规定	2018 年 11 月 20 日	国司备字［2018001546］
辽宁省遥感影像资料管理规定	2018 年 11 月 20 日	国司备字［2018001547］
辽宁省城市供水用水管理办法	2018 年 11 月 22 日	国司备字［2018001548］
辽宁省无证无照经营查处规定	2018 年 11 月 23 日	国司备字［2018001549］
辽宁省海上搜寻救助办法	2018 年 12 月 4 日	国司备字［2018001550］
中国（辽宁）自由贸易试验区沈阳片区建设促进办法	2018 年 11 月 22 日	国司备字［2018001553］
沈阳市道路车辆管理办法	2018 年 11 月 29 日	国司备字［2018001620］
吉林省专业技术人员继续教育规定	2018 年 11 月 26 日	国司备字［2018001501］

续表

规章名称	公布日期	备案登记编号
黑龙江省人民政府关于机构改革涉及调整省政府规章等规定的行政机关职责相关问题的决定	2018 年 11 月 26 日	国司备字［2018001502］
哈尔滨市人民政府关于修改《哈尔滨市城镇基本医疗保险暂行办法》等五部市政府规章的决定	2018 年 11 月 21 日	国司备字［2018001513］
哈尔滨市人民政府关于废止《哈尔滨市行政监察人员持证监察规则》等八部市政府规章的决定	2018 年 11 月 21 日	国司备字［2018001514］
常州市生活垃圾分类管理办法	2018 年 11 月 23 日	国司备字［2018001517］
南通市市区户外广告设施和店招标牌设施设置管理办法	2018 年 11 月 16 日	国司备字［2018001518］
镇江市公共文化服务保障办法	2018 年 11 月 19 日	国司备字［2018001488］
宁波市餐厨垃圾管理办法	2018 年 11 月 20 日	国司备字［2018001592］
温州市城市轨道交通管理办法(试行)	2018 年 11 月 19 日	国司备字［2018001519］
嘉兴市城镇排水管理办法	2018 年 10 月 25 日	国司备字［2018001484］
安徽省人民政府关于修改部分规章的决定	2018 年 11 月 19 日	国司备字［2018001551］
合肥市人民政府关于修改《合肥市出版物市场管理办法》等政府规章的决定	2018 年 11 月 28 日	国司备字［2018001503］
合肥市铁路客运车站区域综合管理办法	2018 年 12 月 20 日	国司备字［2018001689］
滁州市液化石油气瓶安全监督管理办法	2018 年 12 月 6 日	国司备字［2018001593］
江西省节约用水办法	2018 年 11 月 28 日	国司备字［2018001520］

续表

规章名称	公布日期	备案登记编号
南昌市住宅专项维修资金管理若干规定	2018 年 11 月 22 日	国司备字［2018001505］
南昌市最低生活保障办法	2018 年 11 月 27 日	国司备字［2018001554］
南昌市人民政府关于修改《南昌市户外广告设置管理办法》的决定	2018 年 12 月 1 日	国司备字［2018001685］
济南市人民政府关于废止《济南市园林绿化工程施工管理办法》和《济南市城市机动车辆清洗保洁管理规定》的决定	2018 年 12 月 11 日	国司备字［2018001595］
淄博市节约用水办法	2018 年 12 月 2 日	国司备字［2018001590］
东营市室外公共健身设施管理办法	2018 年 11 月 13 日	国司备字［2018001506］
东营市人民政府关于修改部分政府规章的决定	2018 年 12 月 18 日	国司备字［2018001596］
潍坊市人民政府关于修改《潍坊市人民政府规章制定程序规定》的决定	2018 年 11 月 23 日	国司备字［2018001555］
威海市供热管理办法	2018 年 12 月 17 日	国司备字［2018001691］
菏泽市建设工程抗震设防管理办法	2018 年 12 月 2 日	国司备字［2018001556］
滨州市河道管理办法	2018 年 11 月 29 日	国司备字［2018001557］
河南省行政执法过错责任追究办法	2018 年 11 月 10 日	国司备字［2018001494］
武汉市行政规范性文件管理办法	2018 年 12 月 1 日	国司备字［2018001594］
鄂州市古树名木保护管理办法	2018 年 12 月 17 日	国司备字［2018001690］
益阳市中心城区资江风貌带管理暂行办法	2018 年 12 月 3 日	国司备字［2018001504］

规章名称	公布日期	备案登记编号
广东省通信设施建设与保护规定	2018 年 11 月 2 日	国司备字［2018001486］
深圳市计量质量检测研究院规定	2018 年 11 月 20 日	国司备字［2018001507］
珠海经济特区历史文化名镇名村和历史建筑保护办法	2018 年 11 月 18 日	国司备字［2018001487］
珠海市人民政府关于废止部分政府规章的决定	2018 年 11 月 1 日	国司备字［2018001485］
梅州市扬尘污染防治管理办法	2018 年 11 月 21 日	国司备字［2018001558］
梅州市电力设施管理办法	2018 年 11 月 21 日	国司备字［2018001559］
广西壮族自治区市场主体信息管理办法	2018 年 12 月 14 日	国司备字［2018001692］
南宁市人民政府关于委托广西南宁五象新区规划建设管理委员会行使有关行政管理权的决定	2018 年 11 月 30 日	国司备字［2018001693］
桂林市城市照明管理办法	2018 年 12 月 5 日	国司备字［2018001588］
重庆市铁路安全管理规定	2018 年 11 月 8 日	国司备字［2018001508］
重庆市生活垃圾分类管理办法	2018 年 11 月 16 日	国司备字［2018001521］
贵州省人民政府关于向贵州梵净山国家级自然保护区管理局下放部分管理权限的决定	2018 年 11 月 15 日	国司备字［2018001545］
贵阳市城镇生活垃圾分类管理办法	2018 年 11 月 27 日	国司备字［2018001552］
铜仁市违法建筑查处办法	2018 年 11 月 26 日	国司备字［2018001694］
云南会泽黑颈鹤国家级自然保护区管理办法（修订）	2018 年 9 月 30 日	国司备字［2018001573］

续表

规章名称	公布日期	备案登记编号
陕西省行政规范性文件制定和监督管理办法	2018 年 11 月 5 日	国司备字［2018001495］
陕西省地震预警管理办法	2018 年 11 月 21 日	国司备字［2018001589］
铜川市人民政府起草地方性法规草案制定政府规章程序规定	2018 年 11 月 25 日	国司备字［2018001560］

二、2018 年 12 月份报国务院备案并予以登记，本汇编未收的国务院部门规章目录

交通运输部关于修改《民用航空人员体检合格证管理规则》的决定
　民用航空人员体检合格证管理规则
交通运输部关于修改《维修和改装一般规则》的决定
　维修和改装一般规则
交通运输部关于修改《公共航空运输企业航空安全保卫规则》的决定
　公共航空运输企业航空安全保卫规则
交通运输部关于修改《民用航空器驾驶员合格审定规则》的决定
　民用航空器驾驶员合格审定规则
交通运输部关于修改《民用航空器驾驶员学校合格审定规则》的决定
　民用航空器驾驶员学校合格审定规则
交通运输部关于修改《小型航空器商业运输运营人运行合格审定规则》的决定
　小型航空器商业运输运营人运行合格审定规则
交通运输部关于修改《一般运行和飞行规则》的决定
　一般运行和飞行规则
交通运输部关于修改《中华人民共和国船舶最低安全配员规则》的决定
　中华人民共和国船舶最低安全配员规则

三、2018 年废止的法律

中华人民共和国行政监察法

（1997 年 5 月 9 日第八届全国人民代表大会常务委员会第二十五次会议通过　根据 2010 年 6 月 25 日第十一届全国人民代表大会常务委员会第十五次会议《关于修改〈中华人民共和国行政监察法〉的决定》修正）

四、2018 年废止的有关法律问题的决定

全国人民代表大会常务委员会关于完善人民陪审员制度的决定

（2004 年 8 月 28 日第十届全国人民代表大会常务委员会第十一次会议通过）

五、2018 年废止的行政法规

中华人民共和国行政监察法实施条例

（2004 年 9 月 6 日国务院第 63 次常务会议通过　2004 年 9 月 17 日中华人民共和国国务院令第 419 号公布　自 2004 年 10 月 1 日起施行）

排污费征收使用管理条例

（2002 年 1 月 30 日国务院第 54 次常务会议通过　2003 年 1 月 2 日中华人民共和国国务院令第 369 号公布　自 2003 年 7 月 1 日起施行）

中华人民共和国私营企业暂行条例

（1988 年 6 月 3 日国务院第七次常务会议通过　1988 年 6 月 25 日中华人民共和国国务院令第 4 号公布　自 1988 年 7 月 1 日起施行）

中华人民共和国水污染防治法实施细则

（2000 年 3 月 20 日中华人民共和国国务院令第 284 号公布　自公布之日起施行）

地质勘查资质管理条例

（2008 年 3 月 3 日中华人民共和国国务院令第 520 号公布　自 2008 年 7 月 1 日起施行）

种畜禽管理条例

（1994年4月15日中华人民共和国国务院令第153号发布　根据2011年1月8日《国务院关于废止和修改部分行政法规的决定》修订）

劳动教养试行办法

（1982年1月21日国发［1982］17号转发、公安部发布）

国务院关于行政区划管理的规定

（1985年1月15日　国发［1985］8号）

中华人民共和国船舶吨税暂行条例

（2011年11月23日国务院第182次常务会议通过　2011年12月5日中华人民共和国国务院令第610号公布　自2012年1月1日起施行）

中华人民共和国烟叶税暂行条例

（2006年4月28日中华人民共和国国务院令第464号公布　自公布之日起施行）

六、2018年废止的部门规章

排污费征收工作稽查办法

（2007年10月23日国家环境保护总局令第42号）

电工进网作业许可证管理办法

（2005年12月20日国家电力监管委员会令第15号）

电力监管信息公开办法

（2005年11月30日国家电力监管委员会令第12号）

因私出入境中介活动管理办法

（2001年6月6日公安部令第59号公布　2016年1月14日中华人民共和国公安部令第136号修正）

机动车号牌生产管理办法

（1993年5月13日公安部令第13号）

暂住证申领办法

（1995年6月2日公安部第25号令）

台湾香港澳门居民在内地就业管理规定

（2005年6月14日劳动和社会保障部令第26号）

外商投资建设工程设计企业管理规定

（2002年9月27日建设部、对外贸易经济合作部令第114号）

《外商投资建设工程设计企业管理规定》的补充规定

（2003年12月19日建设部、商务部令第122号）

外商投资建设工程服务企业管理规定

（2007年1月22日建设部、商务部令第155号）

城市轨道交通运营管理办法

（2005年6月28日建设部令第140号）

城市公共交通车船乘坐规则

（1993年12月20日建设部、公安部令第31号）

工程建设项目招标代理机构资格认定办法

（2007年1月11日建设部令第154号发布　2015年5月4日住房和城乡建设部令第24号第一次修正　2016年9月13日住房和城乡建设部令第32号第二次修正）

物业服务企业资质管理办法

（2004年3月17日建设部令第125号发布　2007年11月26日建设部令第164号第一次修正　2015年5月4日住房和城乡建设部令第24号第二次修正）

外商投资道路运输业管理规定

（2001年11月20日交通部、外贸部2001年第9号发布　2014年1月11日交通运输部、商务部令2014年第4号修正）

外商投资企业外汇登记管理暂行办法

（1996年6月28日［96］汇资函字第187号）

境内机构外币现钞收付管理暂行办法

（1996年7月30日［96］汇管函字第211号）

有价单证及重要空白凭证管理办法

（1997年4月24日银发〔1997〕163号）

国内信用证结算办法

（1997年8月1日银发〔1997〕265号）

装帧流通人民币管理办法

（2005年9月5日中国人民银行令〔2005〕第4号发布　2015年5月29日中国人民银行公告［2015］第12号第一次修正　2016年5月19日中国人民银行令〔2016〕第1号第二次修正）

中央企业经济责任审计管理暂行办法

（2004年8月23日国务院国有资产监督管理委员会令第7号）

出入境检验检疫行政复议办法

（1999年11月23日国家出入境检验检疫局令第7号）

出入境检验检疫行政处罚程序规定

（2006年1月28日国家质量监督检验检疫总局令第85号）

海关对出口退税报关单管理办法

（1991年3月6日海关总署令第16号）

出入境检验检疫标志管理办法

（2000年5月31日国家出入境检验检疫局令第23号　2018年4月28日海关总署令第238号修正）

香港和澳门服务提供者在广东省设立旅行社申请审批办法

（2008年12月25日国家旅游局、商务部令第29号）

关于调整银行市场准入管理方式和程序的决定

（2003年5月29日中国银行业监督管理委员会令［2003］第1号）

融资性担保公司董事、监事、高级管理人员任职资格管理暂行办法

（2010年9月27日中国银行业监督管理委员会令2010年第6号）

图书在版编目(CIP)数据

中华人民共和国新法规汇编.2019年.第1辑:总第263辑/司法部编.—北京:中国法制出版社,2019.6

ISBN 978-7-5216-0195-4

Ⅰ.①中… Ⅱ.①司… Ⅲ.①法规-汇编-中国-2019 Ⅳ.①D920.9

中国版本图书馆CIP数据核字(2019)第079242号

中华人民共和国新法规汇编

ZHONGHUA RENMIN GONGHEGUO XIN FAGUI HUIBIAN

(2019年第1辑)

编者/司法部

经销/新华书店

印刷/三河市紫恒印装有限公司

开本/850毫米×1168毫米 32开　　印张/10.75　字数/287千

版次/2019年6月第1版　　2019年6月第1次印刷

中国法制出版社出版

书号 ISBN 978-7-5216-0195-4　　定价:18.00元

北京西单横二条2号

邮政编码 100031　　传真:010-66031119

网址:http://www.zgfzs.com　　编辑部电话:010-66066621

市场营销部电话:010-66033393　　邮购部电话:010-66033288

(如有印装质量问题,请与本社印务部联系调换。电话:010-66032926)